우리만 모르는
민주주의

〜◦◦◦◦〜

내가 알고 있는 모든 것을 운동 속에서 내게 가르쳐주었던
모든 이들에게 감사드립니다.

〜◦◦◦◦〜

1%의 민주주의 **VS** 99%의 민주주의

우리만 모르는 민주주의

데이비드 그레이버 지음 | 정호영 옮김

THE DEMOCRACY PROJECT

이책

진정한 민주주의는 가능한가?
-월스트리트 점령운동은 끝나지 않았다

2012년 4월 26일, 월가 점령운동에 참여한 30여 명의 활동가들이 증권 거래소 건너편에 있는 뉴욕 연방 홀에 모였다.

　6개월 전 주코티 공원에서 쫓겨난 후(월가 점거운동은 2011년 11월 경찰의 진압으로 표면상으로 종결됐다–역주) 우리는 한 달 이상 동안 이 캠프를 대체할 새로운 거점을 만들려고 노력했다. 비록 새로운 캠프를 구축하지는 못하더라도 최소한 정기적인 모임과 도서관과 주방을 만들 공간을 찾기 원했다. 주코티 공원의 가장 큰 장점은 우리가 하는 일에 대해 관심 있는 어느 누구라도 언제나 우리를 쉽게 찾을 수 있고, 함께 정치에 대해 쉽게 토론할 수 있다는 것이었다. 이런 공간의 부재는 끝없는 문제를 만들었다. 시 당국은 우리가 또 다른 주코티를 만들 수 없도록 제재를 가했다. 합법적으로 작업장을 설치해도 어느 곳에서나 그들은 법을 바꾸면서까지 우리를 몰아냈다. 우리가 유니언 스퀘어에 자리를 잡으려고 하자 시 당국은 공원 규정을 바꾸었다. 점령자들이 정치적 저항의 형태로 "뉴욕 시민은 거리에서 잠을 잘 수 있는 권리가 있다"는 명쾌한 사법 판결에 의거하여

사진 출처: http://www.popularresistance.org/how-the-occupy-movement-began-the-full-account/

월스트리트 보도에서 잠을 자기 시작하자 시 당국은 맨해튼 남부의 일부를 이 법이 적용되지 않는 '특별보안지대special security zone'로 지정했다.

결국 우리는 조지 워싱턴 동상으로 올라가는 넓은 대리석이 깔린 연방홀 계단에 자리를 잡았고, 223년 전 「권리장전the Bill of Rights」이 서명된 건물의 문 앞에 진을 쳤다. 이 계단은 도시의 관할권 밖에 있었고, 연방 영토로서 국립공원이 관리하는 곳이었다. 미국 공원경찰의 대표들은─아마도 전체 공간이 시민의 자유를 상징하는 기념물로 인식되고 있는 모양인데─거기에서 자는 사람만 없다면 우리의 계단 점거에는 아무런 장애가 없다고 말해주었다. 계단은 수백 명을 수용할 수 있을 만큼 충분히 넓었다. 처음에는 많은 점거자들이 동참했다. 얼마 지나지 않아 시는 공원을 찾은 사람들을 위해 효과적으로 계단을 점거하라고 압력을 가했다. 그런 후 공원경찰은 주변에 철창을 설치하고 계단을 두 부분으로 나누었다. 우리는 즉시 이를 '자유의 철창'이라고 부르기 시작했다. 특수기동대SWAT가 입구에 자리를 잡았고, 흰색 제복을 입은 경찰 지휘관은 공원에 들어가는 모든 사람을 주의 깊게 지켜보았다. 그리고 안전상의 이유로 오직 20명의 사람들만 들어갈 수 있다고 통보했다. 그럼에도 불구하고 단호한 의지를 가진 소수의 사람들은 남았다. 그들은 24시간 꿋꿋이 자리를 지켰는데, 이리저리 옮겨가면서 낮에는 티친teach in(사회적 항의를 목적으로 학생·교사 등에 의한 토론 집회-역주)을 조직하여 쉬는 시간에 공원을 찾은 월스트리트 거래인들과 즉흥적인 지겨운 논쟁을 벌였다. 밤에는 대리석 계단에서 불침번을 섰다. 얼마 지나지 않아 커다란 피켓들은 금지되었다. 그러고 나서 판지로 만든 피켓은 모두 금지되었고, 이를 어기면 무조건 체포했다. 경찰 지휘관은 비록 우리 모두를 체포할 수는 없더라도 깨끗하게 치울 수 있기를 바랐다. 그는 확실히 우리 중 누구라도 어떤 사소한 이유를 대서든 바로 체포할 수 있었다. 어느 날 나는 한 활동가가 구호를 외치다가 '소음 위반'으로 구속되어 끌려가는 것을 목격했다. 또 다른 이는 이라크전쟁에도 참전한 백전노장이었는데, 연설하면서 4자로 된 단어들을 사용한 데 대해 외설 혐의로 수사를 받았다. 아마도 경찰이 이런 제재를 가한 것은 우리가 행사를 '공개적'으로 광고했기 때문일 것이다. 경찰이 증명하고 싶은 것은 최초로 헌법이 만들어진 곳에 우리가 있더라도 정치적 연설을 했다는 자체만으로 우리를 체포할 권력을 가지고 있다는 것이었다.

내 친구 중 한 명인 로피Lopi는 월가 점거운동 당시 '축제jubilee!'라고 적힌 형형색색의 플래카드로 장식된 거대한 세발오토바이를 타고 행진에 참가한 것으로 유명하다. 그는 "월스트리트에 공개적으로 불만 말하기: 연방 홀 기념 빌딩 계단에서의 평화적인 집회. 1%의 군대가 봉쇄한 권리장전이 태어난 장소."라고 명명한 행사를 조직했다. 나는 선동가였던 적이 거의 없다. 점거운동에 참가한 동안 나는 한 번도 연설한 적이 없다. 나는 그저 증인으로서 그곳에 있거나 도덕적이고 조직적인 지원을 하기 원했다. 행사가 시작되고 나서 처음 30분 동안 점거자들은 한 명씩 철창 앞으로 움직였다. 양옆에는 즉석에서 설치한 여러 대의 비디오카메라가 있었다. 그들은 전쟁, 환경 재앙, 정부의 부패에 대해 말했다. 나는 가장자리에 서 있다가 경찰과 대화를 시도했다.

"아, 당신은 특수기동대의 일원이군요."

어두운 표정으로 철창으로 들어가는 입구를 막고 서 있는 젊은 경찰에게 말을 걸었다. 그는 커다란 라이플총을 들고 있었다.

"현재 특수기동대가 대표하는 게 뭐죠? 특수무기…"

"…그리고 작전이죠."

그가 빠르게 대답했다. 나는 이 부대를 특수폭행팀Special Weapons Assault Team이라고 부를 기회를 놓쳐버렸다.

"아, 알겠어요. 당신 지휘관은 연방 홀 계단에서 평화롭게 집회하고 있는 30여 명의 비무장 시민을 진압하는 데 이런 종류의 특수한 무기가 요구된다고 생각하나 보죠?"

"이것은 단지 예방조치일 뿐입니다."

그는 불편하게 얼버무렸다.

나는 두 번의 연설 요청을 그냥 거절했는데, 로퍼는 끈질기게 짧더라도 무슨 말이라도 하는 게 낫다고 요구했다. 나는 카메라 앞에 서서 뉴욕증권거래소 위의 하늘을 응시하고 있는 조지 워싱턴을 잠깐 보았다. 그리고 즉흥적으로 말하기 시작했다.

"제게 강한 인상을 주는 것은 우리가 오늘 여기서 만났다는 것이 참으로 적절하다는 것입니다. 이곳은 권리장전을 서명한 바로 그 건물의 계단입니다. 재미있지 않습니까? 대부분의 미국인은 자신들이 자유 국가, 세계 최대의 민주주의 국가에서 살고 있다고 생각합니다. 또한 헌법 제정자들이 만든 우리의 헌법적 권리와 자유가 우리를 국가로 규정하고, 우리를 실제 우리로 만들어 주고 있다고 느끼고 있습니다. 비록 여러분 곁에 다른 나라를 마음대로 침략할 권리를 주는 정치인들이 있더라도 말입니다. 그러나 실제로는 여러분도 알다시피 헌법 제정자들은 국민의 자유와 권리를 권리장전에 포함하고 싶어 하지 않았습니다. 그것이 개정안이 만들어진 이유입니다. 이것들은 처음 문서에는 없었습니다. 언론과 집회의 자유에 관한 뚜렷한 구절들이 헌법에서 자취를 감춘 단 하나의 이유는 조지 메이슨George Mason(1770년 권리장전을 집필함—역주) 패트릭 헨리Patrick Henry 같은 반연방주의자들이 마지막 초고를 보고 분노하여 문서에서 문구, 특히 다른 무엇보다 대중이 집결할 권리를 포함한 내용을 바꾸지 않는 한 비준을 하지 못하겠다고 뭉치기 시작했습니다. 심지어 그들은 연방주의자들을 협박해 금융민주화, 심지어 부채 말소를 요구하는 급진적인 대중운동이 일어날 위험을 제거하기 위해 헌법제정회의를 소집하였습니다. 혁명 시기에 그들이 목격한 대중의 공개적인 집회와 대중 토론의 증가는 그들이 결코 원하는 것들이 아니었습니다. 그래서 결국 제임스 매디슨

James Madison(미국 헌법의 아버지로 불린다－역주)은 200개 이상의 제안 목록을 모아 지금 우리가 '권리장전'이라고 부르는 실제 문서를 작성하는 데 사용하였습니다.

권력은 결코 자발적으로 어떤 것도 포기하지 않습니다. 우리의 자유는 위대한 헌법 제정자들이 우리에게 허락한 것이 아닙니다. 이러한 권리를 가지고 있다고 헌법 제정자들이 알려주기 전에 우리 같은 사람들이 이러한 자유를 달라고 주장했기 때문입니다. 바로 지금 여기서 우리가 하고 있는 것과 똑같이 말입니다.

독립선언이나 헌법 어디에도 미국이 민주주의 국가라고 말하고 있는 곳은 없습니다. 바로 여기에 그 이유가 있습니다. 조지 워싱턴 같은 사람들은 공개적으로 민주주의에 반대했습니다. 이것이 오늘 우리가 그의 동상 아래에 있는 것을 조금 아이러니하게 만드는 것입니다. 그러나 매디슨, 해밀턴, 애덤스 등 다른 많은 이들도 마찬가지였습니다. 그들은 노골적으로 '민주주의의 위험'을 제거하고 통제할 수 있는 체제를 만들려고 노력했습니다. 비록 혁명을 이루고 그들에게 권력을 쥐어준 민중이 원하는데도 말입니다. 그리고 우리가 여기에 모인 이유는 여전히 어떤 부분에서 우리가 의미 있는 민주적 체제하에서 살고 있다고 생각하지 않기 때문입니다. 제가 말하고 싶은 것은 여러분 주변을 둘러보시라는 겁니다. 저기 있는 특수기동대 팀은 여러분이 알고 싶어 하는 모든 것을 말해주고 있습니다. 우리 정부는 제도화된 뇌물 체제가 되었고, 이 체제는 여러분이 거기에 대해 지적하면 체포 당해서 감옥으로 가는 체제입니다. 아마도 그들은 하루나 이틀 정도는 우리를 감옥에 잡아둘 수 있습니다. 여기 모인 우리는 이러한 모순을 바꾸기 위해 최선을 다할 것입니다. 그러나 만약 우리가 이것이 진실이라는 것을 모른다면 그들은 굳이 우리를 가두려고 하지 않을 것입니다. 미국의 지배자들이 가장 두려워하는 것은 진정한 민주주의에 대한 전망이 폭발해 나오는 것입니다. 만약 이에 대한 전망이 있다면, 만약 국민의 자유와 권리를 포함한 권리장전을 요구하기 위해 기꺼이 거리로 뛰쳐나온 사람들의 후손들이 여기에 있다면 우리에게 좀 더 많은 것들이 빨리 다가올 것입니다."

∙

로피가 나를 연단 위로 밀어 올리기 전에는 월스트리트 점거운동이 미국 역사 속에 있는 어떤 위대한 전통에 뿌리를 두고 있다는 것을 생각해 본 적이 한 번도 없었다. 나는 그 뿌리가 아나키즘, 페미니즘, 심지어 세계 정의운동Global Justice Movement에 있다고 말하는 것에 더 깊은 관심이 있었다. 그러나 돌이켜보니 내가 말한 것은 진실이었다고 생각한다. 결국 미국에서 우리가 민주주의에 대해 생각하도록 배운 방식은 이상하게 앞뒤가 맞지 않는 부분이 있다. 한쪽에서 우리는 끊임없이 민주주의는 단지 정부를 운영할 정치가들을 뽑는 문제일 뿐이라고 들었다. 그러나 다른 한쪽에서는 대부분의 미국인이 민주주의를 사랑하고, 정치가를 혐오하고, 정부에 대해 아주 회의적이라는 것을 알고 있다. 어떻게 이 모든 것이 진실일 수 있는가? 좀 더 명확하게 말하면, 미국인이 민주주의를 받아들였을 때 단지 선거에 참여하는 것보다는 뭔가 광범위하고 깊은 것에 대해 고민할 수 있었다. (지금 미국인 중 절반은 선거에 참여하는 수고를 하지 않는다.) 이는 자유에 대한 개인의 이상과 어떤 개념의 결합 같은 것이다. 그 개념이 실현되려면 아직도 갈 길이 멀지만, 판단력 있는 자유민들이 같이 모여 앉아서 가능한 길을 찾을 수 있을 것이다. 그렇게 하는 것은 결코 놀라운 일이 아니다. 현재 미국을 통치하는 이들은 민주주의 운동을 두려워 한다. 결론을 말하자면 민중에 의한 민주주의의 추진력은 그들을 전적으로 쓸모 없게 만들 것이다.

대부분의 미국인은 궁극적인 결론에 다가가는 민주적 추진력에 대해 말하는 것을 망설일 것이라고 누군가는 반박할 수 있을 것이다. 이 점에 대해서는 의심의 여지가 없다. 대부분의 미국인은 아나키스트가 아니다. 대부분의 경우 정부를 싫어한다고 분명하게 말하더라도 그 누구도 정부를 해체하는 데 대해서는 지지하지 않을 것이다. 그러나 그것은 아마도 무엇이 정부를 대체할 수 있는가에 대한 생각이 없기 때문일 것이다. 진실은 대부분의 미국인이 아주 어린 시절부터 극단적으로 제한된 정치적 한계와 인간의 가능성에 대해 매우 편협한 감각을 배워 왔다는 것이다. 대부분의 사람들에게 민주주의는 지극히 추상적인 것이며, 이상일 뿐 실행해보거나 경험해본 것이 아니다. 시민은 우리가 점거운동에 도입한 일반적 총회general assembly와 또 다른 형태의 수평적 의사결정에 참가하기 시작하면서 나와 마찬가지로 새로운 가능성을 느꼈다. 거슬러 올라가보면 내가 2000년 뉴욕에서 직접행동네트워크DAN: Direct Action Network에 처음 참가했을 때 정치적으로 가능한 것에 대한 총체적인 감각이 하룻밤 사이에 바뀐 것과 같았다.

·
　·

　이 책은 점거운동에 대해 다룬 것이 아니라 미국식 민주주의의 가능성에 대해 다룬 책이다. 더 나아가 점거운동이 보여준 급진적인 상상력의 개화에 대한 책이다.

　점거운동이 일어난 첫 몇 달 동안 광범위하게 퍼진 흥분을 1년 후 대통령 선거 기간의 분위기와 비교할 필요를 느낀다. 우리는 가을에 두 명의 후보자를 만나보았는데, 한 명은 민주당의 기반 위에 있지만 자주 민주당을 배반하는 것처럼 느끼게 하는 기존 대통령이었다. 다른 한 명은 공화당의 기반 위에서 순수하게 돈의 힘으로 그 자리에 앉은 이로서, 대부분의 에너지를 노골적으로 억만장자들을 보호하는 데 사용했다. 텔레비전을 통해서도 점검했듯이 동요하는 상태의 약 25%의 미국인을 배제한다면 그들의 투표는 어떤 근소한 차이도 만들지 않을 것이다. 투표가 중요한 이들조차 당연히 자신들의 연금, 의료, 사회보장 예산을 삭감하는 거래-누군가는 희생되겠지만, 권력의 실체는 그 누구도 부자들이 그 희생을 감내해야 할 희생양이 될 가능성에 대해서는 고려하지 않는 거래-를 하는 두 정당 사이에서 선택하는 것이라고 여겼다. 찰스 피어스Charles Pierce는 『에스콰이어Esqurie』와의 인터뷰에서 "이번 선거 시기에 TV에서 자주 접한 공격적인 대장들의 모습은 대중적인 무력감을 주기에 충분한 새도-매조키 잔치sado-masochisticcelebration로 자신의 부하들을 몰아세우는 리얼리티 TV 쇼와 유사한 것으로 보였다"고 지적했다.

우리는 스스로가 소수독재정치의 관행에 빠져 있는 것을 허락했다. 부정이 드러난 후에 사퇴하는 것으로 끝내는 것은 소문으로만 듣던 자치 공화국의 관행에서나 있을 일이다. 우리는 정치인들이 우리의 명령을 받아야 하고, 그 명령과는 다른 어떠한 정치도 해서는 안 된다고 주장하기보다는 정치가 우리 위에서 군림하도록 하는 데 스스로 순응했다. TV에 나오는 스타들은 우리에게 "정치 스타들이 대협상을 시도할 것이고, '우리'는 그들이 우리를 대표해서 '힘든 선택'을 한 것에 대해 박수를 보내야 한다"고 말한다. 이것이 바로 그들이 당신에게 정치적 민주국가에서 소수독재의 관행을 어떻게 가르치는가이다. 이러한 관행에서 벗어나기 위해서 당신은 '정부는 민주국가의 궁극적인 표현'이라는 일반적인 오해를 해소해야 한다. 그런 후에 당신의 숨겨진 영향력—호응, 발언, 조직화된 행동—으로 독립적으로 존재하고 있을 권력의 핵심부를 제거하거나 약화시켜야 한다. 그런 후에 명백하게 주장해야 한다. 누가 책임을 지는가? 내가 대장이다. 거기에 익숙해져라.[1]

이러한 잘못된 정치 형태는 민주주의에서 가능성이라는 개념이 무시당했을 때 나타나는 현상이다. 그러나 이 또한 일시적인 현상일 뿐이다. 우리는 이와 유사한 주장이 2011년 여름에 있었음을 또렷이 기억하고 있다. 모든 정치적 계급이 '재정적자 상한'과 거기에 필연적으로 이어지는 (의료, 사회보장을 한 번 더 삭감하는) 대협상에 관한 인위적이고 복합적인 위

1 Charles Pierce, "Why Bosses Always Win if the Game Is AlwaysRigged," Esquirexom, October 18, 2012.

기를 말하던 때였다. 그리고 그해 9월에 점거운동이 일어났다. 평범한 미국인들이 자신의 실제 관심사와 문제를 드러낸 진짜 정치 토론이 수백 개나 있었고, 이 과정에서 관행적인 대학자들의 토론은 중단되었다. 점거자들이 정치가에게 특별한 요구와 제안을 해서 그런 것이 아니었다. 그 대신 진짜 민주주의가 무엇인가에 대한 물음을 던짐으로써 그들이 만든 체제의 합법성에 위기를 만들었다.

물론 대학자들은 2011년 11월 점거 캠프의 해산 이후 점거운동이 죽었다고 선언했다. 그들이 이해하지 못한 것은 일단 민중의 정치적 경험이 넓어지면 변화는 지속적이라는 것이다. 지금은 엄청나게 많은 미국인(물론 미국인뿐만 아니라 그리스인, 스페인, 튀지니인 등도)이 자체 조직화, 집단행동과 같은 인간의 연대에 대한 직접적인 경험을 가지고 있다. 이는 이전의 삶으로 돌아가 예전의 방식으로 사물을 보는 것을 거의 불가능하게 만든다. 세계 금융계와 정치계의 엘리트들이 2008년 수준의 위기로 맹목적으로 미끄러지는 동안 우리는 계속해서 건물, 농장, 저당잡힌 집들과 현장을 일시적·지속적으로 점거해왔다. 그리고 임대료 거부 투쟁, 세미나, 채무자 회의 등을 조직했다. 그러면서 진정한 민주주의 문화의 기반을 닦고, 전적으로 새로운 정치의 개념들을 현실화시킬 기술, 관례, 경험을 도입하였다. 이와 더불어 오래전부터 믿고 있었던 관습적인 앎들에 대한 죽음을 선언한 혁명적이고 민주적인 상상력의 부활이 찾아왔다.

참여한 모든 이들은 진정한 민주주의 문화를 만드는 것은 장기적인 과정이 되어야 한다는 것을 깨달았다. 결국 우리는 심오한 도덕적 이행에 대해 말하고 있다. 우리는 이러한 것이 이미 존재한다는 것을 알고 있다. 미국에서도 심오한 도덕적 이행-즉각적으로 떠오르는 것은 노예제도 폐지와 여권 신장-에 영향을 준 사회운동이 있었다. 그러나 이런 것들을 이뤄내기까지 너무 오랜 시간이 걸렸다. 점거운동처럼 이러한 운동들 또한 공식 정치체제 밖에서 운영될 수밖에 없었기 때문에 시민 불복종과 직접행동을 시도했다. 그리고 그 누구도 한 번도 1년 안에 자신들의 목표를 이룰 것이라고 예상하지 않았다. 명확히 이와 같은 심오한 도덕적 이행을 가져오려고 한 많은 이들이 있었지만 결국 실패했다. 그러나 여전히 근본적인 변화의 가능성이 미국사회에 자리 잡고 있다고 믿는 긍정적인 이유들-점거운동을 빠르게 첫 번째 장소에서 떠나게 했던 것과 똑같은 이유-이 있다. 이것은 장기적으로 민주주의 프로젝트의 부활이 성공하는 데 좋은 기회를 제공할 것이다.

•
•

내가 만들 사회적 쟁점은 매우 단순하다. 지금의 대공황이라고 불리던 현상은 몇십 년간 이미 진행 중이던 미국 내 계급 체계 변화의 심오한 이행을 가속화시켰을 뿐이라는 것이다. 두 가지 사실을 고려하라. 이 책이 집필되는 시간에도 미국인 일곱 명 중 한 명은 채무징수대행업자에게 쫓기고 있다는 사실과, 소수의 미국인(45%)은 스스로를 아직도 '중산층'이라고 생각한다는 사실이다. 이 두 가지 사실이 서로 관련이 없다고 생각하기는 어렵다. 미국 중산층의 몰락에 대해 최근 많은 논쟁이 있었다. 그러나 그 논쟁이 놓치고 있는 사실은 대부분의 미국 '중산층'이 경제학상

범주에서 제일 윗자리를 차지한 적이 없다는 사실이다. 안정성과 보장성에 대한 중산층의 관련된 모든 것은 쉽게 추측할 수 있는 것-정치가들이 뭐라고 생각하건 간에-에서 온다. 그것은 경찰, 교육 체계, 건강 진단 그리고 심지어 금융제공자 같은 일상적 제도들이 기본적으로 우리와 늘 함께 존재한다는 생각이다. 문서를 제대로 읽지 않고 서명하여 가족이 사는 집이 불법으로 저당잡히는 것을 경험한 사람이 특별히 중산층에 대해 어떻게 느낄 것인지를 생각하는 것은 어렵지 않다. 그리고 이것은 진실로 그들의 소득이나 교육 정도와는 전혀 관계가 없다.

미국인은 자신들을 둘러싼 제도상의 구조가 자신들을 돕기 위한 것이 아니라-심지어 해를 끼치는-자본주의 금융화의 직접적인 결과라고 인식하고는 있다. 이상한 발언처럼 들리겠지만, 이는 우리가 금융을 일상적인 관심과는 아주 먼 무엇으로 생각하는 데 익숙하기 때문이다. 대부분의 민중은 월스트리트가 창출하는 이윤 가운데 절대적인 양을 차지하는 부분이 산업이나 상업의 열매가 아니라 전적으로 투기와 복잡한 금융기관들에서 온다는 것을 알고 있다. 그러나 이러한 인식의 의미는 단지 부를 끌어모으는 것이 투기의 문제, 즉 마술 같은 정교한 속임수로 보거나 속임수가 존재한다고 말하는 수준에서 머문다. 사실 금융화가 실제로 의미하는 것은 점점 더 많은 시민을 점점 더 빚더미에 깊게 빠지도록 하는 정부와 금융기구의 공모이다. 이러한 공모는 모든 영역에서 일어난다. 새로운 학문적 자격 요건들을 제약, 간호 같은 분야에 도입하고, 이러한 산업에서 일하고 싶어 하는 이들에게 정부가 금융회사가 지원하는 학자금 대출을 강요한다. 그리고 그들이 받게 될 임금의 꽤 많은 부분이 은행으로 바로 들어간다. 월스트리트 금융 자문가와 지역 정치인 세력이 공모하여 지방자치단체에 파산이나 준파산을 강요함으로써 지역 경찰은 공터, 쓰레기, 주택 소유자에 대해 대규모로 유지 규정에 따른 벌금을 부과한다. 이로 인해 발생한 모든 이윤은 대부분 로비스트와 정치활동위원회 Political Action Committee, PAC를 통해 정치가들에게 돌아간다. 지역 정부의 기능은 대부분 금융 착취의 기계다. 연방정부의 첫 번째 사업은 주가를 유지하고 돈이 금융기관들의 소유자들에게 흘러가도록 하는 것이다. (어떠한 대형 금융기관도 그 행위가 무엇이든 파산한 적이 없었다.)

우리 스스로를 99%라고 부르기로 처음 결정했을 때 우리는 그들이 거의 예측하지 못한 어떤 행동을 했다. 우리는 미국에서 계급만이 아니라 계급의 힘에 대한 이러한 쟁점을 도출하는 것을 정치 논쟁의 중심이 되도록 했다. 차츰 월스트리트 점령운동을 추진해 가면서 점거자들은 경제체제의 본질-내 추측으로 이것은 '마피아 자본주의'라고 언급했던-에 대한 점진적인 인식의 변화를 경험했다. 마피아 자본주의는 미국 정부가 대중이 대중의 의지 혹은 불만을 가질 거라는 상상조차 불가능하게 만들었다. 이러한 시대에는 민주적 추동력의 어떠한 자각만이 혁명적인 본능이 될 수 있다.

CONTENTS

01
시작은 가까이에 있다
-월스트리트 점거의 시작

2011년 3월 캐나다에서 발행하는 『애드버스터Adbusters』의 편집자인 미카 화이트Micah White는 내게 유럽이나 미국에서 분출하고 있는 혁명적 운동의 가능성에 대한 칼럼을 써달라고 요청했다. 당시 내가 생각할 수 있는 것 중에서 최선이라고 할 만한 것은 진정한 혁명운동이 일어나면 그 조직자들을 포함해서 모든 이들이 놀라게 될 것이라는 사실이었다. 나는 디나 마크람-에베이드Dina Makram-Ebeid라는 이집트 출신 아나키스트와 그 영향에 대해 꽤 오래 대화를 나누었는데, 마침 타흐리르 광장Tahrir Square에서 일어난 봉기가 절정에 달해 있었다. 그와의 대화는 칼럼을 시작하는 도입부에 사용되었다.

이집트인 친구가 내게 한 말은 이러했다.

"재미있는 것은 당신들이 운동을 아주 오랫동안 해왔지만, 자신이 이길 수 있다는 것에 대해 어느 정도 잊어버린 것 같습니다. 지난 세월 동안 우리는 행진과 시위를 조직해왔습니다. … 만약 50명 남짓한 사람들이 보이면 당신들은 실망할 것입니다. 300명이라면 행복할 것입니다. 그리고 어느 날 50만 명이 운집한 것을 보면 당신들은 믿으려 하지 않을 것입니다. 당신들은 이런 일이 일어날 것이라는 생각을 어느 정도 포기하고 있는 듯합니다."

호스니 무바라크Hosni Mubarak 체제하의 이집트는 지구 상에서 가장 억압적인 사회 중 하나였다. 국가의 전체 기구는 일어나서 끝난 혁명이 다시는 일어날 수 없도록 보장하기 위해 조직되었다. 점령운동 때도 그랬다.

솔직하게 말하면 내가 알던 대부분의 활동가들은 이집트인 친구가 말한 것과 비슷한 감정을 가지고 있었다. 우리는 실제로 일어날 수 있다고 스스로 확신하지 못하는 무엇인가의 가능성 주위로 우리의 삶들을 조직했다.

그러나 실제로 점령운동이 일어났다. 물론 우리의 경우에는 군사독재 정권의 몰락이 아니었다. 우리가 바라던 직접민주주의에 기반을 둔 대중운동의 폭발-그 결과물, 고유의 방식, 즉 이 나라에서 조직가들이 오랫동안 꿈꾸어 온, 궁극적인 권력을 가진 자들이 오랫동안 두려워했던 것-이었다. 이는 무바라크의 퇴진 만큼이나 불확실한 것이었다.

점령운동에 관한 이야기들은 가능할 수 없는 출구를 통해 세상으로 퍼져나갔다. 『점령된 월스트리트저널Occupy Wall Street Journal』부터 실제 『월스트리트저널』까지 동기, 관점, 무대 위 배역들 등 사실성의 수준도 다양했다. 대부분의 글에서 내 역할은 심하게 과장되었다. 나는 캠프들 간의 다리 역할이었다. 그러나 이 책에서의 내 목표는 직접 월스트리트 점령의 역사적 기록을 하는 데 있지 않다. 역사를 쓰기보다는 역사적 통합의 순간을 지켜본 사람으로써 우리의 삶에 대한 감각을 깨우는 것이다. 우리 정치문화의 대부분은 일상의 경험에서 이러한 사건들은 불가능하다고 느끼게 했다. (사실 우리가 그렇게 느끼게 만들도록 우리의 정치문화가 디자인되었다.) 그리고 그 결과 우리의 상상력은 냉각되었다. 우리 삶의 많은 부분, 우리의 환상과 영감의 대부분을 이러한 상상력 폭발의 가능성 주변에서 운동을 조직해왔던 디나와 나 같은 사람들은 실제로 이런 폭발이 일어났을 때 너무나 놀랐다. 상상력의 변화를 갖춘 폭발이 일어났고, 일어나고 있으며, 지금도 확실히 계속해서 다시 일어날 것이라는 사실을 강조하면서 시작하는 것은 중요하다. 이런 사건들을 통해 현재를 살아가는 민중의 경험은 우리 삶의 활동 범위가 넓어지는 것을 발견할 것이다. 이러한 사건들은 의문을 갖고 추측하는 것에만 머물던 우리 스스로를 찾고, 우리가 과거에 대해 알고 있다고 생각한 모든 것들을 재고하게 한다. 권력자들은 이러한 상상력의 폭발을 가져온 사건들을 감추고 자신들의 권력을 포함한 모든 것이 다시 시작되는 순간들이 아니라 특별한 예외로 다루려고 최선을 다한다. 단 한 명의 행위자의 관점일지라도 점거운동에 대해 이야기하는 것은 중요하다. 이는 내가 말하려고 하는 모든 것이 점거운동이 열어둔 가능성이라는 감각의 빛 속에서만 타당하기 때문이다.

•

『애드버스터』에 글을 실었을 때─편집자는 "마법의 순간을 기다리며"라는 제목을 붙였다─나는 런던에 살면서 런던 골드스미스 대학 Goldsmiths University에서 인류학을 가르치고 있었다. 미국 학계에서 벗어난 지 4년째였고, 영국 학생운동에 꽤 깊숙히 개입하고 있었다. 보수당 정부의 영국 공립교육체계에 대한 폭거의 항의 표시로 전국에 형성된 수십 개의 대학 점거지를 방문하며 조직화와 거리행동에 참가했다. 『애드버스터』
는 내게 특히 학생운동이 유럽, 더 나아가 세계적인 반란의 시작이 될 가
능성에 대해 고민하는 글을 써 달라고 요청했다.

　나는 오랫동안 『애드버스터』의 팬이었고, 최근 기고자가 되었다. 사회
이론가가 되기 전에는 거리 시위자에 가까웠다. 『애드버스터』는 '문화방
해자culture jammers'를 표방하는 잡지였다. 처음에는 출세와 성공에 눈이
먼 기업 세계를 전복하기 위해 자신들의 산업을 혐오하는 반역적인 광
고 종사자들에 의해 만들어졌다. 그들은 자신들의 전문적인 기술을 활용
하여 저들과는 다른 방향으로 가기로 결정했다. 그들은 '섭버타이즈먼트
subvertisement', 반광고anti-ads — 예를 들면 '패션' 광고에 병적 과시욕을 가진
모델이 변기에 토하고 있는 안티마케팅 메세지가 담긴 광고— 를 새로운
상품생산 가치로 만드는 단체로 유명했다. 이들은 주류 출판계나 공중파
방송에 이를 배치하려고 노력했으나 필연적으로 이런 시도들은 거부되
었다. 많은 급진적인 잡지들 중에서 『애드버스터』는 단연코 가장 아름다
웠다. 대부분의 아나키스트들은 자신들의 스타일에 역설적으로 접근하

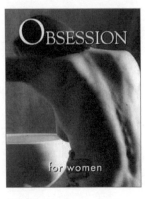

사진 출처: https://www.adbusters.
org/content/obsession-women

는 이 잡지를 확실한 강경파는 아닌 것으
로 간주했다. 나는 미카 화이트와 칼럼 기
고를 위해 계약을 체결한 2008년에 첫 글
을 실었다. 2011년 여름이 끝날 무렵이 되
자 그는 나를 정기적으로 기고하는 영국
특파원 비슷한 것으로 만드는 데 관심이
있었다.

　그의 계획은 내가 미국으로 돌아온 해
에 틀어져 버렸다. 나는 2011년 6월 고향

인 뉴욕으로 돌아왔고, 여름 내내 여행과 그즈음 나온 부채의 역사에 대한 내 책(『부채, 그 첫 5000년 -인류학자가 다시 쓴 경제의 역사』-역주)의 인터뷰를 기대하고 있었다. 또 내가 원한 것은 뉴욕 활동가 판으로 다시 복귀하는 것이었다. 하지만 약간 망설여졌는데, 그 판이 뭔가 아수라장이 되었다는 뚜렷한 인상을 가졌기 때문이다. 나는 세계정의운동의 전성기였던 2000년부터 2003년까지 뉴욕의 운동에 처음으로 깊숙이 참가했었다.

1994년 멕시코의 치아파스에서 자파티스타 반란으로 촉발되어 1999년 시애틀에서 열릴 예정이던 WTO 회담의 문을 닫게 한 미국의 대중 시위로 이어진 그 운동은 내 친구들 대부분이 세계 혁명운동이 형태를 잡아가고 있다고 느낀 마지막 시간이었다. 그때가 전성기였다. 시애틀에 이어서 다른 곳에서도 매일 뭔가 진행되고 있는 것으로 보였다. 항의, 행동, 거리에서 외치기, 활동가들의 지하철 파티, 수천 개의 각기 다른 계획 회담이 있었다. 그러나 몇 년간 최선을 다했지만, 9.11의 결과는 우리를 격렬하게 공격해왔다. 활동가들에게 가해진 경찰의 자의적인 폭력은 상상할 수 없을 정도로 증가했다. 2009년 소수의 비무장 학생들이 항의를 위해 뉴스쿨New School(미국 뉴욕 주 뉴욕에 있는 사립 종합대학교-역주)의 지붕을 점거했을 때 뉴욕경찰은 4개의 안티테러리스트 분대로 응답했다. 여기에는 공상과학 소설에나 나올 만한 온갖 종류의 특수 무기로 무장한, 헬리콥터에서 내려오는 특별기습부대도 포함되어 있었다.* 뉴욕의 반

---

* 여기에서 언급하는 것은 2009년의 두 번째 뉴스쿨 점거이다. 이전의 2008년 식당 점거는 학생들의 작은 승리로 끝났는데, 상대적으로 경찰 폭력이 적었다. 두 번째 점거는 즉각적이고 압도적인 무력이 투입되었다.

전과 반공화당 전당대회의 저항은 역설적이게도 저항운동 무대의 활기를 앗아갔다. 그사이 세계정의운동의 핵심이었던 아나키스트들의 '수평선horizontal' 그룹은 직접민주주의에 기반을 두고 있었는데, 이는 정치적 행동을 주된 구호로 내세우며 행진하는 광범위한 상의하달 방식의 반전연합에 의해 대체되었다. 아나키스트 활동가 그룹은 개인들의 쓸데없는 끝도 없는 싸움들로 붕괴되었고, 주로 매년 북 페어를 조직하는 것으로 변형되었다.

4월 6일 운동

뉴욕에 완전히 돌아온 여름 전인 4월의 봄방학 기간 동안 나는 뉴욕 활동가 그룹에 다시 참가하기 시작했다. 왕년에 나무 지킴이tree sitter였던 베테랑 환경운동가인 내 오랜 친구 프리야 레디는 이집트 4월 6일 운동을 주도한 두 명의 설립자를 보러 오라며 나를 초대했다. 그들은 브레히트 포럼에서 연설하기로 되어 있었다. 그곳은 급진적인 교육센터로, 이벤트를 위해 무료로 공간을 제공했다.

이는 흥미로운 소식이었고, '4월 6일'은 당시 이집트 혁명에서 중요한 역할을 하고 있었다. 두 명의 이집트인은 뉴욕에서 북 투어를 하고 있었는데, 예정에 없던 몇 시간 동안 홍보 당담자를 빼고 동료 활동가들을 만나기 원했다. 그들은 아나키스트이자 급진적 영화감독으로 이집트 혁명에 관한 다큐멘터리를 만들고 있던 마리사 홈스Marisa Holmes를 불렀다. 뉴욕 활동가인 그녀의 전화번호가 이 낯선 땅에서 그들이 알고 있던 유일한 전화번호였을 것이다. 마리사는 브레히트 포럼에서 하루 일정의 이벤트를 개최했다. 두 이집트인의 연설을 경청하기 위해 우리 20명은 브레히트 포럼이 열린 도서관의 큰 탁자에 모여 앉았다. 아메드 마헤르Ahmed Maher 는 젊고 머리가 벗겨졌으며 조용한 편이었다. 아마도 서툰 영어 때문인 것 같았는데, 그룹의 설립자인 듯했다. 월리드 라쉐드Waleed Rashed는 덩치가 크고 혈색이 좋았으며, 영어를 유창하게 구사할 뿐 아니라 유머도 있었다. 나는 그가 전략가라기보다는 대변인으로 느껴졌다. 그들은 얼마나 많이 체포되었는지, 경찰을 따돌리기 위해 사용한 온갖 방법에 대해 이야기해 주었다.

"우리는 택시를 자주 탑니다. 이집트에는 전통이 있는데, 택시 운전사 는 계속해서 말을 해야 합니다. 다른 것을 할 수 없어요. 그와 관련된 일 화가 하나 있는데, 실제 이야기입니다. 어느 사업가가 장시간 택시를 타게 되었는데, 30분이 지나자 택시 운전사의 수다가 따분해져서 조용히 해달 라고 부탁했습니다. 그러자 기사는 차를 세우더니 당장 내리라고 요구했 습니다. '당신이 감히 내 말을 막아? 이건 내 차라고! 나는 계속해서 말할 권리를 가지고 있다고!' 또 한 가지 일화가 있습니다. 어느 날 경찰이 집회 를 해산시키기 위해 온다는 것을 알았을 때, 페이스북에 타흐리르 광장 에서 오후 3시에 만나자고 공지했습니다. 당연히 우리 모두 감시받고 있 다는 것을 알았습니다. 우리는 따로 오전 9시쯤 택시를 타고 택시 운전사 에게 '아시다시피 우리는 타흐리르 광장에서 오후 2시에 큰 집회가 있다 는 것을 들었습니다'라고 말했습니다. 그리고 너무나 당연하게도 몇 시간 도 안 되어 카리오에 있는 모든 사람이 이를 알게 되었습니다. 경찰이 나 타나기 전에 수만 명이 집회에 참석하기 위해 모였습니다."

·

명백하게 드러났다시피 '4월 6일'은 급진적인 그룹이 아니다. 예를 들면 라쉐드는 은행에서 일했는데 그들의 기질을 보면 운동을 이끈 두 대표자는 고전적 자유주의자였다. 만약 이들이 미국에서 태어났다면 버락 오바마의 지지자가 되었을 것이다. 그들은 자신들을 감시하는 사람들에게서 잠시 벗어나 아나키스트와 마르크시스트가 뒤죽박죽 섞인 모임에 강연을 하러 왔다.

"그들이 군중에게 정면으로 최루가스탄을 쏘는 것을 본 순간 우리는 뭔가를 알아차렸어요."

라쉐드가 우리에게 말했다.

"모두가 말했습니다. 'Made in USA'라고. 그 이후 우리가 체포되었을 때 우리를 고문하던 장비들도 모두 미국산이었습니다. 이런 것들을 우리는 잊을 수 없을 겁니다."

공식적인 대화 이후 마헤르와 라쉐드는 허드슨 강을 보기 원했는데, 고속도로를 가로질러 가야 했다. 우리 중 용감한 6~7명은 웨스트사이드 고속도로를 가로질러 질주했고, 교각 근처에 버려진 장소를 발견했다. 내가 가진 플래시 드라이브에 라쉐드가 보내준 영상들을 받았다. 일부는 이집트인이 만들었는데, 흥미진진하게도 그중 일부는 세르비아의 학생 그룹인 '오트포르!Otpor!(밀로셰비치를 실각시키는 데 결정적인 역할을 했으며, 오트포르는 '저항'이라는 뜻의 세르비아어 - 역주)'가 제작했다. 이 영상들은 아마도 슬로보단 밀로셰비치Slobodan Milosevic 체제를 무너뜨리는 데 대중적 저항과 비폭력 저항의 다양한 형태를 조직하는 중요한 역할을 했을 것이다. 그의 설명에 의하면 세르비아의 학생 그룹은 4월

오트포르 로고

6일 운동의 주된 영감을 준 것 중 하나였다. 이집트 그룹의 설립자들은 오트포르!의 간부와 교신했을 뿐 아니라 많은 이들이 조직화 초창기에 직접 벨그라드로 가서 비폭력 저항의 기술에 관한 세미나에 참석하기까지 했다. 4월 6일 운동은 오트포르의 올려세운 주먹 로고 형태를 채용하기도 했다.

"혹시 알고 있나요?"

내가 그들에게 말했다.

"오트포르가 CIA에 의해 세워졌다는 것을."

그는 어깨를 으쓱거렸다. 그에게 세르비아 그룹의 기원은 명백하게 완전히 다른 문제였다. 그러나 오트포르!의 기원은 그가 생각한 것보다 훨씬 복잡한 문제였다. 사실 우리 중 일부는 설명하기를 주저했다. 오트포르!와 '색깔' 혁명들-소련 제국에서 발칸 반도까지-의 전위에 있는 다른 많은 그룹들은 CIA의 도움으로 구현된 것이다. 그날밤 허드슨 강에 모인 사람들에 의해 집행된 전술을 포함해서 과거의 많은 세계정의운동을 통해 CIA는 상대방의 전술을 배워 왔던 것이다.

활동가가 실제로 상대방에서 생각하는 것이 무엇인지를 아는 것은 불가능하다. 우리는 상대방이 누군인지조차 모른다. 누가 우리를 감시하고 있고, 누가 국제적 안전을 위해 노력을 하고 있는지 모른다. 그러나 이에 대해 고민하지 않을 수 없다. 그리고 1999년을 거론하지 않는 것은 힘든 일이다. 그때는 느슨한 반독재 집단행동의 국제 네트워크가 탈중앙화된 직접민주주의와 비폭력 시민 불복종의 놀라울 정도로 효율적인 기술들을 사용하여 프라하에서 칸쿤까지 무역정상회담을 방해하는 동원을 시작하였다. 이들 중 일부는 미국 안보기관들의 현상을 연구하는 것 뿐만 아니라 이런 운동을 어떻게 촉진할 수 있는가에 대한 방법적 시도도 있었다.

1980년대에 CIA도 이와 유사한 활동을 했는데, 이런 종류의 전환을 예측하지 못한 것은 아니었다. CIA는 1960년대와 1970년대에 니카라과의 콘트라스 같은 게릴라 군대가 어떻게 움직이는지를 연구하는 반폭동 연구의 성과를 이때에 사용했다. 미국 정부의 돈이 국제기구로 흘러들어가서 비폭력전술을 고양하고, 미국 훈련가들—이들 중 일부는 반핵운동의 베테랑들이다—은 오트포르! 같은 그룹을 조직화하는 것을 돕는다. 이러한 노력을 과장해서 말하지 않는 것이 중요하다. CIA는 무에서 어떠한 운동도 만들지 못한다. 그들의 노력은 세르비아와 그루지아에서는 효과적이었으나 베네주엘라에서는 완벽하게 실패했다. 그러나 실제 역사적 역설은 이러한 기술들이 과거의 세계정의운동에서 선구적으로 시작하여 CIA에 의해 미국이 지원하는 전 세계의 그룹들에게 성공적으로 퍼졌다는 것이다. 그리고 그다음에는 미국의 수혜를 받던 그룹들을 퇴진시켰다는 것이다. 민주적 직접행동의 전술적 힘의 신호는 한 번 세상에 퍼지면 통제할 수 없다는 것이다. 민주적 직접행동의 전술적 힘의 신호이다.

유에스 언컷(US Uncut)

두 명의 이집트인과 만난 그날 저녁에 한 일 중 가장 구체적인 일은 마리사를 만났다는 것이다. 5년 전에 그녀는 학생활동가 신분으로 1960년대의 활동가 그룹인 SDSStudents for a Democratic Society (민주사회를 위한 학생들)를 다시 만들려는 탁월한—결국 짧은 기간이었지만—시도를 했다. 대부분의 뉴욕 활동가들은 '그 당시의 SDS 아이들'로 중요한 조직가들이다. 그러나 그들 중 대부분은 일주일에 50~60시간을 일하면서 학자금 대출을 갚느라 여념이 없었다. 마리사는 SDS의 오하이오 지부에 있다가 뉴욕으로 왔는데 여전히 활동적이었다. 그녀는 뉴욕 활동가 무대에서 일어나는 모든 가치 있는 일들을 꿰고 있는 것으로 보였다. 마리사는 과소평가되는 사람들 중 한 명이다. 몸집이 작고, 나서지 않으며, 무리 속에 자신을 숨기는 경향이 있으며, 공개적인 행사에서도 모습을 드러내지 않는다. 그러나 그녀는 내가 만난 가장 재능 있는 활동가들 중 한 명이다. 내가 이후 발견한 것은 그녀는 즉각적으로 상황에 접근해서 무슨 일이 일어나고 있는지, 무엇이 가장 중요한지, 무엇을 해야 하는지를 파악하는 거의 신비스러운 능력을 가지고 있다는 것이다.

허드슨 강가에서의 작은 모임이 끝나고 마리사는 내게 그 다음날 이스트빌리지의 어스매터스Earth Matters 모임에 대해 말해주었다. US Uncut이라고 불리는, 그녀가 일하고 있는 새로운 그룹의 모임이었다. 그녀는 2010년 토리 정부의 긴축계획에 대한 시민 불복종 운동을 조직하기 위해 만들어진 영국의 연합인 UK Uncut에 영감을 받았다고 설명해주었다.

그들은 대부분 자유주의자로-그녀는 내게 거기에 대해 경고하는 것을 주저했지만-아나키스트들은 많지 않았다. 그러나 이 그룹은 뭔가 매력적인 면이 있었다. 이 그룹의 뉴욕 지부는 온갖 종류의 배경을 가진 사람들로 구성되어 있었다. (활동가형이 아닌 일반인들인) 중년의 가정주부, 우편배달부 등이었다. 그러나 그들 모두는 직접행동에 대한 이상에 열광하고 있었다.

이러한 이상은 분명히 뭔가 끌어당기는 것이 있었다. 나는 런던에 있을 때 UK Uncut과 일해본 적은 없었지만 그들과 우연히 만나기는 했다.

UK Uncut의 전술적 전략은 단순하고 훌륭했다. 2010년 영국 보수당 정부의 긴축정책안 중 가장 큰 의혹의 하나는 학생 등록금을 3배로 올릴 필요에 대해 선동했고, 청년센터Youth Center의 문을 닫고 연금생활자와 장애인에게 제공하는 혜택을 삭감하여 예산 부족을 메우려고 한 것이다. 이 정부는 거대 기업 캠페인의 공헌자들 중 일부의 체납세금 징수에는 결코 관심이 없음을 분명히 밝혔는데, 이 세입만 들어오면 대부분의 삭감은 전적으로 필요 없게 된다.

UK Uncut의 논점을 드라마틱하게 제기하는 방식은 이렇게 말하는 것이다.

"좋아. 네가 우리 학교와 병원의 문을 닫으려고 하는데, 우리는 너희 기업의 로비와 병원에서 수업을 하고 병원 진료를 하겠어. 왜냐고? HSBS 같은 은행이나 보다폰vodafone 같은 기업이 돈을 가져가기를 원하지 않기 때문이야."

UK Uncut의 가장 드라마틱한 행동은 3월 26일에 취해졌는데, 내가 뉴욕으로 돌아가기 불과 몇 주 전이었다. 런던에서 예산 삭감에 반대하는 50만 명의 노동자 행진이 있은 후 250여 명의 활동가들이 세계에서 가장 비싼 차와 비스킷을 파는 것으로 유명한 포트넘 앤 메이슨Fortnum & Mason의 극도로 사치스러운 상점들을 점거하였다. 불황임에도 불구하고 그들의 사업은 승승장구하고 있었으나 소유주들은 4천만 파운드(약 750억_역주)의 세금을 회피하려고 수를 쓰고 있었다.

당시 나는 여성 예술가들로 구성된 '삭감에 반대하는 예술Arts against Cuts'이라는 또 다른 그룹과 일하고 있었다. 행진하는 날 주로 그들이 공헌하는 것은 검은 후드와 발라클라바balaclava에 커다란 색 스카프를 갖추어 입은[활동가 용어로 '블랙 블록Black Bloc*'에 있는] 학생 활동가들에게 수백 개의 페인트 폭탄을 제공하는 것이었다. 나는 실제로 페인트 폭탄을 본 적이 없었다. 내 친구들 몇 명이 그들이 백팩을 열었을 때 그것들이 참 작다는 인상을 받은 기억이 있다고 말해 주었다. 페인트 폭탄은 실제 폭탄이 아니라 달걀보다 약간 큰 조그만 물풍선이다. 절반은 물, 나머지 절반은 색색의 수용성 페인트로 채워져 있다. 그것의 장점은 목표-가게 앞에 있거나 지나가는 롤스로이스와 람보르기니와 시위진압경찰-를 정하면 야구공처럼 던질 수 있는데, 즉각적이고 드라마틱한 인상을 만든다. 페인트물이 목표물에 뿌려지지만 어느 누구에게도 결코 물리적 상해를 입히지 않는다.

그날의 계획은 3시에 학생들과 그들이 몸담고 있는 동맹이 소그룹으로 노동 행진을 시작하는 것이었고, 런던 중심 쇼핑가에 흩어져서 교차점을 막은 다음 유명한 조세 범죄자들의 매장 차양을 페인트 폭탄으로 장식하는 것이었다. 1시간쯤 지났을 때 포트넘 앤 메이슨의 UK Uncut 점거자들에 대해 들었다. 우리가 뭔가 도울 수 있는 일이 있을까 하여 내려가 보기로 했다. 나는 시위진압경찰이 입구를 봉쇄했을 때 도착했고, 체포되기를 원하지 않은 마지막 점거자들은 매장의 거대한 차양에서 저항자들의 팔 위로 뛰어내리기 위해 준비하고 있었다. 블랙 블록은 삼삼

---

* '블랙 블록'은 이해하기 어려운 조직으로, 극도로 전투적인 아나키스트의 이념과 전술을 물려받았다는 인상을 받았다. 실제로는 활동가들-일반적으로 아나키스트들-이 어떤 시위에서나 채택한 전술이었다. 얼굴을 가린 채 제복 같은 검은 옷을 입고, 대중적 의지를 조직하고, 필요하다면 전투적 전술로 전환할 수 있다는 것이 영어권에서는 경찰에 대항하는 벽을 세우고 기업 상점의 전면에서 손해를 끼치는 것을 노리는 전투대와 연결된다. 이것은 일반적으로 채택되는 방법이 아니다. 내가 아는 바로는 런던에서 학생운동 구성원들이 이러한 접근방법을 시도하기로 결정한 4월 이전의 블랙 블록은 몇 년간 중요했던 적이 없었다.

오오 모여서 얼마 안 남은 풍선을 꺼냈다. 우리는 서로 팔을 엮어 대규모 체포를 감행하려는 경찰 저지선을 막았다. 몇 주 후 뉴욕에 갔을 때 내 다리에는 그때 입은 매질 자국과 긁힌 흔적이 남아 있었다. (그때 나는 왜 고대 전사들이 정강이받이를 했는지 이해한다는 생각을 한 기억이 난다. 적대적인 진영의 방패를 든 전사들이 서로 마주치면 가장 먼저 할 일은 상대편의 정강이를 차는 것이었다.)

•
•

US Uncut도 절대 드라마틱하지 않았다. 마리사가 알려준 이 모임은 로어이스트사이드Lower East Side에 있는 유명한 채식주의 식당인 어스매터스의 뒤쪽 현관에서 열렸다. 이곳은 포트넘 앤 메이슨만큼 비싼 허브차를 파는 곳으로, 마리사가 이미 예측한 것처럼 다양하고 자유분방한 무리가 살고 있었다. 그들의 계획은 UK Uncut이 포트넘 앤 메이슨에서 한 것과 유사한 행동을 하는 것이었다. 예산 부족의 이유로 도시 전역의 수업이 폐강되는 것에 항의하기 위해 세금을 전혀 내지 않는 금융 괴수 뱅크오브아메리카Bank of America(2010년 기준 미국 내 최대 은행-역주) 건물의 복도에서 수업을 할 예정이었다. 누군가가 교수 역할을 맡아 기업의 세금포탈에 대한 강의를 해야 했다. 문제는 교수 역할을 할 누군가를 찾는 데 어려움이 있다는 것이었다.

나는 일요일 런던으로 돌아갈 비행기표를 예매해두어서 체포될 가능성에 대해 두려워하지 않았는데, 이것은 왠지 너무 조작된 것 같았다. 잠깐 망설인 끝에 나는 자원했다.

겉으로 드러난 것처럼 걱정할 일은 없었다. US Uncut의 '점거' 계획은 은행 로비에서 일을 벌이는 것으로, '티친'을 시작하여 초기의 혼란을 이용한 후 경찰이 체포하겠다고 위협하자마자 그곳을 떠나는 것이었다. 나는 내 벽장의 트위드재킷처럼 어디 있는지 불분명한 것을 찾으려고 애쓰듯이 뱅크오브아메리카의 세금 역사를 공부했다. (그 이벤트에서 나는 '사기꾼의 장부'에서 소문거리를 풀어놓았다. "2009년에 뱅크오브아메리카는 44억 달러를 벌었지만 어떠한 연방세도 내지 않았다. 그럼에도 불구하고 19억 달러의 세금공제를 받았다. 로비하는 데 4백만 달러를 사용하였는데, 이는 이러한 세법을 입법한 정치가들의 주머니로 들어갔다.")[1] 그리고 행동으로 보여주었다. 이것은 인터넷에서 즉각적인 스트리밍을 위해 마리사가 비디오로 찍었다. 우리의 점거는 약 15분 정도 걸렸다.

뉴욕에 돌아와 있던 7월에 가장 먼저 나를 부른 사람은 마리사였고, 그녀는 나를 브루클린의 또 다른 Uncut 행동에 초대했다. 이때는 좀 더 빨리 도망갔다.

16 비버스트리트

한 달 뒤 내 친구 콜린 애스퍼Colleen Asper는 내게 16 비버그룹16 Beaver Group이 주최하는 7월 31일 이벤트에 참가하라고 말했다.

16 비버는 그들의 주소를 딴 예술공간으로, 뉴욕증권거래소에서 단지 한 블록 떨어져 있다. 당시 나는 그곳이 이탈리아 자율주의 그룹의 팬들

---

1 이 정보는 인터넷 도처에 나와 있지만, 처음 나온 것은 크리스토퍼 헬먼(Christopher Helman)의 What the Top U.S. CompaniesPay in Taxes, Forbes, April 2, 2010이다.

인 예술가들이 모여 사이버 마르크스, 급진적인 인도 영화, 발레리 솔라나스Valerie Solanas의 인간쓰레기선언SCUM Manifesto의 중요함에 대해 세미나를 여는 곳이라고 알고 있었다. 콜린은 내게 뉴욕에서 어떤 일이 일어나는지 감을 잡고 싶으면 일요일에 오라고 강권했다. 그러마고 했지만 그날 아침 영국 고고학자 친구와 컨퍼런스를 위해 도심을 지나가고 있었을 때에도 반쯤 잊고 있었다. 우리 둘은 미드타운의 만화책 상점에서 그의 아이에게 줄 적당한 선물을 고르느라 정신이 없었다. 12시 반쯤 나는 콜린으로부터 문자를 받았다.

콜린: 여기 16 비버로 오고 있지?

나: 어디 있다고? 갈게.

콜린: 지금부터 5시까지야. 네가 좀 늦더라도 여전히 떠들고 있을 거야.

나: 갈게.

콜린: 오케바리!

나: 지금 무엇에 대해 얘기하고 있는지 알려줘.

콜린: 이것저것 조금씩.

모임의 목적은 전 세계-그리스, 스페인 등-에서 성장하고 있는 다양한 긴축 반대운동에 대한 프레젠테이션을 하고, 여기에서 비슷한 운동을 어떻게 시작할 것인가에 대해 열린 토론회를 하는 것이었다.

나는 늦게 도착했다. 내가 도착했을 때 이미 그리스와 스페인에 대한 토론은 지나갔다. 그러나 방에 낯익은 얼굴이 많은 데 놀랐다. 그리스는 내 오랜 친구인 조지아 사그리Georgia Sagri란 이름의 예술가에 의해 발표되었고, 더 오래된 친구인 이와사부로 코소Sabu Kohso는 일본 후쿠시마 원전사고 이후의 반핵 동원에 대한 토론의 중심에 있었다. 내가 참석할 수 있었던 유일한 토론은 마지막 토론이었던 뉴욕에 관한 것이었고, 거의 용두사미로 끝나고 있었다. 발표자는 더그 싱센Doug Singsen으로, 부드러운 어조로 말하는 브루클린대학의 예술사가였다. 그는 예산삭감연합에 반대하는 뉴욕 활동가의 이야기를 들려주었다. 그들은 블룸버그빌Bloombergville이라고 부르는 조그만 보도에 있는 진영이었다. 이름은 시장 마이클 블룸버그에서 따온 것으로, 로어맨해튼의 시청 맞은편에 있었다. 어떻게 보면 이 이야기는 좌절에 대한 이야기였다.

이 이야기를 요약하면 다음과 같다. 연합은 블룸버그의 가혹한 예산감축에 반대하는 시민 불복종 운동을 지원할 목적으로 뉴욕조합과 여러 공동체그룹들의 동맹으로 시작했다. 이는 그 자체로도 특이한 일이다. 일반적으로 노조 간부들은 시민 불복종, 즉 철저하게 기획되거나 미리 준비된 것이 아닌 어떠한 시민 불복종을 언급하는 것을 꺼린다. (예를 들면 언제 어느 때 활동가들이 체포될 것인지 경찰과 미리 조율한다.) 교원연맹United Federation of Teachers 같은 노조들은 캠프를 기획하는 데 주도적인 역할을 했고 카이로, 아테네, 바르셀로나에서 일어난 저항캠프의 유사한 성공에 고무되어 있었다. 그러나 실제로 캠프가 세워지는 순간 바로 겁을 집어먹고 빠져나갔다. 그럼에도 불구하고 40~50여 명의 헌신적인 활동가들—대부분 사회주의자들이자 아나키스트들—은 6월 중순에서 7월 초까지 약 4주 정도 끝까지 매달렸다. 적은 인원으로 언론의 주목이나 정치적인 동맹도 없이 법을 무시하고 행동하는 것은 의심의 여지가 없었다. 모든 이들이 즉각 체포되더라도 아무도 모를 것이다. 그러나 그들은 정치적 저항의 형태로 도로의 가장자리에서 자더라도 통행할 수 있는 길만 열어두고 [린투lean-to나 텐트 같은] '구조물'로 묘사되는 것만 올리지 않으면 불법이 아니라는 뉴욕법의 모호한 법규를 이용할 수 있었다. 물론 텐트나 어떠한 종류의 구조물도 없이 실제로 '캠프'를 형성하는 결과를 만들어내기는 힘들다. 조직자들은 경찰과 연락하는 데 최선을 다했지만 협상할 수 있는 특별히 우월한 지위에 있지 못했다. 그들의 저항은 시청에서 점점 더 밀려나 다같이 쫓겨나는 것으로 끝났다.

싱쎈의 설명으로는 제휴가 매우 빨리 파편화된 실제 이유는 정치적인 것이었다. 조합과 대부분의 공동체 그룹들은 시의회에서 함께 일하는데, 그들은 시장과 예산절충 협상을 하느라 너무나 바빴다.

"곧 명확해졌습니다."

싱쎈은 잠깐 뜸을 드리다가 말을 이어갔다.

"두 가지 입장이 있었습니다. 온건파는 어느 정도 삭감을 받아들일 필요가 있다는 입장으로 협상에서 좀 더 나은 위치가 되어 피해를 줄일 수 있다는 것입니다. 급진파─블룸버그빌 캠프─는 어떠한 삭감도 일체 반대하는 것입니다."

이들의 시민 불복종은 가장 온건한 형태의 운동이었지만 서로를 위한 모든 지원은 사라진 것으로 보였다.

∙
∙

3시간 후 코소, 조지아, 콜린, 블룸버그빌에서 온 학생조직가들과 나는 몇 블록 떨어진 곳에서 맥주를 마시면서 지금까지 우리가 생각해오던 모든 것을 토의하기 시작했다. 조지아를 다시 만나게 된 것은 특별히 즐거웠다. 우리가 마지막으로 만난 것은 사회센터들, 점거공원들과 아나키스트들의 카페들이 잔뜩 들어서 있는 아테네 근방의 엑사키아Exarchia로, 우리는 길모퉁이 카페에서 플라톤의 아가페 이론의 함의나 보편적인 사랑에 대해 토론하면서 밤새도록 우조ouzo(아니스로 향미를 낸 20도 이하의 그리스 술-역주)를 마셨다. 우리의 대화는 누구도 편해질 수 없게 밤새도록 그 구역을 주기적으로 행진하던 진압경찰대대의 방해를 받았다. 카페 주인 여자는 우리에게 만약 경찰이 시위자들과의 충돌로 심하게 다치면 카페 하나를 골라 모든 사람을 두들겨패고 카푸치노 머신을 부수어버린다고 말해주었다.

뉴욕으로 돌아온 후 줄곧 고민했던 뉴욕 활동가 무대가 침체된 상태에서 무엇으로 자극을 줄 수 있는가로 대화를 바꾸는 데는 그다지 오래 걸리지 않았다.

그래서 나는 자원했다. 내 머릿속에 걸려 있는 중요한 일은 블룸버그빌에 관한 이야기였다. 연설자가 온건파는 삭감을 일부 받아들이려고 하고 급진파는 전적으로 삭감을 거부한다고 할 때 나는 그저 고개를 끄덕이고 있었다. 그런데 갑자기 깨달았다.

"잠깐! 지금 이 친구가 뭐라고 하는 거야? 급진적인 입장이라는 게 삭감 이전의 상황을 그대로 유지하자는 관점이라는데, 우리가 어떻게 이 지경이 된 거야?"

영국의 삭감반대 저항과 20여 군데의 학생점거는 똑같은 덫 속에 갇혀버렸었다. 그들은 충분히 전투적이었다. 확실했다. 학생들은 토리당 본부와 왕실 가족들을 공격했다. 그러나 그들은 급진적이지 않았다. 반동적인 메시지가 있다면 "삭감 중단!"이었다. 2009년의 잃어버린 천국으로 돌아가자고? 아니면 1959년('보다 나은 삶을 보수당과 함께'란 구호를 내세우며 보수당이 집권한 해-역주)? 아니면 1979년(마거릿 대처가 집권한 해-역주)?

"거짓말 하나도 안 보태고"

내가 덧붙였다.

"톱숍Top-shop(영국을 대표하는 중저가 하이스트리트패션 브랜드-역주) 밖에 있는 마스크를 한 아나키스트들 무리를 불안하게 바라보는 경찰진압 대열에 페인트 폭탄을 던지거나, 세금을 내지 않는 기업에게 '세금을 내라!'고 외치는 것처럼 느껴진다."(물론 나도 페인트 폭탄을 든 이들 급진주의자 중의 한 명이었다.)

이러한 덫을 깰 방법이 있을까? 조지아는 『애드버스터』에서 본 "월가를 점거하라!"라고 불리던 캠페인에 흥분해 있었다. 조지아가 그 광고를 설명해줄 때 나는 회의적이었다. 증권거래소의 문을 닫게 하려는 시도는 처음이 아니었다. 1980년대와 1990년대에 잠시나마 실제로 이를 성사시킨 적이 있었을 것이다. 그리고 2001년 가을, 워싱턴에서 있었던 IMF연례협의 직후 월스트리트에 집결하자는 계획들이 있었다. 그러나 이러한 행동을 하기로 제안된 곳으로부터 세 블록 떨어진 곳에서 9.11이 일어났다. 우리는 계획을 기각해야 했다. 내 추측은 그라운드제로ground zero(2001년 9월 11일에 파괴된 뉴욕의 세계무역센터가 있던 곳) 근처에서 뭔가를 하는 것은 현실적으로도 상징적으로도 수십 년간 금지되리라는 것이었다. 그리고 무엇보다 월가를 점거하라는 요청이 무엇을 성취하기를 원하는지 내게는 불분명했다.

아무도 확신하지 못했다. 그러나 조지아의 시선을 사로잡은 다른 광고는 온라인에서 본 '총회'라고 불리는 것으로, 월가 점거계획을 위한 모임 조직이었다.

그녀의 설명으로는 그리스에서 시작한 방법이었다. 의회 근처에 있는 신타그마 광장Syntagma Square(신타그마는 그리스어로 '헌법'이라는 뜻으로, 1843년 이곳에서 헌법이 공포되었다-역주)을 점거하고 진정으로 대중적인 집회인 직접민주주의 원칙에 기반을 둔 새로운 아고라를 만들었다.* 그녀의 말에 따르면 『애드버스터』는 어떤 상징적인 행동을 추진하고 있었다. 그들은 수천 명의 사람들이 텐트를 설치하여 월가를 공격하고, 정부가 한 가지 중요한 요구사항을 들어줄 때까지 떠나는 것을 거부하자는 것이었다. 일반적으로 집회가 있다면 미리 준비되고 정확한 요구가 무엇인지를 결정할 것이다. 그 요구는 오바마의 글래스스티걸법Glass-Steagall(대공황 시기의 법으로, 상업은행이 시장투기에 참여하는 것을 막았다) 복권위원회 설립이나 법인을 자연인으로 보는 것을 폐기하는 헌법 개정 등 다른 어떤 것이 될 수도 있다.

콜린은 『애드버스터』가 기본적으로 마케팅 인력들에 의해 창간되었고, 그들의 전략은 마케팅 관점에서는 완벽하다고 지적했다. 외우기 쉬운 슬로건을 내세우고, 원하는 것을 정확하게 표현하여 계속해서 주입시키는 것이다. 그러나 그녀는 덧붙여서 사회운동에 이러한 가독성이 언제나 미덕이었냐고 물었다. 종종 예술작품의 힘은 정확하게 무엇을 말하려는지 확실하지 않다는 사실에 있다. 비록 여러 가지 가독성을 열어두는 것은 이를 해석하는 방법을 찾지 못하는 토론을 하게 해 대부분이 불만족스럽다고 느끼지만, 서로 다른 추측을 하는 것이 무엇이 나쁜가?

왜 집회가 문제를 토론하고, 지금 체제의 틀 외부에서 그 방안을 제안하는 사람들을 위한 열린 포럼으로써 메시지 그 자체를 만들지 못하는

---

* 마르크스주의자와 아나키스트들 사이에서 명백하게 특별한 구절에 대한 중요한 투쟁이 있었다. 마르크스주의자들은 '진정한 민주주의(real democracy)'라는 구호를 원했다. 스페인의 인디그나도스(Indignados: '분노한 사람들'이라는 뜻의 스페인어로, 2010년 봄 스페인의 젊은 층이 주도한 시위를 지칭함–역주)에서 아나키스트들은 '직접민주주의'를 주장했다. 투표를 통해 아나키스트들이 이겼다.

가. 즉, 전적으로 새로운 체제를 어떻게 만드는가에 대해 다 같이 의논하는 집회가 필요하다는 것이다. 이런 집회는 뉴욕의 모든 블록, 모든 현장에서 집회가 이루어질 때까지 퍼져가는 모범이 될 수도 있다.

이는 세계정의운동 기간 동안 우리의 궁극적인 염원이기도 했다. 당시 우리는 이를 '감염주의contaminationism'라고 불렀다. 우리가 혁명운동을 벌이는 한 단지 국외의 혁명운동을 지원하는 단순한 연대운동을 반대하며, 우리의 모든 전망은 민주주의는 감염된다는 신념에 놓여 있었다. 즉, 적어도 우리는 지도자가 없는 직접민주주의를 소중하게 돌보고 개발하는 데 공을 들였다. 민중이 여기에 노출되고, 민중의 그룹들이 실제로 각자의 말을 듣고, 지적인 결론을 내리게 되고, 집산적으로 거기에 어떤 강요되는 기분이 들지 않는 순간에-수천 명의 민중이 우리가 중요한 행동을 취하기 전에 여는 위대한 대변인협의회spokescouncil의 하나에서 이런 것을 하는 모습을 상상해보자-이것은 정치적으로 가능한 것이 무엇인지에 대한 그들의 지각을 바꿀 것이다. 확실히 이러한 생각은 내게 영향을 주었다.

우리의 기대는 민주적 실천은 널리 확산될 것이고, 필연적으로 스스로를 지역 조직의 필요에 적응시킨다는 것이었다. 그것은 우리에게 일어나지는 않았지만, 뉴욕의 푸에르토리코 민족주의자 그룹과 샌프란시스코의 채식주의자 자전거 동호회vegan bicycle collective가 이와 유사하게 직접민주주의를 할 예정이었다. 이를 확대하면 우리가 기대하는 일이 일어난 것이다. 우리는 크나큰 성공적인 변환을 가져오는 활동가 문화 그 자체를 가질 것이다. 세계정의운동 이후 운영위원회 그리고 그와 유사한 것들의 지난날은 끝이 났다. 활동가 공동체의 모든 이들이 예시적 정치학 prefigurative politics(기성세대가 젊은 세대의 모범이 되는 것이 아니라 오히려 젊은 세대가 기성세대에게 새로운 것을 전달해주어야 격변한다는 사회학적 의미가 있다. 영문 위키에 따르면 미래사회의 전망을 반영코자 노력하는 조직과 사회적 관계의 양태를 의미한다-역주)의 사상 주변으로 모여들기 시작했다. 이 사상은 활동가 그룹의 원초적 형태가 우리가 만들고자 하는 류의 사회를 구현해야 한다는 것이다. 문제는 활동가 그룹에서 이러한 사상의 길을 열고 광범위한 대중, 아직 어떤 종류의 풀뿌리 캠페인에도 참여하지 않은 민중 앞에서 이를 갖추는 것이다. 언론은 전혀 도움이 되지 않았다. 우리는 한 해 정도의 언론 관심을 경험할 수 있었지만, 직접민주주의를 보급하는 운동에 대해 어떠한 비전도 가지지 못했다. 감염주의가 활동할 수 있도록 노력했지만 방에서만 볼 수 있는 사람들을 밖으로 나오게 하는 것은 엄청나게 어렵다는 사실을 알고 있었다.

아마도 이 시기에는 매우 어려울 것이라고 우리는 결론내렸다. 이 시기는 금융위기로 충격을 받은 제3세계와 우리가 파괴적인 긴축정책을 시행하는 시기만을 의미하지 않는다. 이 시기는 공황이 집안까지 들어와 있는 시기다.

우리는 총회가 있는 8월 2일에 다시 만나기로 약속하였다.

8월 2일

보울링그린Bowling Green은 증권거래소에서 두 블록 떨어진 작은 공원으로, 맨해튼 최남단에 있다. 이곳의 이름은 17세기에 네덜란드인 거주자들이 나인핀즈nine-pins(볼링 핀을 한 개 빼고 하는 경기_역주)를 했던 데서 생겼다. 지금은 펜스가 있는 공원이 되었고, 북쪽에는 자갈이 깔린 넓은 공

'월가를 점거하라' 포스터(보울링그린의 소 청동 동상 이미지를 사용했다)

간과 돌진하는 소의 커다란 청동 동상이 지배하는 반도의 교통섬traffic islad(보행자를 보호하기 위해 도로 가운데 만들어놓은 구역-역주)이 있다. 뉴욕의 명물이 되어버린 황소상의 죽어버린 열정의 이미지는 월가 거주자들이 동물 혼animal spirit(케인스는 주식시장의 배후에서 투쟁하며 경기순환을 압박하는 비합리적이고 예측 불가능한 힘들을 '동물 혼'이라고 불렀고, 우리가 결정하는 것은 대부분 이 동물 혼의 결과라고 보았다-역주)의 상징[존 메이너드 케인스John Maynard Keynes의 화폐주조]이 자본주의를 운전하고 있음을 보여주는 듯하다. 평상시 이곳은 조용한 공원으로, 외국 관광객들이 흩어져 있고 노점상들이 6인치 황소 모조품을 팔고 있다.

총회가 열린 것은 4시 반쯤이었는데, 나는 4시 모임에 약간 늦었다. 그 이유는 의도적으로 월가로 바로 가지 않고 돌아서 갔는데, 경찰이 있는지 알고 싶어서였다. 그런데 내가 생각했던 것보다 훨씬 상황이 좋지 않았다. 어느 곳에나 경찰이 있었다. 두 부류의 제복을 입은 경찰들이 일거리를 찾아서 어슬렁거리고 있었고, 두 부류의 기마경찰들이 거리 입구에서 감시하고 있었다. 스쿠터를 탄 경찰들은 9.11 이후 자살폭탄 테러를 막기 위해 세워둔 철 바리케이드 사이를 왔다 갔다 하고 있었다. 그리고 이날은 평범한 화요일 오후였다!

보울링그린에 갔을 때 발견한 것은 더욱 낙담스러웠다. 처음에 나는 제대로 된 모임에 왔는지 확신이 전혀 없었다. 이미 집회가 열리고 있었다. 2대의 TV 카메라가 큰 현수막, 마이크, 미리 인쇄해간 표어들 더미로 경계를 만든 즉석 연단을 찍고 있었다. 휘날리는 드레드락 머리를 한 키 큰 남자가 반원을 그리며 그를 둘러싼 약 80여 명의 군중 앞에서 예산 삭감에 반대하는 정열적인 연설을 하고 있었다. TV 뉴스 직원들을 포함한 대부분의 사람들은 멍한 시선을 한 채 따분하고 불편해 보였다. 자세히 보니 카메라맨은 카메라에 주의를 울이지 않고 그냥 놓아둔 것으로 보였다. 나는 조지아가 길가에 있는 것을 발견했는데, 그는 연단 위에 모인 사람들을 보면서 인상을 쓰고 있었다.*

"잠깐만." 하고 내가 물었다.

"저 사람들이 혹시 WWP야?"

"응. WWP야."

몇 년간 떠나 있어서 그들을 알아보는 데는 시간이 좀 걸렸다. 대부분의 아나키스트들에게 노동자세계당Workers World Party, WWP은 우리 활동가들의 궁극적인 강적이었다. 공적인 장소에 나타나는 대부분이 정당지도자들인 소규모 백인 간부들에 의해 지도되는 이들은 변함없이 아프리칸 미국인과 라틴계 프런트맨들의 무리 뒤에서 조심스럽게 꾸물거리고 있는 것을 볼 수 있었다. 그들은 1930년대에 사용했던 정치적 전략을 추구하는 것으로 유명하다. 국제행동센터International Action Center, IAC나 ANSWERAct Now to Stop War and End Racism(전쟁을 중단하고 인종주의를 끝내기 위

---

* 콜린도 그곳에 있었으나 도심을 지나가던 그녀의 어머니를 모시고 함께 있었다. 나중에 그녀의 어머니는 연사의 스탈린식 태도에 매우 불편해하셔서 콜린은 어머니를 미술관에 모셔다 드려야겠다고 생각했다고 한다.

해 지금 당장 행동하라) 같은 위대한 '인민전선' 제휴는 만드는 데 수십여 개의 그룹이 관여하고 있으며, 이들은 수천 명이 행진하면서 미리 인쇄된 구호를 들고 모습을 드러낸다. 이 제휴 그룹의 대다수 평회원들은 그들의 전투적인 수사와 끝없이 공급되는 현금에 이끌린다. 그러나 세계적인 쟁점들에 대한 자신들의 위치가 진짜로 무엇인지를 모르고 있다. 그들의 위치는 변하지 않는 마르크스-레닌주의의 희화화다. 우리 중 많은 이들이 "집회를 망치려고 FBI가 자금을 제공했나 보군"이라는 농담을 주고받았다. 예를 들면 WWP는 여전히 1968년 소련의 체코 침공과 중국 천안문의 민주주의 시위에 대한 억압을 지지한다. 그들은 해외에서의 미국의 간섭을 반대하는 엄격한 '반제국주의' 전선을 고수하는데, 미국 정부가 승인하지 않는 어느 누구, 즉 북한 정부나 르완다의 후투민병대도 적극적으로 지지한다. 아나키스트들은 이들을 '스탈린주의자'라고 언급한다. 이들과 일하려고 노력하는 것은 의문의 여지가 있다. 그들은 자신들이 완벽하게 통제할 수 없는 어떠한 연합과 일하는 데는 아무런 흥미가 없다. 그야말로 이것은 재앙이다.

그렇다면 WWP는 어떻게 통제하며 모임을 마칠 수 있었는가? 조지아는 확신하지 않았다. 그러나 우리 둘 다 경찰의 통제하에 있는 한 진짜 집회가 열릴 가능성은 전혀 없다는 것을 알고 있었다. 그리고 실제로 나는 구경하는 사람들에게 무엇이 진행되는지를 물어보았다. 경찰이 집회를 위한 계획을 승인해주었고, 짧은 자유발언대가 이어지고 나서 월가를 행진한다는 것이었다. 그들의 지도자들은 미리 준비한 요구사항의 기나긴 목록을 제출하고 승인받았을 것이다.

직접민주정치를 건설하는 데 헌신하는 활동가들—우리는 스스로를 '수평선horizontal'이라고 부른다—이 이런 종류의 상황에 대해 보이는 일반적인 반응은 절망적이다. 그것이 나의 첫 번째 반응이었다. 이런 집회 안에서 걷는 것은 덫 안에서 걷는 기분이다. 의제는 이미 정해져 있으나 누가 만들었는지 불명확하다. 사실 이벤트가 시작되어 누군가가 그것을 메가폰으로 말하기 전에는 무엇이 의제인가를 찾는 것조차 힘들다. 연단과 미리 인쇄해놓은 구호더미를 보고 '행진'이라는 말만 들어도 미리 준비된 경로를 따라 걸을 것이다. 이러한 집회 행진을 보면 경찰에게 연락하는 시위진행요원들protest marshal이 우리를 '저항하는 가축들'의 철방책 안으로 밀어넣던 수많은 지리멸렬한 오후를 보낸 기억이 되살아난다. 자발성, 창조성, 즉흥성을 위한 아무런 공간이 없는 이벤트들은 사실 자체 조직화를 위해 고안된 것으로 보이며, 진정한 표현은 불가능하다. 노래와 구호조차 위에서 내려주어야 한다.

나는 WWP 지도자들 그룹의 핵심으로 보이는 무리를 겨냥했다. 그들이 중년의 백인이고 무대 뒤에서 어슬렁거리니고 있으니 그렇다고 할 수 있다.

놀랄 정도로 덩치가 큰 사람이 주기적으로 군중 사이를 헤치며 가고 있었다. 그가 내 옆을 지날 때, "이봐요" 하고 그에게 말을 걸었다.

"무슨 생각이었는지는 모르지만, 당신들은 총회를 광고해서는 안 되었습니다."

나는 아마도 약간 불손하게 말했을 것이다. 그가 나를 보더니 말했다.

"아, 이것이 연대입니다. 그렇지 않나요? 경멸하려면 조직가를 경멸하세요. 그렇게 못마땅하면 왜 이 자리를 떠나지 않는 거요?"

우리는 불쾌하게 서로를 잠시 노려보았고, 그러고는 그는 가버렸다.

사실 나는 자리를 뜨려고 생각했으나 지금 일어나고 있는 일들로 해서 그 누구도 특별히 행복했을 리가 없다는 것을 알았다. 활동가의 말투를 빌리자면 이는 진짜로 수직선의 군중—미리 제기된 구호 주위로 행진하며 누군가 중앙위원회에서 온 대변인의 말을 듣는 부류의 사람들—이다. 그러나 이곳에 모인 대부분의 군중은 수평선으로 보였다. 민중은 조직화 측면에서 아나키스트의 원칙, 즉 직접민주주의의 비위계적인 형태에 더 공감한다. 딱 한 명, 짙은 안경을 쓰고 검은 IWWIndustrial Workers of the World(1920년대에는 30만 명의 노조원이 있었으나, 현재는 5천 명 정도의 가입자 수를 지닌 전투적인 노총—역주) T셔츠를 입은 워블리Wobbly(IWW가 내세운 구호인 '작업을 흔들어라'. wobble the works, sabotage에서 유래한 말로, IWW 가입 노동자들의 별칭—역주)만을 제외하고, 대학생들은 자파티스타 식으로 입었고, 다른 이들은 명확하게 아나키스트 식으로 입었다. 코소를 포함해서 여러 명의 오래된 친구들을 보았다. 다른 일본인 친구도 있었는데, 그는 2001년 퀘벡에서 있었던 거리행동 때부터 알게 되었다. 마지막으로 조지아와 눈이 마주쳤는데, 우리 둘 다 같은 생각을 한다는 것을 깨달았다. 비록 내가 그때 "뭘 알기나 아나? 젠장. 그들은 총회를 광고했다. 그걸 왜 해야 해?"라고 생각하기는 했지만, "왜 우린 이렇게 흥분하고 있지? 왜 매번 이런 일들을 보아야 하는 거야? 늘 우리끼리 떠들다가 집에 돌아가는군"이었다.

그래서 우리는 화난 채 무대를 노려보고 있던, 이방인처럼 보이는 젊은 한국계 미국인에게 다가갔다. 나중에 알았는데 그의 이름은 크리스Chris였다. 그는 '푸드낫밤Food Not Bombs(폭탄 대신 음식을!)'에서 일하는 아나키스트였다. 그러나 그때는 몰랐다. 내가 느낀 것은 당시 그가 어이없는 표정을 짓고 있었다는 것이다.

"어이~" 하고 내가 말을 걸었다.

"내가 생각한 건데, 만약 우리 중 일부가 해산하고 진짜 총회를 시작하다면 자네 관심 있나?"

"저기 저 인간들은 대체 뭘 하고 있는 거죠?

"그러게 말이야."

"알았습니다. 좋아요. 언제 할 것인지나 말해주세요."

"까놓고 얘기하면" 그 옆에 있는 젊은이가 나서서 말했다. 그의 이름은 나중에 알았는데, 매트 프레스토Matt Presto로 크리스처럼 이후에 월스트 리트 점거운동의 주요 인물이 되었다.

"나는 나가려고 했는데, 그래도 머무는 게 나은 것 같았어요."

크리스와 매트의 도움으로 조지아와 나는 20여 명의 확실한 수평선으 로 구성된 자그마한 원을 형성했다. 마이크도 구할 수 있었다. 거의 즉각 적으로 주류집회의 대표자들이 우리에게 다시 돌아오라고 불렀다.

대표자들은 WWP 사람들이 아니었다. 그들은 그런 것에는 초연한 척 하는 버튼다운 셔츠를 입은 풋풋한 얼굴의 학생들이었다.

"대단해".

나는 조지아에게 투덜거렸다.

"ISO야."

ISO는 국제사회주의자조직International Socialist Organization이다. 각양각색 의 활동가들 중 WWP는 아마도 아나키스트들과 반대극에 있을 것이다. 그러나 ISO는 짜증나게 중간에 있다. 수평선 그룹에 다가가지만 아직 수 평선이 되지 못했을 때 머물 수 있는 곳이다. 그들은 트로츠키주의자들이 다. 그리고 원칙적으로 직접행동, 직접민주주의, 모든 종류의 아래로부터 의 구조를 선호한다. 비록 어떠한 모임에서도 그들의 주요 역할은 보다 급 진적인 분파들의 이런 모든 행동의 실질적인 실천을 단념시키는 것처럼 보 이기는 하지만. ISO에 대해 분노스러운 것은 개인으로서 그들은 명확하게 좋은 사람들인 시늉을 한다. 대부분은 호감 가는 아이들로 거의 학생들이다. 그들은 믿기지 않을 정도로 선하다. WWP와는 다르게 그들의 윗선(직접민주주의에 대한 이론적 지원에도 불구하고 그룹 자체는 아주 긴밀하게 조직되었고, 상명하복 구조이다)은 그들이 통제할 수 없는 광범위한 연합에서도 일하도록 허락했다. 그들은 그 연합을 그들이 장악할 수 있다는 가능성을 보면서 개입하고 중개하는 노력을 멈추지 않는 사람들이라는 생각이 들었다.

"내 생각에 뭔가 오해가 있는 것 같습니다."

세 명의 젊은이들 중 한 명이 분리되어나간 우리를 보고 말했다.

"이 이벤트는 어떤 그룹도 조직하지 않았어요. 이것은 풀뿌리그룹들과 블룸버그빌의 삭감정책안들에 맞서 싸우는 데 헌신하는 개인들의 광범위한 연합입니다. 조직자들이 우리에게 말했어요. 연설이 끝나고 나면 분명히 총회가 열릴 거라고."

그들 세 명 모두 젊고 잘생겼다. 내가 알아챈 것은 그들 각자 한 번이나 두 번 정도는 똑같은 구절을 사용했다는 것이다.

'풀뿌리그룹들과 개인들의 광범위한 연합'.

우리가 할 수 있는 일은 거의 없었다. 만약 조직자들이 총회를 약속했다면 우리는 최소한 그들에게 기회를 주어야 했다. 그래서 우리는 마지못해 알겠다고 하고 모임으로 돌아왔다. 말할 필요도 없이 총회는 열리지 않았다. 조직자들의 총회에 대한 생각은 자유발언대, 미리 정해진 행진을 시작하기 전에 군중 가운데 누구라도 몇 분간 특별한 쟁점에 대한 자신들의 일반적인 정치적 입장이나 특별한 쟁점에 대한 생각들을 표현하는 것이었다.

이렇게 20분이 지나고 나서 조지아는 자신의 차례가 되자 연설을 하기 시작했다. 나는 여기에서 조지아가 직업적인 행위예술가임을 언급해야

겠다. 그녀는 언제나 매력적이고 대중에게 어필하는 모습이 무엇인지 안다. 당시의 그녀는 기본적으로 미친 여자의 모습이었다. 이러한 페르소나 persona들은 언제나 실제로 존재하는 인격의 어떤 요소들에 기반을 둔 것이다. 조지아의 경우 그녀의 친구들 사이에서는 그녀가 얼마나 연기를 잘하는가에 대한 추측들이 있었다. 확실히 그녀는 내가 만난 사람 중 가장 충동적인 사람이었다. 그러나 그녀는 일정한 시간과 장소에서 무엇이 정확히 이루어져야 할지에 대한 일반적인 모든 추측을 섞어버림으로써 적절한 말을 정확하게 알려주는 재주가 있었다. 조지아는 "이것은 총회가 아니다! 어디까지나 정당이 꾸민 집회다! 이것은 절대 세계정의운동과 아무런 관계가 없다!"라고 선언하는 것으로 첫 3분을 시작했다. 그리고 그리스와 스페인에서 열린 회의들의 사례를 들며 그들이 어떻게 총회의 조직된 정치그룹들의 대표들을 체계적으로 배제했는지를 설명하는 것으로 나머지 시간을 채웠다. 솔직히 말해서 나는 모든 것을 파악할 수는 없었는데, 우리가 다시 이탈할 것을 결정한 직후 이 집회의 참가를 꺼리는 다른 사람들을 찾아 우리에게 합류하라고 설득하고 있었기 때문이다. 그러나 그날 그곳에 있었던 다른 모든 이들과 마찬가지로 그날의 결정을 기억한다. 연설이 끝난 후 조지아는 WWP의 전반부 연설자들 중 한 명인 아프리카계 미국 여성과 즉흥적인 응답으로 후끈 달아오른 결론 없는 논쟁으로 끝을 냈다.

"자, 저는 앞의 연설자들의 심하게 무례한 간섭을 보았습니다. 이는 의도적으로 모임을 방해하려는 시도와 별 차이가 없습니다."

"이것은 모임이 아냐! 집회야!"

"앞의 연설자들의 개입은 심하게 무례합니다. 당신은 좋아하지 않는 누군가에게 동의하지 않을 수 있습니다. 그러나 최소한 제가 우리 모두에게 바라는 것은 두 가지를 가지고 다른 이들을 대하라는 것입니다. 존경과 유대입니다. 저 연설자가 한 것은….”

“잠깐, 지금 내가 집회를 방해하고 존경과 유대를 훼손하는 것이라고 말하는 것입니까?”

그때 WWI의 다른 연설자가 끼어들었다. 분개하고 조롱하는 말투였다.

“흑인이 말하는데 당신이 방해하는 것을 믿을 수 없소.”

“왜 내가 그러면 안 되는데!”

조지아가 말했다.

“나도 흑인이야.”

조지아가 금발이라는 것을 지적해야겠다. 그녀의 대답에 곧바로 여기저기서 야유가 터져 나왔다.

“당신이 뭐라고?”

“방금 내가 말한 그대로 나는 흑인입니다. 여기서 지금 당신만 흑인이라고 생각합니까?”*

사람들을 어리둥절하게 만든 그녀 덕분에 우리가 진짜 총회를 소집하고 있고, 15분 내에 그린 입구에서 다시 만날 것이라고 통보할 충분한 시간을 얻었다. 그 순간 그녀는 연단에서 쫓겨났다.

욕지거리와 독설이 쏟아졌다. 30여 분의 드라마가 끝난 후 우리는 다시 무리를 이루어 보울링그린의 다른 쪽에 있었다. 이때 대부분의 사람들은 집회를 포기하고 우리 쪽으로 오기 위해 여전히 남아 있었다. 우리

---

* 말할 필요도 없이 조지아의 주장은 그녀의 친구들 사이에서 몇 주 동안이나 화제였다. 이런 추측이 있다. 조지아는 전 세계에서 금발이 차별받는 몇 안 되는 나라인 그리스에서 왔다. 그리스인은 금발을 가난한 알바니아 이민인으로 간주한다. 나중에 질문을 받았을 때 조지아는 토론할 것은 없었다고 주장했다. “그래, 나는 흑인이다”라고 말한 것은 자명한 것이었다.

는 거의 수평적인 군중을 이루었음을 깨달았다. 워블리와 자파티스타에 연대하는 사람들만이 아니라 마드리드에서 인드그나도스와 함께 활동했던 스페인인 서너 명, 몇 년 전 버클리를 점거했던 아나키스트 폭도들, 집회를 보러 온 어중이떠중이 서너 명, 마지못해 우리 활동을 감시하기 위해 온 비슷한 수의 WWP 회원들(그중 중앙위원회에 소속된 사람은 아무도 없었다). 윌리 오스터웨일Willie Osterwail이란 이름의 젊은이는 바르셀로나에서 점거자로 시간을 보낸 적이 있었는데, 집회를 촉진시키기 위해 자원했다.

한 가지 문제는 『애드버스터』가 이미 행동 날짜를 9월 17일로 광고했다는 것이다. 이것은 두 가지 이유에서 문제였다. 하나는 6주밖에 안 남았다는 것이다. 1999년 11월, 시애틀에서 WTO 회담을 폐쇄하기 위해 직접행동을 조직하는 데 1년이 넘게 걸렸다. 『애드버스터』는 우리가 2만 명의 사람들을 모아서 월가의 중심부에 텐트로 캠프를 만들 수 있다고 생각하는 것으로 보였다. 그러나 경찰이 이를 내버려둔다고 가정하더라도 실제 조직화에 경험이 있는 사람이라면 몇 주 안에 그 수를 모을 수 없다는 것을 안다. 많은 군중을 모으는 것은 나라 전역에서 사람들을 모으는 것이고, 이는 각기 다른 도시에서 지원그룹들이 요구된다. 특히 모든 종류의 기금모금자들을 조직하는 데는 버스가 필요한데, 우리가 아는 한 우리에게는 어떠한 자금도 없었다. (그러면 우리가 직접 해야 하나? 『애드버스터』가 돈이 있다는 소문이 있었다. 그러나 우리 중 누구도 『애드버스터』가 직접 개입할지 여부를 몰랐다. 모임에서 그들은 어떠한 대표도 내세우지 않았다.) 그리고 두 번째는 9월 17일에 월가를 폐쇄시킬 방법이 없었는데, 9월 17일은 토요일이기 때문이었다. 만약 우리가 실제 월가 임원들에게 직접적인 영향을 줄 무엇이라도 하려고 하면 월요일 오전 9시쯤에 할 것을 생각해내야 했다. 그리고 우리는 증권거래소가 이상적인 대상인가에 대해서도 확신이 없었다. 아마도 논리적으로나 상징적으로 연방준비은행이나 스탠다드앤푸어스Standard & Poor's(무디스Moody's, 피치Fitch 등과 함께 세계 3대 신용평가기관-역주) 사무실이 낫다. 그들 사무실은 각각 몇 블록 떨어진 곳에 있었다.

⋮

우리는 당분간 문제를 보류하기로 결정했다. 또한 요구사항에 관한 모든 문제를 정리하기로 했다. 그 대신에 브레이크아웃그룹breakout group(아이디어를 모으기 위해 모임을 세분화하여 큰 주제의 일부를 각자 맡아 토론하는 그룹-역주)을 형성했다. 이것이 표준적인 수평적 실천이다. 모든 이들은 우리가 목록을 수집할 때까지 워킹그룹을 위해 아이디어를 낸다. (이 경우에는 네 가지가 있다. 대외활동, 통신/인터넷, 액션, 과정/촉진) 그리고 그룹들은 보다 작은 모임으로 나누어 브레인스토밍, 발언, 그리고 재집결하는 것에 찬성을 했다. 1시간 후 각 브레이크아웃그룹의 대변인들이 토론에 대한 보고서를 제출하고, 어떠한 결정들은 집결해서 마무리한다. 나는 과정/촉진 워킹룹에 참가했는데, 예상한 대로 주로 아나키스트들로 구성되었고 이 그룹을 다른 워킹그룹의 모범으로 만들기로 결정하였다. 우리는 즉시 그룹이 합의에 의해 운영되어야 한다고 결정했다. 교착 상태가 있으면 2/3의 투표로 다시 논의해야 한다는 조건이 붙었다. 최소한 남자 한 명, 여자 한 명으로 이루어진 2명의 조력자가 구성되고, 한 명은 모임이 진행되도록 하며 다른 한 명은 '스택stack(적립시키는 자료의 목록)'을 집계했다. (이것은 발언을 요청했던 사람들의 목록이 된다.) 우리는 수신호에 대해 토론했고 구속력이 없는 비공식적 의사타진, 즉 '온도검사'를 했다.

우리가 재결집했을 때 이미 날은 어두워져 있었다. 워킹그룹의 대부분은 조건부 결정에만 이르렀다. 액션 워킹그룹은 대략 가능한 시나리오를 제시했으나 중요한 결정들은 지역을 돌아보고 나서 일주일 안에 다시 만나서 하기로 했다.

통신/인터넷 커뮤니케이션그룹은 리스트서브list serv(특정한 주제에 대한 전자우편의 메시지 스위치로 동작하는 프로그램. 리스트서브에 있는 목록을 구독하면 그 목록으로 보내지는 모든 메시지를 받게 된다-역주)를 세팅하고 웹페이지에 대해 토론하기 위해 만나기로 했다. 그들의 첫 번째 업무는 기존에 있는 것이 어떤지 파악하는 것이었다. (예를 들면 트위터 계정 #OccupyWallStreet를 이미 가지고 있는 이가 누구인가이다. 그들은 모임에 없었던 걸로 여겨졌기 때문이다.) 그리고 만약 『애드버스터』가 할 일이나 그들이 이미 한 일도 파악해야 한다. 대외활동 지원그룹은 화요일에 만나 전단지를 디자인하기로 했는데, 우리 자신을 어떻게 묘사할 것인지, 특히 기존에 있던 반삭감연합과의 관계 속에서 생각하기로 했다. 서너 개의 지원그룹-퀘벡에서부터 알던 내 친구 저스틴을 포함해서-은 노동조직가들처럼 일했고, 노조사람들도 흥미를 가질 것이라고 확신했다. 우리 모두는 또 다른 총회에 대해 훨씬 더 큰 희망을 가지고 아일랜드 기근기념물 근처에서 화요일 저녁 7시 반에 만나기로 결정했다.

우리의 결정이 조건부라는 성격에도 불구하고-우리 중 누구도 기존에 존재하는 것에서 무엇인가를 건설하거나 새로운 무엇인가를 만들 것에 대한 확신은 없었다-그룹의 분위기는 완전히 들뜨기 직전이었다. 우리는 민주주의 세력의 진정한 승리를 목격했고, 조직화가 소진된 분위기에서 완전히 벗어난 것을 느꼈다. 뉴욕에서는 절대 이런 승리를 예측할 수 없는 일이었다. 누구도 무엇이 나올지를 확신하지 못했지만, 최소한 우리 대부분은 발견의 전망에 기뻐한 순간이었다.

우리가 집으로 돌아간 것은 거의 밤 11시쯤이었다. 그리고 나는 마리사에게 전화를 걸었다.

"오늘 무슨 일이 있었는지 믿을 수 없을 거야."

나는 그녀에게 힘주어 말했다.

"네가 꼭 참가해야 해."

99%의 운동

from: David Graeber 〈david@anarchisms.org〉

SUBJECT: hello! quick question

date: August 3,2011 12:46:29 AM CDT

to: Micah White micah@adbusters.org

미카 안녕.

오늘은 무척 특이한 날이었어. 80여 명의 사람이 4시 30분에 보울링그린의 황소동상 근처에서 모였는데…, 너희들이 요청했던 9월 17일 월가점거를 계획하기 위한 '총회'가 있다고 들었기 때문이야. 우리가 거기서 새롭게 발견한 것은 없었어. 노동자세계당이 짧은 발언을 한 후 행진하는 것이었는데, 실제로 사람들이 모이지 않았어. 냉소적인 반응을 불러온 거지. 그러나 이번에는 우리 중 일부가… 이런 집회를 망치기로 결정하고 수평선들을 모았는데, 군중의 85%가 이탈하여 총회general meeting를 통해 구조·과정·워킹그룹을 만들었어. 실제적인 조직을 만들 거야. 이건 작은 기적과도 같은 것이고, 우리는 이러한 변화를 보고 아주 행복해졌어.

"『애드버스터』가 정말로 여기에 관련되어 있을까? 아니면 단지 지원 요청이었을까? 그리고 그들이 어떤 종류의 지원을 할 수 있을까?"라는 질문이 있었고, 내가 알아보겠다고 했어.

데이비드.

그날 밤 자기 직전에 메일을 보냈고 다음날 아침 답변을 받았다.

안녕 데이비드.

그곳에서 있었던 일에 대해 알려줘서 고마워. 무엇보다 나는 이 일들이 진행될 때 네가 거기 있었다는 것이 기뻐.

상황은 다음과 같아.

『애드버스터』에서 우리는 몇 달간 월가 점거에 대해 논의해왔어. 6월 7일 우리는 9만 명의 메일 가입자들에게 이러한 아이디어에 대한 간략한 언급으로 리스트서브를 보냈어. 반응은 놀랄 정도로 적극적이었고 우리는 이를 실행하기로 했어. 우리 잡지의 최근 쟁점은 뉴스스탠드에 나오는데[『애드버스터』 97호 후기 '아나키즘의 정치학Adbusters #97-The Politics of Post-Anarchism'], 9월 17일 월가 점거를 요청하는 두 페이지짜리 포스터를 포함하고 있어. 미국판의 표지 또한 월가 점거를 표현하는 작은 그림이 있어. 이것은 영어권에서 다음달이나 그 이후 있을 점거를 상징하는 천천히 타들어가는 도화선 같은 것이 될 거야.

이런 점에서 우리의 제한된 자원과 인력으로 할 수 있는 『애드버스터』의 역할은 밈meme(한 사람이나 집단에게서 다른 지성으로 생각 혹은 믿음이 전달될 때 전달되는 모방 가능한 사회적 단위-역주)을 얻는 것이라고 결정했어. 그리고 지역의 활동가들이 스스로 역량을 강화하여 이벤트를 현실로 만들기를 원해. 스페인의 동일한 모델에 따르면 정당이 아닌 집단들과 조직들이 모든 것을 결정했어.

네가 참석했던 '총회'는 관련 없는 그룹들이 모였어. No Cut NYC(뉴욕삭감반대 운동)와 블룸버그빌 뒤에 있는 동일한 그룹(반삭감 저항캠프는 2주 정도 지속되었지). 나는 No Cut NYC의 더그 싱센Doug Singsen과 접촉했어. 나는 더그에 대해 아는 바가 없었고, 왜 집회가 노동자세계당에 의해 낚아채어졌는지도 몰라. 뭐 처음부터 그렇게 의도된 것인지는 모르겠지만….

미카.

『애드버스터』는 아이디어만 던져주었다. 그들은 이전에도 이런 식으로 일했다. 과거에도 아이디어가 현실화된 것이 없었다. 그러나 이번에는 각기 다르고 명확하게 관계 없는 그룹들이 이 아이디어를 이루려고 하는 것으로 보였다. 그러나 우리는 현장에서부터 실제로 조직화를 해내야 했다. 다음날까지 우리의 소그룹 리스트서브가 올라갔고 첫 미팅에 참석한 모든 사람들은 우리가 누구이고, 우리를 뭐라고 부를 것인지, 우리가 실제 하려고 하는 일이 무엇인지 고민하기 시작했다. 그리고 다시 한 번 우리가 요구해야 할 한 가지 문제가 무엇인지도 고민하기 시작했다. 초기 아이디어를 던지고 난 후─부채 청산? 집회의 자유 허가법 철폐? 법인격 corporate personhood(미국은 19세기 중반에 기업을 자연인으로 보는 것으로 법을 개정했다─역주)의 철폐─크리스와 함께 있던 매트 프레스토는 보울링그린에서 우리와 대오를 이룬 첫 번째 사람이었고, 정말 다른 두 가지 요구가 있다고 지적해 주었다. 일부는 실제로 성취할 수 있는 것으로, 『애드버스터』의 제안─그들의 초창기 발의들 중에 있던 것이다─같이 글래스스티걸 법안을 복구할 위원회를 요구하는 것이다. 아마도 좋은 생각인 듯했다. 그러나 누가 야만 상태와 체포를 무릅쓰고 위원회를 지명할 사람을 뽑으려고 할 것인가? 위원회를 지명하는 것은 정치인들이 진짜 행동을 취하고 싶지 않을 때 일반적으로 하는 것이다. 그리고 우리가 제시한 또 다른 요구가 있다. 우리는 미국인의 절대 다수가 좋은 아이디어라고 생각하더라도 그 요구는 기존 정치질서에서는 일어날 수 없다는 것을 알고 있다. 바로 기업의 로비를 종식시키는 일이다. 이러한 새로운 정치질서의 전망을 내놓는 것, 즉 모든 이들이 그렇게 할 수 있는 길을 만들도록 돕는 것이 우리의 일이다. 지금까지는 많은 사람들이 모임에 참여했다. 우리 모두가 총회를 만들려고 한 것은 총회가 자신들의 생각과 전망을 제시하는 정치적 논쟁에 끼어들지 못한 압도적 다수의 미국인을 위한 포럼으로 보았기 때문이다.

우리에게는 이것이 문제 해결의 방법으로 보였다. 그러나 이는 또 다른 질문을 낳았다. 어떻게 우리가 정치적 논쟁에 들어가지 못한 압도적인 다수를 정확하게 설명할 수 있는가? 우리에게 가담하라고 요구하는 우리는 누구인가? 억압받는 자들? 배제된 자들? 민중? 모든 오래된 구절들은 낡고 부적절하게 보였다. 월가를 점거하자는 것이 왜 확실한 길인지를 자명하게 하는 틀을 어떻게 만들 것인가?

그해 여름 나는 부채에 관련된 인터뷰를 계속 했는데, 부채에 관한 책을 막 집필했기 때문이다. CNN이나 『월스트리트저널』, 심지어 『뉴욕데일리뉴스New York DailyNews』[적어도 그들의 블로그-실제로 내가 방송에 출연하거나 인쇄물-에 나오는 것은 드물었다] 같은 곳에 출연을 제안받았다. 그래서 나는 미국의 경제논쟁을 따라가려고 노력하고 있었다. 경제학자 조세프 스티글리츠가 『배니티 페어Vanity Fair』에 "1%의, 1%에 의한, 1%를 위한Of the 1%, By the 1%, and For the 1%"이란 칼럼을 실었다. 신문사설과 경제블로그에서는 1~2%의 인구가 지금까지 성장해온 국가의 부를 쥐고 있는 동안 다른 모든 이들의 수입은 멈추거나 실질적으로는 줄어들었다는 사실이 아주 많은 화제가 되었다.

스티글리츠의 주장에서 내가 특별히 충격을 받은 것은 부와 권력의 연결이었다. 1%는 정치체제가 어떻게 작동되어야 하는가에 관한 법을 만드는 이들로서 정치제체를 합법화된 뇌물에 기반을 둔 것으로 만들었다.

부는 권력을 낳고, 그 권력은 보다 많은 부를 낳는다. 1980년대의 저축 및 대부 스캔들－오늘날의 기준으로도 그 규모가 유별난 스캔들－기간에 은행가 찰스 키팅Charles Keating은 한 의회 위원에게서 그가 몇 명의 선출직 공무원들에게 뿌린 150만 달러가 실질적으로 영향력을 주었느냐는 질문을 받았다. 그는 "나는 그러기를 확실하게 희망합니다"라고 대답했다…. 개인과 정치는 오늘날 완벽하게 정렬되어 있다. 실질적으로 모든 미국 상원의원들 그리고 하원의원들 대부분이 당선 당시 상위 1%로부터 받은 돈으로 사무실을 유지하며, 그들이 상위 1%에 열심히 봉사하면 그들이 의원을 그만둘 때 상위 1%에 의해 보상을 받으리라는 것을 안다.[2]

1%는 증권과 여타 금융 수단에서 압도적인 부분을 보유하고 있다. 그리고 선거자금에서도 압도적인 부분을 차지한다. 다른 말로 그들은 자신들의 부를 권력으로 바꿀 수 있는 부류의 사람들이다. 그리고 심지어 자신들의 정치적 권력을 더 많은 부를 축적하기 위해 사용한다. 또한 나를 놀라게 한 것은 그 1%는 우리가 '월가'라고 언급하는 존재였다. 이는 우리가 고민하는 문제에 완벽한 해법을 주었다. 그 해법은 우리 정치체제에서 배제된 목소리들은 누구인지, 왜 우리가 그 배제된 목소리들을 왜 워싱

---

2 Joseph E. Stiglitz, "Ofthe 1%, by the 1%, for the 1% ," Vanity Fair, May 2011.

턴 DC가 아닌 맨해튼 금융가로 모이라고 한 것인지에 대한 것이다. 만약 월가가 1%를 대변한다면 우리는 그 나머지 사람들이다.

From: David Graeber 〈david@anarchisms.org〉

Subject: Re: [september17discuss] Re: [september17]

Re: a SINGLE DEMAND for the occupation?

Date: August 4, 2011 4:25:38 PM CDT

to: September17@googlcgroups-com

'99%의 운동'이 어떻겠습니까?

두 정당은 미국인 중 1%의 이름으로 통치되는데, 이 1%는 경제성장의 모든 과정에서 발생하는 수혜의 대부분을 받았고, 2008년 불황에서 완벽하게 구제된 유일한 사람들이며, 정치체제를 통제하고 거의 모든 금융적인 부를 통제하는 이들입니다.

이들 두 정당이 1%를 대변한다면 우리는 삶에서 본질적으로 제외된 99%를 대변합니다.

데이비드.

다음날인 8월 5일 금요일은 대외활동 모임으로 정한 날이었고, 장소는 내 오랜 친구인 저스틴 몰리노Justin Molino가 일하던 라이터스 길드Writers Guild 사무실이었다. 모든 이들이 99%의 아이디어에 대해 좋아하는 것 같았다. 약간의 망설임도 있었는데, 이미 누군가가 '나머지 98%' 캠페인을 이미 시도했다는 것이다. 아마도 다른 이들이 비슷한 시기에 비슷한 구절들을 보고 다른 숫자를 생각했을 것이다. 그러나 이미 드러난 것처럼 우리는 정확한 시간과 장소에 이를 넣을 생각이었다. 오래지 않아 조지아가 분노에 찬 두 명의 스페인 사람 루이Luis와 베고니아Begonia와 함께 화요일의 총회를 선전하기 위한 전단지-우리의 첫 번째-를 준비하였다. 이미 '총회'를 소집하기 위한 서막이 올려진 것이다.*

모임들

마리사가 다음번 총회에 왔다. 총회가 시작될 시점에 우리는 워킹그룹 훈련을 시작했다. 우리의 그룹은 대부분 블룸버그빌에서 최초의 경험을 쌓았던 젊은 활동가들로 구성되었다. 그들은 합의과정과 직접행동에 대한 생각에 열광적이었다. 그러나 어떤 실제 경험도 없었다. 초기 과정은 난장판이었다. 많은 참가자들은 블록Block[거부veto를 말하는데, 일반적으로 마지막 수단으로만 나타난다]이 '반대' 투표와 다르다는 것을 이해하지 못했다. 심지어 모임을 운영하라고 한 촉진자들조차 제안된 각 토론들에서 질문이나 관심을 명확히 했는지 묻는 것이 아니라 "오케이, 제안이나 블록이 있는 사람?"이라고 단순하게 묻는 경향을 보였다. 민주적인 절차에 대한 훈련을 제외하고도 기본적인 현장 기술이 부족했다.

또한 법적 훈련을 제공할 사람을 찾아야 했다. 최소한 우리가 만약 체포된다면 무엇을 해야 하는지 모두 알고 싶어 했다. 우리가 불법적인 일

---

* "우리는 99%다!"란 구호의 기원에 대해 많은 토론이 있었다. 답변-충분히 적절하게-은 집단 창작이다. 나는 99%를 언급했고 루이와 베고니아가 '우리'를 더했다. 그리고 '이다'는 궁극적으로 오브푸드낫밤스의 크리스에 의해 더해졌다. 그가 한 달 뒤에 "우리는 99%다!"란 텀블러 (tumblr) 페이지를 만들 때였다.

을 할 것인지 말 것인지 결정하는 것과는 관계없이 당연히 경찰에 의해 불법이 될 것이기 때문이다. 우리에게는 더 많은 것이 필요했다. 그중 하나는 의료훈련이었다. 옆에 있는 누가 다쳤을 때 무엇을 해야 하는지 알아야 했다. 그리고 시민 불복종 운동의 방법적 훈련도 필요했다. 언제 어떻게 팔을 잡고 풀어야 하는지, 명령에 따라야 하는지 아닌지를 그들은 배워야 했다.

나는 그다음 몇 주간을 직접행동네트워크Direct action(그레이버가 사용하는 의미는 기존 사회에 이미 대안적인 세계가 존재하고 있는 것처럼 자유롭게 행동하는 것이다. 기존 사회를 계급사회로 보지 말고 푸코의 훈육적 게임으로 보아야 한다고 생각하기에 나온 지침이었다-역주)에 몸담고 있는 내 오랜 친구들을 추적했다. 이들은 숨거나 은퇴하거나 지쳐버렸거나 포기했거나 직업을 가지게 되었거나 생계를 위해 유기농 농장으로 떠났다. 이번에는 잘못된 출발이 아니라고 그들에게 확신을 주었다. 이번에는 진실한 순간이었기에 그들을 합류시켜 그들의 경험을 나누도록 했다. 시간이 걸렸지만 조금씩 많은 이들이 걸러져서 돌아왔다.

아일랜드 기근기념물 앞에서의 첫 총회에서 우리는 앞으로의 총회는 이스트빌리지의 톰킨스 스퀘어 공원Tompkins Square Park에서 열기로 결정하였다. 이곳은 상대적으로 황량한 월가 부근이 아니라 진짜 뉴욕의 심장부로, 우리의 지역회의가 언제나 열리기를 바랐던 곳이다. 마리사와 나는 8월 13일 에이지역의 첫 번째 집회를 촉진하기로 동의하였다. 마리사는 합의과정에 대한 많은 경험을 가지고 있었기 때문이다. 사실 그녀는 너무나 훌륭해서-다른 모든 이들은 처음에 확신하지 않았지만-다음 네 번의 집회를 촉진시키는 것을 도왔다. 그녀는 모든 것을 완벽하게 구비한-실천적으로 모든 워킹그룹의 모임, 조정, 계획을 기획하는 것-여성이었다.

그녀가 없었다면 어떠한 일이 일어나더라도 나는 허둥거렸을 것이다.

●

　다음 몇 주 동안 계획은 형태를 갖추기 시작했다. 우리가 진짜로 성취하고 싶은 것은 아테네, 바르셀로나, 마드리드에서 성취했던 것과 같은 것이라고 결정하였다. 그곳에서는 완전히 새로운 수많은 평범한 시민이 자기들 나라의 모든 것에 저항하기 위해 공공 광장을 점령하기를 원했기 때문에 대부분의 어떤 종류의 정치적 동원이라도 참여했다. 뉴욕총회를 열기 위해 유사한 공공 광장을 점거하는 것은 유럽의 사촌들과 함께 미국 정부에 의해 '민주주의'로 제시된 부패한 체제와 반대쌍을 이루는 진정한 직접민주주의의 모범을 만들기 위한 행동이다. 월가에서의 행동은 이러한 회의들의 전체 네트워크 건설을 향한 주춧돌이 될 것이다.

　이것이 우리의 목표였다. 그러나 17일에 무슨 일이 일어날지 예측하기는 불가능했다. 『애드버스터』는 우리에게 자신들의 웹에서 9만 명의 사람들이 팔로윙하고 있다고 보증하였다. 그들은 또 2만 명의 사람들에게 거리를 채울 것을 요청하였다. 분명히 그렇게 되지는 않을 것이다. 그러나 얼마나 많은 사람들이 나타날 것인가? 게다가 실제로 그렇게 되면 우리는 사람들과 무엇을 해야 하나? 우리 모두 예민하게 우리가 당면해야 할 일을 알고 있었다. 뉴욕경찰은 4만 명 가까이 된다. 블룸버그 시장은 만약 뉴욕이 독립국가가 된다면 뉴욕 경찰의 병력이 세계에서 7번째로 큰 군대가 될 것이라고 자랑하고 싶어한다.* 월가는 아마도 공적인 장소의 단

---

* 이것이 사실이 아니라고 지적하는 것은 중요하다. 그 숫자는 37번째가 될 것이다. 뉴욕 시는 튀

일지역으로는 세상에서 경찰력이 가장 많은 곳일 것이다. 증권거래소 옆에서 어떠한 종류의 행동을 하는 것이 과연 가능하기는 할까? 아마도 단 1분이라도 폐쇄한다는 것은 거의 불가능할 것이다. 9.11 이후 갖춰진 새로운 보안환경에서 단 6주 만에 어떻게든 이를 준비해야 하지만 시간이 없었다.

열정적인 아이디어들이 워킹그룹 모임과 리스트서브에 던져졌다. 아무리 용을 써도 우리는 경찰에 비해 수적으로 열세일 것이다. 아마도 우리는 어떻게 하든지 압도적인 경찰의 출현을 어리석게 보이게 만들어야 했다. 한 가지 아이디어는 코카인 봉쇄cocaine blockade를 알리는 것이다. 우리는 증권거래소 주변에 인간사슬을 형성할 수 있고, 월가가 우리의 요구에 동의할 때까지 어떠한 코카인도 허락하지 않는다고 선언하는 것이다("그리고 3일 이후에는 창녀들도 안 된다!"). 다른 방법은 좀 더 실천적으로 인터넷 중계를 통해 그리스, 스페인, 독일, 중동의 지지자들과 이미 광장을 점유하고 있는 이들을 연계하는 워킹그룹을 만드는 것이다. 그리고 증권거래소의 벽에 그들의 이미지를 투사하여 각 점거지의 연사들이 월가의 금융업자에게 직접 그들의 의견을 말하게 하는 것이다. 이와 같은 방법은 우리가 느끼기에는 장기간의 운동과 함께 도움이 될 것이었다. 이는 실제로 첫날 이루어졌다. 사소한 역사적 사건으로 남기는 했지만 두 번 다시는 하지 않았다.* 언제나 이런 사소한 승리는 중요하다. 우리는 누구라도 이전에 해보지 않은 것을 했다고 말하면서 집에 갈 수 있기를 원한다. 그러

_____

니지 앞에 있고 포르투갈 바로 뒤이다.
* 이후에 시도된 다양한 점거는 건물 벽에 강력한 이미지를 쏘는 기술적 수단들을 이뤄냈다. 그러나 뉴욕경찰은 허가 없이는 이를 불법침해로 여겼고 실행을 금지시켰다.

나 기술적으로 주어진 돈과 시간의 한계로 우리가 이것을 성취하는 것은 불가능한 것으로 드러났다.

거짓말 하나 안 보태고 우리 베테랑 중 다수의 가장 큰 관심사는 이 시끌벅적한 계획들에서 초기 이벤트를 어떻게 대실패로 돌아가지 않게 하느냐였다. 우리는 모든 열정적인 젊은이들이 첫 시도의 행동부터 그 자리에서 두들겨맞고 체포되어 심리적으로 트라우마를 갖는 것으로 끝나지 않기를 원했다. 이는 언론에서 흔하게 외면하는 것이다.

본격적인 행동이 취해지기 전에 약간의 내부 갈등은 끝나야 했다. 뉴욕의 까다로운 아나키스트들의 핵심부는 대부분 합류를 거부했다. 그리고 옆에서 우리를 '개혁주의자'라고 조롱했다. 보다 개방적인 나 같은 '스몰-a small-a' 아나키스트들은 대부분의 시간을 아직 남아 있는 수직선들이 공식적인 지도구조가 될 수 있는 어떠한 것도 제도화시키지 않게 하려고 노력했다. 과거의 경험에 바탕을 둔 그들의 구조는 실패할 것이 뻔했다. WWP는 이전 집회에서 조직화에 성공했지만, 더 이상 지도부를 구성하지 못했다. 그러나 이제는 얼마 남지 않은 ISO 학생들과 다 합쳐보아야 십여 명 정도밖에 안 되는 지지자들이 보다 더 큰 중앙집권화를 지속적으로 밀어붙였다. 그들과의 가장 큰 전투 중 하나는 경찰 연락책과 진행요원이 필요한가의 문제였다. 블룸버그빌에서 경험을 쌓은 수직선들은 경찰과 연락할 두세 명의 훈련된 협상자들, 점거자들에게 정보를 제공해줄 진행요원이 당연히 필요하다는 입장을 취했다. 수직선들은 어떠한 상황에서든 경찰과의 중재가 필요하기 때문에 상명하복의 지도구조가 생겨날 것이라고 주장하였다. 경찰은 언제나 지도자가 누구인지를 확인하려고 할 것이고, 찾지 못하면 협상자들과 직접 중재를 하면서 지도구조를 만들라고 강요할 것이며, 또한 협상자들(과 진행요원들)이 그것을 강요할 것이다. 이에 대해서는 투표로 결정하기로 했는데-보다 정확히 말하면 비공식적인 의사타진-촉진자들은 사람들에게 손을 올리거나(승인) 내리거나(불찬성) 옆으로 할(기권이나 불확실함) 것을 요구했다. 모든 사람들이 어떻게 느끼는가를 알기 위해서, 그리고 진행 중에 어떤 다른 의견이라도 있는지 보기 위해서였다. 결과적으로 2/3 이상이 연락책이나 진행요원을 만드는 것에 강력하게 반대했다. 그 순간 수평에 대한 서약은 절대적으로 승인받았다.

우리 주변에는 다양한 그룹이 있었다. 린든 라로슈Lyndon LaRouche(민주당 입후보자들을 '소련의 앞잡이'라고 공격하고, 국제통화기금IMF, 선진국경제협력체G7 같은 국제적인 경제기구를 가리켜 록펠러 집안이 서방의 공업을 무너뜨리고 소련과 함께 세계질서를 운영하기 위한 음모라고 비난하는 극우인사-역주)의 추종자들부터

점거운동의 수신호
출처: http://boingboing.net/2011/12/17/occupy-wall-street-hand-signal.html

'유에스데이오브레이지US Day of Rage'라 칭하는 모호한(아마도 존재하지 않는) 그룹에서 온 한 여성도 있었다. 이 그룹은 노동조합에 접근하려는 어떠한 시도도 체계적으로 봉쇄하는데, 그녀는 티파티Tea Party(2009년 세금을 늘려 큰 정부를 만들려는 오바마 행정부의 국정운영에 반대하며 생겨난 극우 보수 단체-역주)에 반대하는 이들을 끌어당길 수 있어야 한다고 생각하고 있었다. 주변 그룹의 참가에 대해서도 논쟁이 있었다. 총회에서의 이 논쟁은 너무 격렬해서 우리는 수신호를 사용했다. 우리는 '직접답변'이라는 신호를 사용했는데, 두 손을 아래위로 흔들고 각 손가락들로 세밀한 정보를 알리는 것이다. 누군가가 중요한 정보(행동은 화요일이 아니라 수요일이다!)의 잘못됨을 분명하게 하기 위해 촉진자에게 발언자들의 스택을 열라고 요구하였다. 오래 지나지 않아 사람들은 "그룹들의 지난 발언에 대해 내가 얼마나 동의하지 않는지 우리가 알 필요가 있다"는 의미를 가진 신호를 사용하기 시작했다. 그리고 우리는 바닥에 앉아 서로에게 집게손가락을 계속 흔들고, 모든 이들이 입을 닫을 때까지 오락가락하는 토론의 진풍경이 일어났다. 나는 우리가 전적으로 '직접답변'을 제거하는 대신 '정보에 대한 요점'을 위해 손가락을 드는 것을 제안했다. 그리고 신기하게도 한 번 적용된 것은 오락가락하는 것을 즉시 끝내고 논쟁의 질을 향상시켰다.

그날, 9월 17일

언제 어떻게 워킹그룹이 결정을 내려야 할지 몰랐지만, 아주 초기에 합의한 것은 우리가 공원을 점거하리라는 것이었다. 이것이 단 하나의 실제 조건이었다.

여기에서도 우리 모두는 이집트에서처럼 공적인 모임에서 말하거나 리스트서브에 적은 어떤 것이라도 경찰이 알 것이라는 사실을 알고 있었다. 그날이 오기 몇 주 전 전술그룹은 집결할 공공장소를 선택했다. 우리가 선택한 체이스플라자Chase Plaza는 체이스맨해튼은행 건물 앞에 있는 공터로, 증권거래소에서 두 블록 떨어져 있고, 사랑스러운 피카소의 조각이 가득 전시되어 있으며, 이론적으로는 대중에게 항상 열려 있다. 그리고 사용할 수 있는 모든 매체를 통해 우리가 9월 17일에 총회를 열 것이라고 발표했는데, 아마도 그 장소는 경찰에 의해 봉쇄될 것이다. 나는 브룩클린에서 16일 저녁의 대부분을 세계정의운동의 또 다른 베테랑이자 노동그룹에게 보다 창조적인 전술들을 가르치는 오래된 조직가인 리사 피시안Lisa Fithian의 시민 볼복종 훈련을 배우며 보냈다. 그날 밤 우리 중 몇 명-나, 마리사, 리자, 아무렇게나 입고 다니는 수염을 기른 아나키스트 베테랑으로 볼티모어에서 갓 도착한 마이크 맥과이어Mike McGuire-은 사전답사를 위해 월가에 들렀다. 우리가 발견한 것은 튼튼한 펜스가 쳐져 있었고, 아무런 이유도 밝히지 않은 채 불확실한 기간 동안 대중에게 닫혀 있는 체이스플라자였다.

"아무래도 좋아."

마리사가 말했다.

"내가 확신하는 것은 전술그룹이 대책을 여러 개 가지고 있다는 거야."

그녀에게 어떠한 대비책들이 있는지는 몰랐지만-그녀는 주로 훈련과 동영상중계그룹에서 일해왔다-뭔가 있다는 것을 확신했다. 우리는 여러 군데 공터를 찾아서 천천히 걸어다니다가 지하철을 타고 집에 돌아왔다.

다음날 계획은 12시쯤 보울링그린의 황소동상 옆에서 모이는 것이었다. 그러나 우리 네 명은 한두 시간 전에 만났다. 나는 돌아다니면서 아이폰으로 경찰들이 증권거래소 주변에 바리케이드를 치는 것을 찍는 데 시간을 보내면서 트위터로 이미지를 올렸다. 이것은 예기치 못한 영향을 미쳤다. 공식 트위터 계정인 #OccupyWallStreet(이것은 몬트리올에 있는 작은 트랜스젠더 집단이 만들고 유지한 것으로 밝혀졌다)는 즉각 내가 현장에 있고 무엇이 어떻게 돌아가는지에 대한 현장의 정보를 올렸다. 몇 시간 만에 내 계정은 약 2천 명의 팔로워를 갖게 되었다. 1시간 후에 나는 내가 업데이트를 할 때마다 10분 후에 바르셀로나에 있는 누군가가 스페인어로 번역해서 올리는 것을 알았다. 나는 그날 일어날 일에 대해 전 세계가 얼마나 큰 관심을 가지고 있는지 알아차리기 시작했다.

여전히 가장 큰 관심은 얼마나 많은 사람들이 나타날 것인가였다. 우리는 사람들을 모으는 데 심각하게 노력할 시간을 갖지 못했기에 그저 추측만 할 수 있을 뿐이었다. 게다가 우리가 잘 알고 있었던 것은 많은 사람들이 나타나지 않더라도 폐쇄된 체이스플라자를 대신해 어딘가에 캠프를 만들어야 했다. 우리에게는 다른 선택이 없었다. 우리가 그들을 모아 놓을 장소도 없었기에 주거를 조직하지 않는 계획도 생각했지만, 그것은 적절한 계획이 아니었다.

빌리 목사와 처치오브스톱쇼핑(the Church of Stop Shopping)
출처: http://en.wikipedia.org/wiki/File:Reverend_Billy_and_the_Church_of_Stop_Shopping_1.jpg

처음에 이것이 큰 문제가 될 것으로 보이지 않았는데, 우리의 숫자가 실망스러울 정도로 적었기 때문이다. 게다가 나타난 사람들은 확실히 이상했다. 나는 흰색 사제복을 입은 '저항사제' 십여 명이 집결해서 급진적인 복음송을 부르던 것을 기억한다. 그리고 아마도 10야드 정도 떨어진 곳에서 이들과 경쟁이라도 하듯 열 명 조금 넘는 린든 라로슈의 추종자들이 정교한 클래식 합창을 하고 있었다. 소규모 가출 소년들이거나 활동가일지 모르는 이들이 가끔 나타나 경찰이 황소동상 주변에 만든 바리케이드 주변을 돌면서 행진했다. 동상은 경찰 제복을 입은 대대가 지키고 있었다.

점차 나는 숫자가 늘어나는 것을 알아차렸다. 유명한 급진적인 행위예술가인 빌리 목사가 보울링그린 공원 남쪽 끝의 미국인디언박물관 계단에서 설교를 시작했을 때 우리의 숫자는 최소한 천 명은 된 것 같았다. 누군가가 다가와 내 손에 각각 다른 5개의 지도를 그렸다. 그것은 걸을 수 있는 거리 내에 있는 공원으로, 총회를 할 적절한 장소로 여겨지는 곳들이었다. 2시 반쯤 #5 장소로 간다는 말이 나왔다. 그곳이 바로 주코티 공원이었다.

•

주코티 공원에 갔을 때 많은 사람들－최소 2천 명－이 결집했다는 것을 알게 되었는데, 우리는 어떻게 총회를 열어야 할지 확신하지 못했다. 누군가－시내 밖의 학생조직가들 중 한 명이라고 했다－공원에 있는 큰 돌벤치 위에 서서 1시간 동안 30명씩 그룹을 나눈 후 그들의 가장 생생한 정치적 관심사로써 진정한 민주적 사회나 참가자들을 흔들 어떤 주제에 대해 브레인스토밍 아이디어를 시작하자고 알렸다. 이는 아주 좋은 생각인 것으로 드러났다. 얼마 지나지 않아 공원 전체는 작은 서클들의 미로가 되었고, 이는 프로세스워킹그룹 - 급하게 다시 모인 - 에게 계획을 점검할 기회를 주었다.

이는 이번 세기를 촉진시키는 시도가 될 것이다. 다행히 이때 우리는 몇몇 경험 있는 자원자를 가지고 있었다. 또 다른 직접행동네트워크 활동가로 내가 처음부터 법적 훈련에 대한 도움을 요청했던 마리나 시트린Marina Sitrin, 마리사, 아민 후세인Amin Husain이라는 이름의 재능 있는 젊은 변호사들과 매트, 리사 피시안Lisa Fithian이었다. 우리는 즉각 2명의 우선적인 촉진자들과 2명의 예비촉진자들(나는 예비촉진자들 중의 한 명이었다), 2명의 스택 집계자를 정했다. 스택 집계자 중 1명은 결정 내용을 적고 다른 1명은 모든 이들이 들을 수 있도록 불만족, 분노, 지루해함 등 명확한 신호가 있는지 알리는 군중 모니터링을 통해 분위기를 파악하였다. 우리는 또 모두 함께 거대한 원을 형성하기로 결정했다. 열심히 도움을 주려고 하는 젊은 스페인 여성이 우리에게 설명을 하고 이후에 조지아가 알렸는데, 이는 엄청난 실수였다. 원 안에 서 있는 촉진자들의 팀이 있는 힘껏 소리를 질러도 사람들의 원이 워낙 커서 절반 이상이 들을 수가 없었다. 적당한 방법은 반원을 형성한 후 통로를 만들어 연설자들이 앞으로 나아가며 집회에서 연설을 하는 것이었다. 이때 우리는 이 방법을 생각해냈지만 너무 늦었다.

그래서 우리는 그룹을 다시 원으로 만들어 모은 후 첫 몇 분간을 동시에 모든 이들이 대화할 방법을 찾는 데 보냈다. 우리는 여러 개의 메가폰을 모아 임시방편으로 만든 장치로 3개를 묶어서 세 곳으로 향하도록 했다. 그러나 이는 실제로 작동되지 않았다. 결국 우리는 민중의 마이크로 돌아가야 했다. 이는 세계정의운동 시기에 우리 대부분에게 익숙한 수법이었다.

누구도 민중의 마이크가 어디에서 왔는지 확실히는 모른다. 이것은 1999년 11월 시애틀에서 WTO 저지 운동을 하던 많은 캘리포니아 활동가들에게는 익숙한 도구였다. 어떤 의미에서 오래 지나지 않아 효과를 입증한 것은 주목할 만한 일이다. 이는 수천 년간 큰 집회에서 사람들이 직면해야 했던 문제에 대한 완벽한 해결책이다. 아마도 이것은 인간 역사의 초기에 광범위하게 사용되었을 것이다. 방법은 매우 단순하다. 한 사람이 크게 말하는데, 열 단어나 스무 단어쯤에서 멈춘다. 멈추면 귀로 들을 수 있는 거리에 있는 모든 이들이 반복해서 말한다. 이 말들은 닿을 수 있는 거리보다 2배 멀리 옮겨진다. 이는 실제적으로 효과가 있기도 하지만, 우리가 발견한 흥미로운 점은 심오한 민주적인 효과였다. 무엇보다도 이는 장황하게 연설하는 것을 단념하게 만든다. 만약 천 명의 사람들이 반복해야 할 단어를 기다리고 있다는 사실을 알게 되면 불필요하게 한담을 늘어놓을 수 없다는 사실을 눈치채게 된다. 또한 누구라도 말할 수 있고 모든 이들은 이를 반복해야 하기에 참가자들은 다른 모든 이들이 말하는 것을 성실하게 듣게 된다.

이 점에서 우리는 당면한 실천적 관심으로 인해 철학적인 함의에 대해서는 많이 생각하지 않았다. 우리는 공원에 있는 2천 명의 민중과 최소한 천 명의 경찰에게 둘러싸여 있었다. 정찰은 말, 스쿠터, 범인호송차와 폭동진압장비를 승인받아 부근에 모여 있었다. 하얀 셔츠를 입은 경찰-즉, 상급자들-은 지도자로 보이는 어느 누구에게라도 우리의 계획이 무엇인지 물었다. 그러나 연락책이 없었기 때문에 어느 누구도 연락책으로 행동하지 않는다는 것은 무척이나 도움이 되었다. 그들은 경찰에게 아무것도 말해줄 수 없었다.

집회는 매우 늦게까지 진행되었다. 우리는 집회 이후에 무엇을 할 것인지에 대한 특별한 계획을 발표하지 않기로 했다. 하나는 경찰이 우리의 결정사항을 미리 알기를 원하지 않았기 때문이었고, 또 하나는 추상적이고 이론적인 논쟁에 빠져들기보다는 총회가 해야 할 일의 첫 번째 일은 우리 모두가 다음에 무엇을 할 것인지를 결정하는 실제적인 질문이 되어야 하기 때문이었다. 여러 개의 시나리오가 제시되어 숙고했지만 대부분 포기했다. 경찰은 우리를 몰아내겠다고 지속적으로 전해왔다. 처음에는 오후 10시에 공원을 청소하겠다고 했고 다음에는 10시 반, 그다음에는 11시였다. 사람들은 고의로 이를 무시하거나 계속 모임 중이라고 했다. 얼마 지나지 않아서 두 가지 생각이 적절하다는 것이 명확해졌다. 많은 그룹의 입장은 이집트의 타흐리르 광장, 바르셀로나의 카탈루냐 광장과 거의 유사하게 공원을 점거한 후 영구기지로 만들자는 것이었다. 그리고 작은-그러나 똑같이 단호하게-그룹의 입장은 우리가 직접 월가로 행진하여 가능하다면 증권거래소 바로 맞은편 거리를 점거해야 한다고 제안했다. 일부는 기술적으로 우리가 그곳에 캠프를 쳐도 불법이 아니라고 주장했다. 블룸버그빌이 만들어졌을 때 정치적 표현 형태로 도로의 가장자리에서 자더라도 통행할 수 있는 길만 열어두면 합법이었다. 일부 대담무쌍한 시민은 몇 주 전에 이미 사전 점검을 시도했는데, 증권거래소 맞은편에 슬리핑백을 두었다. 그들은 즉시 체포되었고 그들은 법관에게 데려다 달라고 요청했는데, 법관이 그들의 행동은 합법이지만 그들의 체포는 불법이라는 판결을 내렸다. 일부는 이런 선례와 더불어 경찰이 같은 장소, 똑같은 행동으로 우리를 체포할 수 없을 것이라고 주장했다. 다른 이들은 시가 이런 종류의 행동만 감시하는 경찰에 이미 백만 달러에 가까운 돈을 쏟아붓고 있기 때문에 잘못된 체포로 2만 달러나 3만 달러 정도를 더 쓰는 것은 걱정하지 않을 것이라고 했다. 그들은 어떻게 하든 우리를 체포할 것이다.

합의에 의한 운영이기 때문에 그룹은 투표하지 않는다. 합의를 만들기 위해 운영되어야 하고, 더 좋은 것은 창조적으로 종합하여 모든 이들이 의견을 받아들이는 것이다. 여기에서 전환점이 된 것은 볼티모어에서 온 아나키스트 베테랑인 마이크가 다음과 같은 제안을 했을 때였다.

"두 가지 입장이 있는 것 같다."
마이크가 말했다.
"두 가지 입장이 있는 것 같다."
군중이 답했다.
"공원에 머물거나 월가로 행진하는 것이다."
"공원에 머물거나 월가로 행진하는 것이다."
"우리를 경찰이 여기에 밤새 머물게 할지 안 할지 모른다."
"우리를 경찰이 여기에 밤새 머물게 할지 안 할지 모른다."
"명백하게 경찰이 정말 원하지 않는 것은 우리가 월가로 가는 것이다."
"명백하게 경찰이 정말 원하지 않는 것은 우리가 월가로 가는 것이다."
"그래서 나는 다음과 같이 제안한다."
"그래서 나는 다음과 같이 제안한다."
"우리가 광장을 점거할 것임을 알려야 한다."
"우리가 광장을 점거할 것임을 알려야 한다."
"만약 경찰이 우리를 쫓아내면 우리는 월가로 행진할 것이다."
"만약 경찰이 우리를 쫓아내면 우리는 월가로 행진할 것이다."

30분 정도 정신 없는 토론, 해명, 제안을 마치고 우리는 마이크의 제안에 기반을 둔 합의를 요청했고, 그룹들은 그렇게 하기로 결정했다.

그 이후 일어난 일에 대한 신뢰할 만한 활동−몇 주 만에 800여 개의 다른 도시로 번져나간 운동이 중국같이 먼 곳에 있는 급진적 반대그룹으로부터의 폭발적인 지원을 포함하여−은 주로 젊은 사람들에 의한 것이었다. 공원에 남아 있는 이 거주자들은 경찰이 위협을 가하고, 공원에서의 삶을 비참하게 만들고, 비도덕적이라는 비난을 받고, 프로젝트를 포기하도록 꾸민 경찰의 끝없는(많은 경우 명백히 불법인) 억압행위에도 불구하고 견고하게 들어앉아서 떠나기를 거부하였다. 경찰이 가한 억압행위의 예를 들면, 폭우가 쏟아질 때 활동가들의 컴퓨터를 방수시트로 덮는 것도 허락하지 않았다. 그리고 마지막에는 경찰봉과 페퍼스프레이pepper spray를 포함한 계산된 테러리즘 행위가 있었다. 그러나 활동가들은 그에 굴하지 않고 이런 조건하에서 영웅적인 행동을 지속하였다. 1990년대 살림보호캠프부터 최근의 블룸버그빌까지 전 세계는 이들을 쉽게 무시했다.

나는 스스로에게 무바라크 정권이 붕괴된 후 이집트 친구인 디나가 고민했던 똑같은 질문을 던져야 했다.

왜 지금 이런 일이 일어났는가? 우리가 각자 마지막으로 한 일은 무엇인가?

02
왜 점거운동이
급속도로 확산되었는가?

우리 중 누구도 다음에 일어날 일을 미처 준비하지 못했다. 경찰이 즉시 점거자들을 쫓아내지 않은 것은 놀라운 일이었다. 우리가 가지고 있던 가장 예상 가능한 시나리오는 그날 수백 명의 진압경찰이 말과 헬리콥터의 지원을 받아서 우리를 무자비하게 진압하는 것이었다. 이는 확실히 뉴욕경찰의 전형적인 방식으로, 일반적인 전략은 숫자만으로도 저항자를 압도하기에 충분한 것이다. 그러나 이번 경우에는 누군가 그 결정을 유보했다.

한 가지 이유는 법적 상황의 모호함이었다. 공립공원은 밤 12시에 문을 닫지만 주코티 공원은 공사합동으로 투자되어 투자회사인 브룩필드 오피스프로퍼티즈Brookfield Office Properties가 소유하고 있다. 기술적으로 이런 '사적소유의 공유재산privately owned public properties'은 공적으로 24시간 접근할 수 있다. 그러나 우리의 경험으로는 이러한 법이 존재한다는 것만으로는 당국이 어떻게 하든지 우리를 몰아내겠다고 결정하면 당면 문제와의 관련성은 없다. 진압하지 않는 것이 치부를 가리는 것이 될 수도 있다. 하지만 그들이 왜 치부를 가리기 원하겠는가?

그 대신 처음에 내세운 경찰의 전략은 끊임없이 사소하게 괴롭혀서 불쾌하게 만든 다음 결국 우리 스스로 떠나게 하는 것이었다. '텐트 설치 금지'는 '방수시트 설치 금지'와 같은 의미가 된다. 전기를 끊어버려 발전기를 사용할 수밖에 없었다. 모든 형태의 앰프는 불법으로 단정되었다. 그러던 중 우리를 둘러싸고 착암기를 이용한 수상쩍은 건설공사가 시작되었다. 공원에서 자는 것만으로는 아무도 체포되지 않았지만, 그러는 동안에도 저항자들은 어떤 이유를 갖다 대든 자신들이 체포될 수 있다는 것을 알게 되었다. 바로 첫날 소규모 그룹이 뱅크오브아메리카 지부 근처로 행진하면서 구호를 외쳤을 때 두 명이 목에 반다나bandana(목이나 머리에 두르는 화려한 색상의 스카프-역주)를 두르고 있다는 이유로 체포되었다. 식민지 시절인 18세기에 아일랜드에서 노상강도를 통제하기 위해 모호하게 만들어진 법에 근거해서였다. 저항자들 중 그 누구도 자신들의 반다나를 마스크로 사용하고 있지 않았다는 사실과 체포가 명백하게 불법이라는 것은 아무런 관계도 없었다. 어떻게 그것을 보는가에 달려 있다는 것이 전체적인 요점이다. 다음날은 보도에 분필로 구호를 적던 두 명을 체포해서 경찰은 판돈을 올렸다. 시위를 구경하던 이들이 뉴욕에서는 분필로 보도에 적는 것은 불법이 아니라고 지적했다. 그러자 경찰은 "예, 알고 있습니다." 라고 천연덕스럽게 대답했다.

공원은 낮 동안 수천 명이 모였고, 밤에는 수백 명이 남았다. 공동체가 도서관, 이동식 주방, 무료 의료시설, 생중계영상팀, 예술과연예위원회, 위생반 등과 함께 나타나기 시작했다. 오래지 않아 32개의 대안통화그룹부터 서반아어 사용집단까지 다양한 워킹그룹이 가세하였다. 총회는 매일 오후 3시에 열렸다. 더욱 주목할 만한 것은 미국 전역에서 다른 캠프들도 합류하고 있었다. 그들 또한 총회를 열고 합의에 기반을 둔 직접민주주의에 의한 운영수단과 수신호를 구현하였다. 1~2주 만에 최소한 100개, 들리는 소문에 의하면 한 달 사이에 600개의 또 다른 점거가 있었다. 포틀랜드 점거Occupy Portland, 터스칼루사 점거Occupy Tuscaloosa, 피닉스 점거Occupy Phoenix, 신시내티 점거Occupy Cincinnati, 몬트리올 점거Occupy Montreal.

점거자들은 신중하게 행동했지만 모두가 비폭력적인 것은 아니었다. 처음에 그들의 전술은 캠프를 설치하는 것 외에는 행진하는 것뿐이었다. 그들은 10월 2일에 브룩클린 다리 봉쇄와 더불어 비폭력 시민 불복종을 확장하기 시작했다. 뉴욕경찰은 브룩클린 다리에서 자신들의 전통적인 포악성을 드러냈다. 이는 결코 놀라운 일이 아니었다. 비폭력 저항자들은 뉴욕에서는 다른 대부분의 미국 도시들처럼 합법이지만 허가받지 않은 구역의 이벤트는 정기적으로 물리적 공격을 받았다. 예를 들면 길가를 벗어나면 누구라도 체포될 수 있었다. 전형적으로는 머리를 차나 콘크리트에다가 반복해서 찍혔다. 경찰봉은 거리낌없이 아무런 저항도 하지 않은 행진자들에게 사용되었다. 이 모든 것은 일반적인 것이지만, 우리 저항 베테랑들 대부분은 이러한 일에 대해 언급하는 특별한 보도를 보지 못했다. 이 경우에 예측하지 못한 것은 주류 언론 중 일부―처음에는 MSNBC 같은 케이블매체가, 그러다가 오래지 않아 네트워크 뉴스에서조차―에서 이를 알고 이슈화시키기 시작한 것이다. 경찰의 폭력행위를 담은 카메라폰 영상이 인터넷에 바이러스처럼 퍼진 것도 언론이 관심을 가진 이유 중 하나일 것이다. 얼마 되지 않아 경찰관 토니 볼로그나Tony Bologna가 바리케이드 뒤에 갇힌 두 명의 젊은 여성에게 제멋대로 페퍼스프레이를 뿌리고 무심하게 지나가는 모습이 비디오카메라에 잡히는 바람에 그는 거

페퍼스프레이를 뿌리는 토니 볼로그나
출처: http://www.dailykos.com/story/2011/09/27/1020542/-ACTION-PROPOSAL-No-Phoney-
Baloney-Suspend-Tony-Bologna-NOW

의 모든 사람이 다 아는 이름이 되었다. 그러나 과거에는 이런 널리 알려
진 동영상도 저녁뉴스에 보도되지 않았다.

그 결과 저항자들의 숫자는 극적으로 늘어났다. 게다가 조합의 지원이
가세하였고,* 대오는 점점 더 커져갔다. 그날 수천 명이 주코티로 와서 대
오를 이루거나 행진을 위한 집회를 하는 대신에 군중은 수만 명으로 불
어났다. 미국 전역에서 수천 명이 어떻게 기부할지 고민하기 시작했고, 상
상할 수 없는 공짜 피자의 물결을 일으켰다. 점거자들의 사회적 범위 또

---

* 조합의 지원은 부분적으로는 오직 언론의 주목에 기인한 것이다. 여름 동안 등장한 보다 급진적
  인 조합활동가들의 연합과 더불어 오랜 간청이 있었지만, 조합지도자들은 9월 17일 그날은 참
  가하지 않기로 결정했다.

한 확장되었다. 군중은 처음 며칠간은 거의 백인이었으나, 곧 다양화되었다. 몇 주가 지나자 아프리칸-아메리칸 은퇴자들과 라틴전투 베테랑들이 행진에 가세하였고, 우리는 드레드락을 한 십대들 옆에서 음식을 차렸다. 스페인에서는 위성총회가 열

토니 볼로그나에게 공격을 받은 여성들(youtube에서 캡처)
출처: http://www.dailykos.com/story/2011/09/27/1020542/-
ACTION-PROPOSAL-No-Phoney-Baloney-Suspend-Tony-
Bologna-NOW

렸다. 게다가 반쯤은 호기심에서 찾아온 평범한 뉴욕인 수천 명은 놀라울 정도로 협조적이었다. 어느 통계에 따르면 저항에 찬성한 다수를 포함한 86%는 저항사가 캠프를 유지할 권리에 찬성했다. 미국의 거의 모든 도시에서 다양한 시민이 참여하여 텐트를 치기 시작했고, 중년의 사무직 노동자들은 펑크록커나 이교도 사제들의 합의와 촉진의 치밀함에 대한 강의를 주의 깊게 듣거나 시민 불복종과 직접행동 간의 기술적 차이나 위생을 조직화하는 데 있어서 진정한 수평적인 방법에 대해 논쟁했다.

다른 말로 하면, 처음으로 경제정의를 위한 풀뿌리운동이 미국 전역에 등장한 것이다. 게다가 놀랍게도 전염주의contaminationism라는 꿈, 민주적 감염의 꿈이 가동되기 시작하였다. 그 이유는 무엇일까?

충분한 시간이 흘렀다. 내 생각에는 이제 여기에 대한 답들의 조각을 모으기 시작해야 한다.

|질문 1| 1960년 이후 저항운동과 월가 점거에 대한 미국 언론의 보도는 왜 다른가?

왜 미국 내 언론이 점거운동을 1960년대 이후의 저항운동과 많이 다르게 다루었는가에 대해 많은 토론이 있었다. 많은 시선이 소셜미디어에 쏠렸다. 또는 아마도 최근 몇 년간 상대적으로 적은 숫자의 타파티Tea Party 에 비정상적으로 주목한 데 대한 균형을 맞추어야 한다고 느꼈기 때문일 것이다. 이 모든 것이 사실임은 의심할 바 없다. 그러나 다시 보면 점거 저항자들에 대한 언론의 초기 묘사는 1999년 '반세계화운동'이라 불렀던 것처럼 가볍게 경멸하는 어조였다. 그들이 무엇 때문에 싸우는가에 대한 명확한 개념도 없이 혼란스러운 아이들의 집단일 뿐이라고.『뉴욕타임스』라는 자칭 역사적 기록의 신문은 점거운동이 일어난 첫 5일 동안 아무것도 적지 않았다. 6일째가 되어서야『메트로폴리탄』섹션에서 뉴스 이야기로 가장한 사설을 전속작가인 기니아 벨라폰테Ginia Bellafante가 "잘못된 목적으로 월가에 총질하기"란 제목으로 발행했다.[1] 점거운동을 명확한 목적도 없는 진보주의의 단순한 환상이라며 조롱하였다.

그러나 언론이 저항자들을 심각하게라도 다루기로 최종 결정한 것은 획기적인 일이었다. 월가 점거–1950년대의 시민운동 이래 아마도 처음인–는 미국에서의 간디주의 전술의 성공으로 기록되었다. 간디주의자의 비폭력은 폭력적인 경찰과 완전한 도덕적 대조를 이루기 위한 것이다. 비폭력 이상주의 집단을 대했을 때조차 '질서의 세력'은 기존 체제를 지키

---

1 Ginia Bellafante, Gunning for Wall Street, With Faulty Aim,New York Times, September 23,2011.

기 위해 순수하게 물리적 포악성에 호소하는 데 조금도 망설이지 않는다는 것을 보여줌으로써 정치질서에서 이어져오는 폭력을 노골적으로 발가벗긴다. 명백하게 이러한 대비는 무엇이 일어났는가에 대한 언급이 있어야 보여질 수 있다. 이 때문에 과거에 시도된 간디주의 전술들은 거의 전적으로 비효과적이었다. 1960년대 이후 미국의 주류 언론은 미국경찰이 명령을 받고 '폭력'에 개입하는 행위를 하는 것―그들이 무엇을 하든지*―을 의미하는 어떠한 저항에 관해 언급하는 것을 거부해왔다.

악명 높은 예는 1990년대 태평양 연안 북서부(오리건, 워싱턴, 아이다호 북부 일부―역주)의 오래된 숲을 보호하고자 한 나무 지킴이tree sitter들과 그들의 연합을 대했던 일이다. 활동가들은 고전적인 간디주의 비폭력 캠페인을 시도했는데, 나무에 앉아 있던 그들을 개발자들이 베어서 떨어지게 했다. 그래서 '저항locking down' 방법으로 나무와 스스로를 사슬로 하나로 묶어서 불도저나 다른 장비들이 그들을 제거하기 어렵게 만들었지만 동시에 왼쪽 손발을 쓸 수 없었다. 한 나무 지킴이가 살해되었고, 지역경찰은 범죄조사에 착수하기를 거부했다. 활동가들은 증거가 파괴되는 것을 막기 위해 현장을 봉쇄하며 시위했다. 경찰은 최고의 육체적 고통을 야기할 정도의 고춧가루를 면봉에 묻혀 그들의 안구에 직접 바르거나 페퍼스프레이를 뿌렸다. 경찰의 행동이 명확히 부적절함에도 불구하고 명백하게 평화주의자들에 대한 고문과 살해에 대해 대부분의 미국 언론은 침묵했다. 지방법원은 안구에 페퍼스프레이를 사용하는 것이 수용할 만한

---

* 진실로 내가 다른 곳에서 언급한 것처럼 미국 언론인들이 '폭력'이란 단어를 '승인받지 않은 힘의 사용'으로 규정한 이후 그렇게 하는 것은 거의 불가능하다. 덧붙이자면 간디가 비폭력에 성공한 부분적인 이유는 나중에 훌륭한 언론인들이 된 옛날 학교 친구들을 가지고 있었기 때문이다.

전술이라는 입장을 표시했다. 취재나 법적인 도움, 반대주장 없이는 간디주의 전술은 공개적으로 쉽게 패배하는 결과를 가져온다. 어떤 의미에서 간디의 목표인 "대중의식 깨우기"를 진전시키지 못하면 활동가들은 고문을 당하고 살해되었다. 이렇게 되면 간디주의 저항은 실패한 것이다. 이듬해에는 또 다른 활동가들이 시애틀에서의 WTO 회담을 봉쇄하기 위해 저항 캠페인을 계획하였다. 살림보호 캠페인의 베테랑들이 그들에게 주의를 주었으나 경찰의 횡포는 여지없이 드러났다. 경찰은 허가받은 언론들이 지켜보는 가운데 저항하는 이들을 쉽게 공격하고 고문을 했다. 이는 실제로 일어난 일이다. 살림보호 활동가들 중 다수는 결국 그 유명한 블랙 블록을 만드는 데 중요한 역할을 했다. 블랙 블록 참가자들은 요점을 재빠르게 간파했다. 예상된 공격이 시작되면 기업 창문을 부수는 계산된 캠페인으로 반격하였다. 창문을 부수는 것은 그 누구도 다치게 하지 않는다. 그러나 이러한 쟁점을 알리는 데는 성공하였다. 그들의 행동은 언론들이 비폭력 활동가들에 대해 경찰이 먼저 휘두른 경찰봉, 최루가스, 플라스틱 총탄, 페퍼스프레이 공격을 정당화하는 데 사용되었다. 그러나 경찰은 무엇을 하든 정당화시킬 것이다.

이것은 9.11 이전에도 부딪혀야 했던 역사이다. 비폭력 저항자들에 대한 경찰의 공격은 뉴스쿨 점거와 다른 이벤트들에서처럼 보다 더 체계적이고 강해졌다. 그럼에도 불구하고 점거운동을 위한 저항 계획에서 우리는 간디주의로 접근하기로 결정했다. 그리고 이번에는 움직임이 있었다.

소셜미디어의 부상이 일말의 차이를 만들었다. 시애틀에서는 활동가들이 웹 기반의 게릴라 보고를 하느라 비용이 많이 들었지만, 2011년이 되자 어디에나 있는 카메라폰, 트위터 계정, 페이스북, 유튜브를 이용해 순식간에 활동 이미지들을 몇 백만에게 보낼 수 있게 되었다. 토니 볼로

그나가 바리케이드 뒤에 있던 두 여성에게 무심하게 화학무기를 발사한 이미지는 거의 즉시 전국에 발송되었다. (인터넷에서 찾을 수 있는 대부분의 카메라폰 업로드는 백만 이상의 뷰를 가지고 있다.) 나는 여기에서 소셜미디어가 중요하다는 것을 부정하지 않는다. 그러나 여전히 왜 주류 언론매체가 공식경찰관의 관점만을 제시하는 일반적인 역할을 하지 않았는가는 설명해주지 않는다.

여기서 내가 말하고 싶은 것은 인터넷 콘텍스트가 결정적인 역할을 했다는 것이다. 인터넷의 또 다른 효과는 매체관계에 있다. 미국은 이전에 그랬던 것처럼 고립된 섬이 아니다. 처음부터 저항의 국제적인 범위는 미국의 범위를 넘어섰다. 국내 언론에서는 저항자들에 대해 무관심하지만, 영어권에서는 예를 들면 영국의 『가디언The Guardian』은 점거운동의 거의 첫날부터 점거자들의 배경과 소망에 관한 자세한 이야기들을 생산하기 시작했다. 알자지라, 카타르Qatar에 있는 위성뉴스 네트워크에서 온 기자들은 아랍의 봄에서 영상을 보내고 소셜미디어를 통해 풀뿌리들이 제공하는 국가폭력의 증언들을 보도하여 중요한 역할을 했다. 이들은 뉴욕에서도 카이로와 다마스커스에서 했던 것과 똑같은 역할을 하기 위해 즉시 현장에 등장하였다. 미국을 제외하고는 거의 모든 지역의 신문이 이들의 뉴스를 실었다. 이는 잇따라 바이아 주Bahia(브라질 북동부 – 역주)와 쿠아줄루나탈 주KwaZulu-Natal 같이 멀리 떨어진 곳의 유사한 점거 물결을 고양시켰을 뿐 아니라 중국 같은 예상치 못한 곳에서는 웹을 통해 외국 뉴스를 점검하면서 이벤트를 배운 좌익인민주의 그룹이 친월가정책을 표방하는 중국공산당에 반대하여 조직한 점거도 있었다.

10월 2일 브룩클린 다리의 봉쇄가 있던 바로 그날, 월가 점거운동은 50명의 중국지식인과 활동가들이 서명한 메시지를 받았다.

세계금융제국 심장부에서의 '월가혁명' 분출은 99%의 세계 민중-그들이 선진국에 있건 개발도상국에 있건 상관없이-이 착취당하거나 억압받고 있음을 보여주었다. 전 세계 민중은 자신들의 부가 강탈당하고 있고, 자신들의 권리가 박탈당하고 있음을 알게 되었다. 현재 경제양극화는 우리 모두에게 일반적인 위협이다. 민중과 엘리트 사이의 충돌은 모든 나라에서 발견할 수 있다. 그럼에도 불구하고 지금 대중적인 민주혁명은 세계화를 통해 각 나라의 지배계급만이 아니라 세계 엘리트가 형성한 억압을 만난다. '월가혁명'은 미국경찰이라는 억압을 만났다. 중국 역시 엘리트의 언론보도통제에 의해 고통 받는다….

반역의 불씨가 우리 모두에게 번져서 조금씩 부는 바람과 함께 타오르기를 기다리고 있다. 대중민주주의의 위대한 시기, 역사를 바꾸기 위한 시기가 다시 왔다![2]

이러한 종류의 열광에 대해 이해가 갈 만한 설명은 세상의 대부분 사람들처럼 반체제 중국지식인들도 주코티 공원에서 일어난 일을 지구를 휩쓸고 있는 저항의 물결의 일부로 본 것이다. 명백하게 세계금융기관과 그 위에 세워진 모든 권력 체제는 2007년에 거의 붕괴 직전까지 간 이후 계속 흔들리고 있다. 모두 대중적인 반발을 기다리고 있다. 튀니지와 이집트에서의 봉기가 그 시작이었을까? 아니면 전적으로 지역이나 지방의 봉기에서부터인가? 이 봉기들은 번져나가기 시작했다. 그 물결이 바로 '세계금융제국의 심장부'를 쳤을 때 그 누구도 중대한 무엇이 일어나고 있다는 것을 부정할 수 없었다.*

---

2 China Study Group, "Message from Chinese Activists and Academics,in Support of Occupy Wall Street," chinastudygroup.net, October 2 , 2011.

지금 소셜미디어와 인터넷 통합에 대한 열광은 미국 언론거품이 왜 순간적으로 터졌는지를 설명해준다. 그러나 이것만으로는 왜 결국 언론의 태도가 바뀌었는지 설명하기에 충분하지 않다. 예를 들면 CNN은 왜 점거를 주요 뉴스로 다루기 시작했는가? 미국 언론은 미국을 제외한 세계 모든 이들이 중요하다고 여기는 미국 북부에서 벌어진 현상을 미국 시청자들은 관심 없다고 결론 내린 악명 높은 역사를 가지고 있다. 이것이 좌파를 다루는 그들의 특징이다. 무미아 아부자말Mumia Abu-Jamal(급진적인 블랙판다운동 때부터 저널리스트 활동을 시작한 흑인 지식인으로서 흑인 민족주의운동에 영향력을 미치고 있다. 백인 경찰 살해혐의로 사형을 선고받고 복역 중이다가 경찰 살해혐의를 벗음으로써 2011년 종신형으로 감형되었다. 레이지 어게인스트 더 머신의 노래 「Guerilla Raido」는 그의 이야기다. 아부자말과 블랙판다의 다큐멘터리 「모든 권력을 민중에게」가 유럽에서 방영되었으며, 파리의 명예시민이기도 하다-역주)은 프랑스에서 널리 알려진 이름이다. 그러나 상대적으로 미국에서는 덜 알려져 있다. 그보다 더 놀라운 것은 노암 촘스키의 정치저작물이 전 세계 거의 모든 나라의 신문과 잡지의 주류매체에서 리뷰가 되고 있지만 미국에서는 그렇지 않다는 것이다.

　20년 전부터 줄곧 언론은 이러한 것들에 대해 미국에서 누구도 관심을 갖지 않는다고 결론을 내렸다. 나는 월가 점거운동에 대한 언론의 관심은 우익 대중주의자들인 티파티에게 주어진 거의 예측하지 못한 관심에 힘입은 것으로 보여진다. 티파티에 대한 언론의 엄청난 보도는 균형

---

* 나는 1년 전에 한 대만 여성이 2000년쯤 시애틀에서 일어난 WTO 반대시위 때 보인 반응을 기억하고 있다. "나는 미국은 언제나 자신들의 나라가 세계의 나머지 나라들을 위해 싸우려고 노력하는 예의바른 사람들이 있는 곳으로 확신하고 있었다. 나는 반대하는 그들 또한 존재해야 한다는 것을 알았지만 그들을 실제로 보지는 못했다."

문제에서 최소한의 제스처라도 있어야 한다는 감정을 만들었을 것이다. 언론보도 측면에서의 또 다른 사실은 언론이 월가 점거운동을 우익 티파티와 대비된 좌익 티파티 같은 윤곽으로 뭔가 형성하고 있다고 이해하고자 했던 MSNBC 같은 진정한 중도좌파가 얼마 없다는 것이다. 티파티는 자금지원을 받아 후보를 내고 입법 논제를 추구하는 정치적 그룹이다.(티파티는 2010년 공화당 후보 87명을 하원의원에 당선시켰다-역주) 언론의 주목이 시작할 때처럼 갑자기 멈춘 이유 중의 하나는 점거운동이 언론이 말하는 경로를 따라가지 않으려는 것이 명백해졌기 때문이다.

여전히 지금까지의 설명으로도 주류언론이 보도하기 전부터 왜 운동이 급속하게 미국 전역-알자지라가 나오지 않는 곳에서도-에 퍼졌는지를 설명하지 못한다.

|질문 2| 왜 운동이 미국 전역에 급속하게 퍼져나갔는가?

마리사 홈스는 물류와 촉진자 훈련 프로그램을 돕기 전 초기 점거운동 시기에는 대부분의 시간을 캠퍼camper들과 일대일 인터뷰를 하면서 보냈다. 인터뷰를 계속하는 동안 그녀는 캠퍼들로부터 비슷한 이야기를 듣게 되었다.

"내가 할 수 있는 모든 것을 다 했다! 열심히 일했고, 열심히 공부했고, 대학에 갔다. 그런데 지금 나는 실업자이고, 미래에 대한 전망도 없고, 2만 달러에서 5만 달러의 빚이 있다."(미국 대학의 1년 수업료는 1만 5천 달러에서 4만 달러이며, 절반이 넘는 학생들이 대출을 받아 학교를 다닌다-역주) 캠퍼들 중 일부는 견실한 중산층 가족 출신이다. 재능이 있고 스스로의 결정에 의해 대학을 가기로 한 상대적으로 괜찮은 배경을 가진 아이들의 현실이 그랬다. 그들의 삶은 현재 세계 경제를 파괴한 금융산업에 저당잡혀 있다. 그리고 일자리가 거의 없는 고용시장에 들어가려 하고 있다. 이런 이야기들은 내 심금을 울렸다. 나는 내 삶을 활동가와는 별개로 작가로서 유지하려고 했으나 점점 더 어려워져가는 것을 알았다. 나는 참석한 꽤 많은 수의 젊은이들과 매번 대화를 나누었는데, 끝난 후 최소한 한두 명은 학자금 대출 쟁점에 대한 운동을 만드는 전망에 대해 물어보려고 내게 왔다. 부채에 관한 연구 주제 중 하나는 부채가 일으키는 대출자에 대한, 좀 더 들어가면 부채를 진 그들 스스로에 대한 도덕적 감정의 강렬함에 권력이 놓여 있다는 것이다. 그들의 표현에 의하면 수치, 치욕의 감정과 폭력적인 분개가 있다. 이것은 누구도 강요하지 않은 게임에서 패배한 사람과 같다. 당연히 자신의 남은 생애 전부를 접시를 닦거나 점원을 하면서 보내고 싶지 않은 사람—다른 말로 하면 아무런 혜택이 없는 일에서는 한 사람의 삶이 단 하나의 보이지 않는 질병으로도 파괴될 수 있다—이 고등교육을 받는 게 필수라고 믿도록 되어 있었다. 이것은 그가 자신의 삶을 사실상 채무자로서 시작해야 한다는 것이다. 채무자로서의 삶을 시작하는 것은 이미 삶에서 패배한 것처럼 다루어지게 된다는 것이다.

내가 여행을 다니면서 들은 이야기의 일부는 비정상적인 것이었다. 내가 특별히 기억하고 있는 것은 서점에서 일을 그만둔 후 나를 찾아온 심각한 표정을 한 젊은 여성이었다. 그녀는 중산층 출신으로, 아이비리그에서 르네상스문학으로 박사과정을 밟았다. 그러나 결과는? 그녀는 8만 달러의 부채가 있었고, 단 한 달치의 집세도 낼 수 없는 보조직 외에는 당장 어떤 전망도 없었다.

"그래서 내가 어떻게 해야 했는지 아세요?"

그녀가 내게 물어보았다.

"나는 에스코트예요! 이 일이 빚 독촉에서 벗어나기 위해 돈을 벌 수 있는 유일한 방법이었어요. 그렇다고 내가 막나간다고 보지 마세요. 나는 대학원에서 잠시 보낸 시간을 후회하지 않아요. 그러나 이것이 아이러니라는 건 인정하셔야 해요."

"예"라고 나는 대답했다.

"인적자원의 주목할 만한 낭비라고까지 말할 필요는 없어요."

아마도 내게 충격을 준 이미지는 내 개인사 때문인 듯하다. 나는 가끔 내가 오직 열심히 일해서 실제로 학계 엘리트에 들어가 지적 성취를 이룬 미국 노동계급의 마지막 세대를 대표한다고 생각한다. (내 경우도 그것은 일시적인 것으로 드러났다.) 부분적으로 그 여성의 이야기는 부채가 단지 고생이 아니라 수모라는 것을 뼈저리게 느끼게 하기 때문이다. 우리 모두는 뉴욕 시에서 어떤 부류의 인간들이 비싼 에스코트를 쓰는지 알고 있다. 2008년 직후 월가에서 코카인과 섹스 서비스에 돈을 쓰는 것을 어느 정도 줄인 것처럼 보인 순간이 있었다. 그러나 구제금융을 받고 난 후 다시 재빠르게 값비싼 자동차와 보석에 돈을 쓰기 시작했다. 이 여성은 바로 자신에게 돈을 빌려준 사람들의 성적 환상을 충족시켜주는 것이 대출을 갚을 수 있는 유일한 방법이 되었다. 그리고 그녀의 가족이 낸 세금은 바로 그들의 은행을 구제해주었다. 게다가 그녀의 경우는 평범하지 않지만 국가 전체에 퍼져 있는 한 예일 뿐이다. 부채에 갇혀버린 여대생들(기억해보자. 오늘날 미국에서 고등교육을 받으려고 하는 대다수는 여성이다)이 마지막이자 절망적인 수단으로 몸을 파는 것이 점점 증가하고 있다.

학자금 대출이나 수업료 때문에 도움을 원하는 이들을 슈가대디sugar daddy(성관계를 목적으로 딸 같은 여자에게 선물과 돈을 주는 중년 남자-역주)와 맷

어주는 데 특화된 한 웹사이트의 매니저는 이미 28만 명 정도가 등록되어 있다고 했다. 그리고 이들 중 교수가 되려는 여성은 거의 없다. 대부분 보건, 교육, 사회복지 분야에서 무난한 경력을 갖추는 것 이상을 원하지 않는다.[3]

다음은 내가 『가디언』지에 왜 점거운동이 매우 빠르게 확산되었는지에 대한 글을 기고했을 때 내 마음속에 있던 이야기들이다. 이 글은 왜 점거운동이 일어날 수밖에 없는지를 보여준다.

우리는 미국 신세대의 반항적인 자기권리 주장의 시작을 보고 있다. 이 세대는 직업과 미래 없이 자신들의 교육을 마칠 것으로 예상하고 있다. 그리고 여전히 엄청나게 많은 탕감되지 않을 부채를 지고 있다. 내가 목격한 바로는 대부분 노동계급이거나 중산층 배경의 아이들로 자신들이 해야만 한다고 들은 대로 공부하여 대학을 갔다. 그러나 지금은 그에 대한 처벌을 받기 시작한 것뿐만 아니라 모욕을 당하고 있다. 백수나 양아치 취급을 받는 삶에 직면한 것이다. 그런 그들이 자신들의 미래를 훔친 대금융사업자들과 할 말이 있다는 것이 과연 놀라운 일인가?

유럽에서처럼 우리는 거대한 사회적 실패의 결과를 보고 있다. 점거자들은 아이디어가 넘치는 바로 그 사람들이다. 건강한 사회라면 그들의 에너지를 모든 이들의 삶을 개선하는 데로 모을 것이다. 그렇지 못하기 때문에 그들은 지금 그

---

3 Amanda Fairbanks, Seeking Arrangement: College Students Seeking 'Sugar Daddies' to Pay Off Loan Debt," huffingtonpost.com , July 29, 2011. 미국에 대한 수치는 없지만, 최근 영국의 조사는 놀랍게도 52%의 여자 대학원생들이 학비를 내기 위해 성매매를 하는 것으로 드러났다. 1/3 미만은 노골적으로 매춘업을 한다.

에너지를 체제를 붕괴시키는 것을 상상하는 데 사용하고 있다.[4]

　운동은 재학생들과 갓 졸업한 학생들을 넘어 다양화되기 시작했다. 내 생각에 많은 이들은 부채와 박탈당한 미래가 운동 참가에 대한 관심과 핵심동기로 이어졌을 것이다. 이는 점거운동이 너무나 자주 비교되던 티파티와 대비된다는 것을 말해준다. 인구통계학적으로 티파티는 중년의 안정된 사람들의 핵심운동이다. 2010년 한 통계에 의하면 티파티의 78%는 35세 이상이고, 이들 중 절반은 55세 이상이다.[5] 이것은 왜 티파티 사람들과 점거자들이 일반적으로 부채에 대해 완전히 반대되는 시각을 가지고 있는지를 설명하는 데 도움을 준다. 실제로 두 그룹은 정부의 대형 은행 구제에 대해 반대한다는 원칙을 가지고 있다. 그러나 티파티의 경우 이것은 대개 수사일 뿐이다. 티파티의 진짜 기원은 2009년 1월 19일 시카고상품거래소Chicago Mercantile Exchange에서 CNBC 리포터인 릭 산텔리Rick Santelli가 정부가 곧 빚을 진 주택 소유자들을 지원할 것이라는 소문에 대해 공공연히 비판하는 널리 알려진 영상으로 거슬러 올라간다. "여러분은 진실로 패배자들의 모기지를 지원하기 원합니까?"라고 물은 뒤 산텔

David Graeber, "Occupy Wall Street Rediscovers the Radical Imagination," The Guardian, September 25, 2011.

5 "티파티 지지자들은 나이 든 백인 남성이 많은 것 같다. 모든 설문 응답자의 32%와 비교하면 40%는 55세 이상이고, 단지 22%만이 35세 이하이다. 79%는 백인이며, 61%는 남자이다. 또한 대부분 기독교 근본주의자들이다. 모든 설문 응답자의 33%와 비교하면 44%는 스스로를 '다시 태어난 사람(그리스도인-역주)'으로 규정했다. "Heidi Przybyla, "Tea Party Advocates Who Scorn Socialism Want a Government Job," Bloomberg, March 26, 2010, citing a poll by Selzer & Company taken in March 2010.

리는 이렇게 덧붙였다.

"여기는 미국입니다! 여러분 중 얼마나 많은 이들이 세금을 낼 수 없는 당신 이웃의 모기지를 갚아주기 원합니까?"

다른 말로 하면 티파티는 최소한 스스로를 채권자라고 상상하는 사람들의 그룹이다. (금융 패배자들에게 보조금을 주는 오바마의 계획에 반대하기 위해 200년 전 보스턴 티파티 역사에서 차를 던져버린 것처럼 미시간 호수에 증권을 내던져버리자고 주장하여 '티파티'란 용어가 생겼다.-역주)

이와 비교하면 점거운동은 미래지향적인 청년운동이 핵심이었고 지금도 그러하다. 그들 삶에서 멈추어버린 미래지향적인 사람들의 그룹이었다. 그들은 철저하게 법에 따라 움직였다. 그리고 확실하게 자신들이 영원한 굴욕의 삶으로 강등되고 있을 때, 금융계급이 법을 지키지 않고, 부정한 투기로 세계경제를 파괴하고, 정부의 즉각적이고 대대적인 개입을 통해 구제받고, 거대한 권력을 휘두르며 그 이전보다 더 존경받는 것을 보았다. 그 결과 청년들은 미국의 세대들 중에서 그 누구보다 기꺼이 급진적인 입장들을 대규모로 수용하게 된 것이다. 계급정치에 명쾌하게 호소하고 기존 정치체제의 완전한 재구축, 즉 (최소한 많은 이들에게는) 자본주의를 개혁하는 것이 아니라 그것을 완전히 해체하자고 요청했다.

•

혁명운동이 이러한 상황에서 일어나는 것은 결코 새로운 일이 아니다. 몇 세기 동안 혁명적 연합은 언제나 부모세대의 가치를 거부하는 전문직 계급의 아이들과 부르주아교육을 받고자 했으나 부르주아 교육만으로는 실제로 부르주아의 일원이 되는 것이 아니라는 것을 알게 된 대중계급의 재능 있는 아이들의 연합으로 구성되었다. 이러한 경향은 나라마다 계속해서 반복되는 것으로 알고 있다. 저우언라이는 마오쩌둥을 만났고, 체 게바라는 피델 카스트로를 만났다. 미국의 대게릴라전counterinsurgency 전문가들은 어떠한 나라에서든지 혁명이 무르익는 확실한 징조는 실업인구의 증가와 빈곤에 빠진 대학생이라는 것을 오래전부터 알고 있었다. 이는 역사적으로 정력적이고 폭발적인 청년들이 충분한 시간과 분노할 모든 이유를 갖추고 급진적인 사상에 접근한다는 것이다. 미국에서는 이러한 폭발적인 요소들에 학자금대출 체제의 금융 약탈을 더할 수 있다. 이는 새로운 혁명가들이 은행을 자신들의 제1의 적으로 규정하거나 그들 미래 삶의 모든 측면을 궁극적으로 통제하는 은행체제를 유지하는 연방정부의 역할-학자금대출을 유지하고, 심지어 파산을 당하더라도 대출금이 그들의 머리 위에 영원히 있을 것이라고 확인시켜주는-을 이해하는 데 확신을 준다. 미국의 세대정치학에 대해 자주 글을 올리는 n+1의 맬컴 해리스Malcolm Harris는 이렇게 적었다.

> 오늘날 학생들의 부채는 형벌 같은 것이다. 파산을 통해 피해갈 수 없을 뿐 아니라 학자금대출은 만료기간이 없으며 채권자는 임금, 사회보장지급비, 심지어 실업급여도 압류할 수 있다. 채무자가 채무불이행을 하여 보증기구guaranty agency(대출금을 빌려주는 연방정부와 학생 사이를 중개하는 역할을 한다-역주)가 연방정부로부터 권한을 양도받으면 그때부터 보증기구는 회수할 수 있는 그 무엇이라도 가져간다. (이미 자신들이 본 손실을 모두 보상받아도 그렇다.) 에이전시들에게는 금융혜택을 주어서 학생이었던 이들을 무덤까지 쫓아간다.[6]

---

6 Malcolm Harris, "Bad Education" n+1 magazine, April 25, 2001.

이것이 놀랄 일이 아닌 것은 지금도 우리가 헤어나려고 하는 2008년 불황 때 젊은이들이 가장 인상적인 희생도구였다는 것이다. 사실상 이 세대의 전망은 역사적으로 보면 경제가 붕괴되기 전부터도 극히 드물게 우울하였다. 미국에서 1970년대 후반에 태어난 세대는 그들의 부모들보다 생활수준의 전망이 낮은 첫 세대이다. 2006년 이 세대는 그들의 부모들이 비슷한 나이였을 때보다 거의 대부분의 기록에서 더 나빠졌다.

그들은 임금도 더 낮고 혜택도 더 적다. 빚도 더 많고, 실업이나 감옥에 있는 비율이 훨씬 높다. 학교를 마치고 노동력이 된 사람들은 그들의 부모들이 찾은 일보다 급여는 더 낮고 혜택은 더 적은 일을 기대할 수밖에 없다. (1989년에 63.4%의 고학력졸업자들은 건강보험의 혜택을 받는 일을 가질 수 있었으나 20년 후인 지금은 33.7%이다.) 대학을 마치고 노동력이 될 이들은 더 좋은 직업을 찾겠지만, 고등교육비용은 미국 역사상 어떤 상품보다 가격상승이 높았기 때문에 이 세대의 점점 더 많은 숫자는 비틀거릴 정도의 부채와 함께 졸업했다. 1993년 학교를 졸업한 이들 중 절반 미만은 빚을 진채 학교를 떠났지만, 지금은 그 비율이 2/3가 넘는다. 기본적으로 이들 대부분은 뜻하지 않게 자산상으로는 엘리트이다.

이것의 직접적인 효과는 미국인의 삶에서 진정한 자유를 누릴 수 있는, 단지 4년밖에 안 되는 단 한 번의 대학 시기의 경험 그 자체에서 가장 소중한 진리, 아름다움, 그들 스스로에 대한 가치를 이해하는 시간뿐만 아니라 삶과 존재에서 다른 가능성에 대한 실험을 대부분 파괴해버린 것이다. 지금 이 모든 것들은 시장논리에 가혹하게 종속되었다. 한때 부의 진정한 목적은 지식과 세계에 대한 이해를 추구하는 도구와 여유를 주는 것이라고 가르치던 고대의 이상적인 구현체로 스스로를 체현하던 대학 지식이 현재는 부를 추구하기 위한 정당한 도구가 되었다. 대학을 계산할 수 있는 투자로 결코 취급해서는 안 된다고 주장하는 이들-불안정한 고용시장에도 불구하고 영국 르네상스 시기의 시의 감수성을 이해하기 원하는 무모함을 가졌던 그 여성과 같은 이들-은 끔찍한 개인적 비용을 치르게 된다.

그래서 초기에 점거운동을 전파하기 위한 설명은 아주 쉬웠다. 시간 많고 화낼 모든 이유가 있는 젊은이들-가장 창조적이고 이상적이고 정력적인 이들-이 가장 화가 많이 났기 때문이다. 그러나 이것은 초기의 핵심일 뿐이다. 운동이 되기 위해서는 더 많은 계층에게 호소해야 한다. 그리고 다시 재빠르게 이 일이 일어나기 시작했다.

여기에서 우리는 비범한 것을 목격했다. 학생들을 넘어서서 가장 빠르게 대오를 갖춘 구역은 다름 아닌 노동계급이었다. 운동이 경제적 불평등을 강조한 것을 고려한다면 놀라운 일은 아닐지 모른다. 그러나 사실 역사적으로 미국에서 계급대중주의의 전적인 호소에 성공한 이들의 대부분은 우익으로, 금권정치보다는 교수들에게 초점을 두었다. 점거가 있기 몇 주 전 몇몇 블로그들은 교육부채 구제에 대한 호소를 방자한 엘리트들의 징징대는 소리로 보는 경멸적인 내용으로 뒤덮였다.[7] 역사적으로 빚을 진 졸업생들의 사정이 뉴욕시운수노동조합 회원들의 가슴에 바로 호소하는 의제가 된 적이 거의 없었다는 것은 사실이다. 그러나 이번에는 명확했다. 운수노동조합Transit Workers Union의 지도자들만이 점거 초창기부터 가장 열정적인 지지자들 중 일부였던 것이 아니라 평조합원들로부터도 열렬한 지원을 받았다. 그들은 실제로 뉴욕경찰이 브룩클린 다리를

---

7 논쟁은 8월 19일 괴짜경제학 블로그(Freakonomicsblog)에서 시작되었다. Justin Wolfers, "Forgive Student Loan Debt? WorstIdea Ever" www.freakonomics.com.

봉쇄한 점거운동 활동가를 체포하기 위해 자신들의 버스를 징발한 것에 대해 고소했다.* 이는 세 번째 중요한 질문으로 이어진다.

|질문 3| 왜 1967년, 심지어 1990년에도 거의 일어나지 않았던 부채를 진 교육받은 젊은 세대의 저항이 미국 노동계급의 공감을 얻게 되었는가?

이 중 일부 원인은 아마도 학생들과 노동자들 사이의 선이 어느 정도 흐려진 데 있다. 대부분의 학생들은 학창시절에 학자금을 내거나 갚기 위해서 최소 임금을 받으며 일을 한다. 이러한 상황은 상당수의 졸업자들도 거의 비슷하다. 그 결과로 젊은 노동빈민들은 지금 돈이 없어 학위를 마치지 못했지만, 학창시절에 진 부채를 여전히 갖고 있으며, 노동시장은 점점 복학을 꿈꾸는 낙오자들로 채워지고 있다. 그렇지 않으면 자신들이 할 수 있는 최선을 다해 파트타임 일을 하면서 파트타임 수업을 하는 곡예를 계속하고 있다.[8]

---

* 나는 여기에 다른 요소들도 있음을 적어야겠다. TWU는 역사적으로 미국에서는 아프리카계 미국인 조합이고, 극단적으로 유색인종이나 그들을 대표하는 기구와 어떤 일도 하지 않는 백인 현상에 대해 배타적인 반지성 대중주의이다. 그러나 대부분 백인들이 조합원인 다른 많은 조합들도 점거운동을 지원했다.

8 일부 기막힌 사례는 Anya Kamentz, Generation Debt: Why Now Is a Terrible Time to Be Young (New York: Riverhead Books, 2006)에서 볼 수 있다. 흥미롭게도 이 현상은 점거가 시작될 무렵 뉴스에 많이 보도되었다. 예를 들면 The New York Times: "College Graduation Rates Are Stagnant Even as Enrollment Rises, a Study Finds"(Tamar Lewin, September 27, 2011, p. A15). 예가 되는 구절은 다음과 같다. 숫자는 분명하다. 텍사스에서는 공립대학에 진학

내가 이 이야기를 『가디언』지에 기고했을 때 토론 섹션은 경멸적인 코멘트로 가득 찼다. 버릇없는 아이들이 다른 누군가의 돈으로 살아가고 있다는 것이다. 코멘트를 남긴 사람 중 한 명은 여성 저항자들이 언론 사진에서 붉은 머리를 하고 있는 사실에 집착했다. 이것은 시위자들이 '진짜' 미국인과는 거리가 있다는 증거로 제시되었다. 이런 코멘트를 남긴 사람들에 대해 명확한 것은 그들이 뉴욕에서 시간을 오래 보낸 적이 없다는 것이다. 히피로 정립되는 1960년대의 방식-긴 머리, 마리화나 파이프, 떨어진 티셔츠-은 1980년대에는 일반적으로 미국 소도시 노동계급 청년의 모습이 되었다. 1980년대의 펑크운동, 붉은 머리, 문신, 피어싱 등의 스타일은 오늘날 미국 대도시에서 불안하고 불안정하게 고용된 노동계급에 똑같은 역할을 했다. 잠깐만 시간을 내서 누군가의 커피를 준비하고, 누군가를 위해 택배 일을 하고, 누군가의 가구를 나르는 이들을 둘러보면 바로 알 수 있다.

1960년대의 '히피들과 안전모hard hat(노동자-역주)'들은 서로 반감을 갖았지만, 그러한 불안정한 동맹이 소멸된 이유는 부분적으로는 문화적 장벽이 극복된 데 있고, 또한 노동계급 자체의 구성이 바뀌었기 때문이다. 착취가 심해지고 고등교육체계가 어긋나면서 노동계급 중에 젊음의 요소들은 더 많이 엉켜들어갔다. 그러나 또 다른 이유로 내가 추측하는 것은 좀 더 비판적인 요소이다. 이것은 자본주의 자체가 가진 본질의 변화이다.

한 100명 중 79명이 community college에서 시작하고, 오직 2명만이 제때 2년간의 학위를 받는다. 4년이 지난 후에도 오직 7명만 졸업한다. 4년제 대학에 진학한 나머지 21명 중 5명이 제때 졸업하고, 8년이 지나면 13명만이 학위를 받는다. Pew Research Center에 따르면 학위를 받지 못하는 이유에 대해 2/3는 자신들의 학비를 벌면서 가족을 부양하는 것을 동시에 하는 것이 불가능했기 때문이라고 보고했다. Pew Research Center "Is College Worth It?" May 16, 2011.

최근 몇 년간 자본주의 금융화에 대한 많은 이야기들이 있었다. 심지어 '일상의 금융화'라는 판본들도 꽤 나왔다. 미국과 유럽의 대부분에서 이는 탈산업화에 의해 성취되었다. 미국 경제는 더 이상 수출이 아니라 대부분 해외에서 생산한 것을 금융 조작의 다양한 형태로 지급하여 소비하는 것에 의해 움직인다. 이는 일반적으로 경제에서 FIRE[금융Finance, 보험Insurance, 부동산Real Estate] 부문이라 칭해지는 것의 지배로 일컬어진다. 예를 들면 미국 기업 이윤의 총합계에서 금융이 차지하는 비율만 1960년대 이후 3배가 늘었다.

1965	1970	1975	1980	1985	1990	1995	2000	2005
13%	15%	18%	17%	16%	26%	28%	30%	38%

이 표조차 신중하게 숫자를 낮게 추정한 것이다. 이는 오직 명목상으로 금융회사들만 계산한 것이기 때문이다. 최근 몇십 년 동안 대부분의 제조업체들은 금융산업을 했고, 이 부분은 역시 그들의 수익에서 많은 부분을 차지한다. 이것은 자동차산업이 2008년 금융붕괴 때 도산한 이유이기도 하다. 한 예로 포드와 GM 같은 기업들은 몇 년간 그들 이윤의 대부분을 차를 만드는 데서 버는 것이 아니라 금융에서 벌어들이고 있었다. 2005년에는 총 기업 이윤의 38%가 금융회사들에서 나왔다. 비금융인 회사들의 금융 관련 이윤을 계산하면 실제 비율은 아마도 절반이 넘을 것이다. 그럭저럭 산업에서 벌어들이는 이윤은 7~8% 정도밖에 되지 않을 것이다.*

---

* 기술적인 수치는 12.5%이다. 그러나 이는 제조회사의 금융부문을 금융 이윤이 아닌 '제조' 이

1953년에 GM 회장인 찰스 어윈 월슨Charles Erwin Wilson은 유명한 말을 했다.

"GM에게 좋은 것은 미국인에게 좋다."

이는 오랫동안 기업의 오만함을 나타내는 궁극적인 발언으로 계속 인용되어왔다. 돌이켜보면 그 말이 무엇을 의미했는지 더 쉽게 알게 되었다. 그 당시 자동차산업은 어마어마한 이윤을 창출했다. GM 같은 회사와 그들 임원에게 흘러들어 간 돈 중 상당 부분이 바로 정부의 금고에 세금으로 들어갔다. (드와이트 아이젠하워 대통령 시절의 정기적인 기업세율은 52%였다. 개인세율 순위에서는 기업 임원들이 91%를 차지했다.) 당시 정부세입의 큰 비중을 차지하는 부분들은 기업세금으로부터 나왔다. 높은 기업세금은 임원들에게 높은 임금을 주도록 격려했다. (정부가 어떻게 하든 가져갈 것이라면 경쟁력 있는 혜택과 충성심 높은 피고용인들을 최소한의 비용으로 얻을 수 있는데 왜 이윤을 노동자들에게 분배하겠는가?) 정부는 세입을 다리, 터널, 고속도로를 건설하는 데 사용하였다. 이러한 건설 프로젝트들은 자동차산업에만 혜택을 준 것이 아니다. 더 많은 일자리를 만들었고, 정부가 계약자들에게 정치가들을 부유하게 만들 기회를 주었다. 정치가들은 이러한 노획물들을 어마어마한 뇌물과 리베이트로 분배했다. 특히 장기적으로 보면 그 결과는 생태학적으로 재앙이었다. 그러나 당시에는 기업의 성공, 세금, 임금의 관계는 영원한 번영과 성장의 확실한 엔진이었다.

반세기가 지나 우리는 완전히 다른 경제적 우주에 살고 있다. 산업에서 얻은 이윤은 축소되었다. 임금과 혜택은 정체되거나 줄어들었다. 토대는 점점 허물어지고 있다. 그럼에도 불구하고 1980년대에 의회가 대금법

윤으로 계산한 것이다.

을 폐지했을 때(미국 법원과 경찰은 이자가 연간 300% 정도인 높은 대출을 강요하는 세상으로 가는 길을 열었다. 이전에는 조직범죄로서만 가능한 계약이었다), 함께 허용한 것은 어떠한 기업이라도 금융사업을 할 수 있도록 한 것이다. 앞의 구절에서 '허용'이란 말이 이상하게 들리지 않을지도 모른다. 그러나 일상적으로 쓰는 언어로 심각성을 속이는 것이 그들이 자주 사용하는 방법임을 이해하는 것이 중요하다. 예를 들면 우리는 일반적으로 금융에 관한 입법의 변화를 기업이 원하는 대로 시장활동을 할 수 있도록 하는 '탈규제'의 문제로 이야기한다. 그러나 진실인 것은 하나도 없다. 어떤 기업이 금융서비스산업의 한 부분이 되도록 허락함으로써 정부는 기업이 돈을 만들 권리를 준 것이다. 일반적으로 말하면 은행, 다른 대출자들은 자신들이 이미 가진 돈을 다른 곳에 빌려주는 것이 아니라 대출을 받아 돈을 만든다. (이는 헨리 포드가 언급한 현상이다. 헨리 포드는 만약 미국인이 은행이 실제로 어떻게 움직이는지를 알게 되면 "내일 아침이 되기 전에 혁명이 일어날 것이다"라는 유명한 말을 했다. 연방준비은행은 돈을 만들고 지급준비금으로 모든 이들에게 10달러를 빌려줄 수 있도록 은행들에게 대출을 해준다. 그래서 효과적으로 그들이 돈을 만들 수 있도록 허용하는 것이다.) 실제로 자동차회사의 금융부문은 돈을 만드는 데 제한을 받았다. 그러나 새로운 입법은 그들이 이익, 요금, 벌금에서 막대한 이윤을 얻을 수 있도록 허용하였다. 그리고 결국 이러한 금융 관련 이윤들은 차에서 나오는 이윤을 작게 만들었다. 동시에 GM, GE 같은 회사들, 대형 은행들은 많은 경우 연방세를 전혀 내지 않는다. 그들의 이윤이 연방정부로 갔다면 뇌물의 형태로 직접 주어서-뇌물은 '기업로비활동'이라는 이름으로 둔갑한다-정치가들에게 더 많은 입법을 하도록 납득시킨다. 이러한 입법은 종종 기업이 작성하며, 부채의 거미줄에 갇힌 시민을 더 많이 쥐어짜도록 촉진시킨다. 그리고 미국 국세청은 더 이상 기업으로부터 적합한 만큼의 세입을 거둬들이지 않고 있다. 정부 또한 직접 시민의 수입으로부터 돈을 짜내는 사업을 늘려가고 있다. 재정난에 처한 지방정부의 경우에는 요금이나 벌금을 몇 배로 늘리는 유사한 캠페인을 통해 돈을 짜낸다.[9]

1950년대의 기업과 정부의 관계가 미국인이 만들어야 할 신비스러운 '자유시장 자본주의'에 거의 유사한 것이라고 한다면 최근의 상황은 왜 우리가 여전히 '자본주의'라는 용어를 쓰는지 이해하기 힘들다.

학창시절에 나는 자본주의가 개인회사들이 다른 이들을 고용해서 생산하고 물건들을 판매함으로써 이윤을 창출하는 체제라고 배웠다. 한편 큰손들이 쉽게 다른 이들의 부를 힘에 의한 위협으로 직접 착취할 수 있는 체제는 '봉건제'라고 배웠다.* 이 정의에 의하면 우리가 '월가'라고 부르는 것은 거래와 봉건지대, 좀 더 노골적으로 말해서 사기와 강탈을 위한 단순한 어음교환소로 보인다. 진정한 1950년대식의 산업자본가들은 인도, 브라질, 공산주의 중국 같은 곳에 의해 점점 더 활동을 제한받고 있다. 물론 미국은 제조업 기반을 계속 고수하는데 특히 군수, 의료기술, 농

---

* 유사하게 사회이론가 막스 베버는 "군사적 정복 … 세금징수인, 투기꾼들, 돈다발을 세는 자들"의 "비합리적 정치자본주의"를 논했다. 고대로마가 역사적으로 멸망한 이유는 궁극적으로 기생하는 국가였고, 현대 산업자본주의의 합리적 투자 같은 것은 전혀 가지고 있지 않았기 때문이다. 베버의 논리에 의하면 투기꾼, 외환딜러, 정부계약자가 지배하는 당대의 세계자본주의는 오래전에 막다른 비합리적 다양성으로 퇴화되었다.

9 두드러진 예는 캘리포니아의 스톡턴(Stockton)으로, 2012년 초 파산선고를 했다. 이 도시는 엄청나게 늘어난 '법 집행'을 통한 세입으로 채무를 갚을 것이라고 발표했다. 필연적으로 주차료, 손질하지 않은 정원에 대한 벌금, 낙서를 빠르게 제거하지 않은 것에 대한 벌금 등이다. 이러한 벌금은 피할 수 없이 노동 빈민들에게 억울하게 부과된다. 다음을 참조하라. "Stockton Largest U. S. City Going Bankrupt," Daily News, June 26, 2012.

장시설이다. 기업이윤의 발생 차원에서는 군수생산을 제외하고는 이러한 산업들은 점점 더 미미한 역할을 할 뿐이다.

2008년 공황 때 정부가 한 일은 부패나 바보 같은 대출에 의해 어려움에 빠져 있었으면서도 '대마불패' 기관들이 돈을 찍을 권리를 허용한 것뿐만 아니라 그들이 구제받을 수 있도록 거의 무한정으로 돈을 만드는 것을 허용했다. 이는 뱅크오브아메리카 같은 기관들이 새돈으로 자신들이 구제받는 데 투표해준 바로 그 정치가들에게 돈을 분배하는 것을 허용한 것이다. 그래서 로비스트들이 "그들을 구제"하도록 하는 법안을 작성할 권리를 보장해주었다. 이런 점에서 세계경제를 거의 파괴하였음에도 연방정부가 뒤를 봐주는 금융기업은 정부의 일부분이라고 밖에는 생각할 수 없다.

일반인들의 수입 중 막대한 부분은 숨겨진 요금과 특히 벌금을 통해 이런 육식체계를 먹여 살리는 것으로 끝난다. 예전에 나는 메이시Macy백화점의 점원이 120달러짜리 라이방 선글라스를 사기 위해 고객카드를 만들라고 해서 이를 허용했던 기억이 있다. 나는 여행을 더 해야 했기에 그 지역을 떠나기 전에 결제하기 위해 수표를 보냈다. 그때 2.75달러의 세금을 잘못 계산했는데, 몇 달 후 여행에서 돌아오니 약 500달러의 연체료를 물게 되었다. 우리는 이런 숫자를 계산하는 데 익숙하지 않다. 이런 것들은 부채보다 훨씬 더 큰 업보로 보이기 때문이다. 이러한 경우 우리는 이를 지불할 수밖에 없는데, 그 이유는 우리가 무엇인가 잘못한 게 있기 때문이다(내 경우에는 합계를 잘못 계산했고, 내 해외주소로 계산서 보내는 것을 게을리했다). 사실상 전체 체제는 우리가 잘못했다는 것을 확신하도록 작동한다. 기업이윤의 전체 체제가 여기에 의존하기 때문이다.

의심할 여지 없이 산업의 보호자는 이들 중 일부는 합법적인 것—예를 들면 부동산중개료—이라고 주장할 것이다. 그러나 많은 경우 이러한 중개료는 아파트를 스스로 찾은 세입자들에게도 부과된다. 부동산 부문은 이러한 이용료를 내지 않고서는 사실상 아파트를 취득할 수 없도록 만든 법을 강요했다. 최소한 이러한 이용료가 최근 몇십 년간, 제공하는 서비스가 증가하거나 개선되는 것 없이 엄청나게 증가했다는 것은 명백하다.

미국 가족의 평생 수입 중에 이자, 벌금, 요금, 서비스이용료, 보험간접비, 부동산중개료 등의 형태로 금융서비스산업으로 흘러들어가는 돈은 과연 얼마나 될까? 수치는 단순한 계산이 불가능하지만. 연방준비은행의 '채무비율'은 지난 10년간 미국 가구 평균 수입의 대략 18%를 대출서비스나 그와 유사한 빚을 갚는 데 쏟아부었다고 보고했다. 여러 가지 면에서 부적당한 수치인데(이는 원금상환과 부동산세금을 포함하지만, 벌금과 요금은 배제한다), 대충 감을 잡을 수 있을 것이다.

이는 이미 대부분의 미국인이 자신들이 버는 5달러 중 1달러를 여러 가지 형태로 바로 월가로 날라다주고 있다는 것을 의미한다. 이는 여러분이 '월가'를 대중적인 감으로, 금융부문 전체를 대표하는 암호명으로 파악할 때 그렇다. 그러나 물론 '평균적인 미국인'은 실제로는 존재하지 않는다. 금융산업의 약탈은 불균등하게 떨어진다. 우선 이 돈의 많은 부분은 금융회사의 임원들에 의해 쉽게 착복되며(은행가의 상여금 등), 일부는 주식배당 형태로 분배된다. 그러나 모두에게는 아니다. 경제가 붕괴되기 전 모든 이들이 월가와 관여되었다는 자각은 있었다. 자본주의는 모든 미국인이 자신들의 투자와 퇴직금 계정을 갖게 함으로써 개인을 한통속으로 끌어들였다. 그리고 이러한 사실은 언제나 무턱대고 과장되게 이용된다. 그리고 붕괴 이후 401(k)s(국세청 코드 401: 급여소득자의 퇴직적립금에 대한 특별면제조치조항-역주)가 어마어마한 타격을 입었으나 대형투자자들은 곧 회복하였다. 우리는 더 이상 여기에 대해 왈가왈부하지 않는다. 누구도 이윤체계가 여전히 변함이 없다는 것을 부정할 수 없다. 돈을 분배하는 방법에서 이들은 이미 사슬의 맨 위에 있다. 부유한 미국인은 금융부문에 고용되어 있지 않더라도 순수한 승리자로 남는다. 다른 대부분의 사람들은 이들이 빨아들인 수입의 일정 부분만을 가진다.

한편 금융 먹이사슬의 가장 밑에 있는 이들-인종, 성, 나이, 직업 등 여러분이 어떻게 측정하더라도-은 수입의 상당 부분을 더 많이 그들에게 지급하는 것으로 끝난다. 2004년 18~24세 인구는 수입의 22%를 부채지급에 사용했다(이는 원금을 포함하나 서비스이용료, 요금, 벌금은 포함하지 않았다). 학생대출에 가장 영향을 많이 받는 그룹인 25~34세는 수입의 40%보다 더 지급하는데, 상황은 점점 더 나빠지고 있다. 그들은 수입의 평균 1/4을 부채에 쓴다. 그리고 이러한 수치들은 교육 여부와 관계 없이 전체적으로 젊은 미국인일수록 숫자가 들어맞는다. 우리는 약 22%의 미국 가구가 너무 가난해서 전통적인 신용에 전혀 접근하지 못하는 운명이라는 사실을 더 이상 언급할 필요가 없다. 이들은 전당포, 자동차 저당잡히기, 페이데이론paydayloan(급여일에 갚는 조건으로 빌려주는 소액대출) 사무소를 쓰는 데 연간이자가 800% 정도나 되는 것도 있다.

붕괴 이전에도 이러한 상황은 사실이었다.

2008년 붕괴가 시작되자마자 미국에서 부채, 자신들의 수입 중 월가로 빨려가는 부분을 줄일 어떠한 수단도 없는 이들이 미친듯이 신용카드 빚을 갚거나 언더워터모기지underwater mortage(부동산가격이 하락하여 구입 시 대출금에도 미치지 못하는 자산가격이 된 상태-역주)로부터 점점 멀어지기 위해 빚을 갚기 시작했다. 이는 얼마나 급박한 변화가 있었는지 알게 해

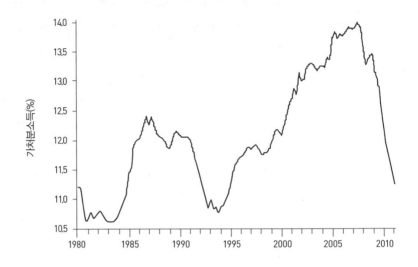

준다.

그러나 동시에 대출의 어떤 형태는 갚는 것이 가능하지 않다. 예를 들어 빚 청산이 가능하려면 모기지를 재협상해야 하는데 이는 쉽지 않다.* 학자금대출은 그럴 수 없다. 사실 몇 번 지급을 놓쳐버리면 벌금으로 수천 달러의 벌금을 원금에 더하게 된다. 그 결과 학자금대출의 부채는 현기증이 나는 비율로 부풀어간다. 다음 사례는 신용카드 부채와 다른 형태의 부채를 포함한 장기간의 부채 합계 전체이다.

모기지	주택담보 리볼빙	자동차 대출	신용카드	학자금 대출	기타
72%	5%	6%	6%	8%	3%

2011년 3분기, 11,656조 달러

---

* 사실상 모기지는 재협상되기는 했으나 놀랄 정도로 낮은 비율이었다. 의도적으로 이를 촉진하기 위해 시행한 정부의 프로그램이 있었음에도 그러했다.

학생들을 제외하고 빚의 덫에 갇힌 다른 그룹들은 노동빈민-무엇보다 모든 일하는 여성과 유색인종-이다. 그들의 정체된 소득의 아주 많은 부분이 금융서비스산업이 직접 가져가는 것을 계속 지켜보고 있다. 그들은 주로 '서브프라이머subprimer'들이라고 불리는데, 그런 이름이 붙은 이유는 서브프라임모기지에 사인을 했기(혹은 속았기) 때문이다. 서브프라임모기지의 희생양이 됨으로써 수금자들의 학대에 직면해 있고 차를 저당잡힌다. 가장 해로운 것은 건강문제와 관련된 것 등 긴급비용으로 사용하기 위해 결국 페이데이론을 사용하는 것이다. 미국인에게 건강과 관련해서는 거의 의미를 가진 혜택이 없기 때문이다. 이러한 페이데이론은 연간 이율이 약 300%이다.

이러한 중첩된 범주에 있는 미국인-노동계급과 학자금대출로 휘청거리면서 할 일이 불충분한 졸업생들-은 실제로 정부에 세금으로 내는 것보다 그들의 수입에서 더 많이 월가에 지급하고 있다.

9월에 접어들자 점거가 시작되기도 전에 크리스-푸드낫밤스 활동가로 8월에 보울링그린에서 첫 번째 민주적 단체를 만들 때 우리를 도왔다-는 텀블러에 "우리가 99%다!"라는 웹페이지를 만들었는데, 지원자들은 자신들의 사진을 올릴 수 있고 그들 삶의 상황에 대한 간략한 설명도 올릴 수 있었다. 짧은 기간에 올라온 글의 분량은 무려 125페이지가 넘었고 저자들은 인종, 나이, 성, 그리고 다른 모든 것에서 놀라울 정도로 다양했다.

최근 이러한 증언들에 의해 드러난 '99%의 이념'에 대한 인터넷 토론이 있었다. 이것은 마이크 콘크잘Mike Konczal의 블로그 '로티밤Rorty Bomb'에서 시작되었다. 통계분석을 이용해 html 문서에서 25개의 가장 많이 사용되는 단어를 찾았는데, 가장 많이 사용되는 단어는 '일자리'이고 그

다음이 '부채'였다. 그리고 나머지 대부분은 삶의 필요, 집, 음식, 의료, 교육, 아이들을 언급했다. ('일자리'와 '부채' 다음에 많은 단어들은 일, 학교, 지급, 학생, 대출, 여유, 보험이다.) 확연하게 없는 것은 소비재에 관한 언급이었다. 이것이 함축하는 바를 이해하기 위한 노력으로 콘크잘은 부채에 관한 내 책에 호소하였다.

인류학자 데이비드 그레이버는 역사가인 모지즈 핀리Moses Finley를 인용하는데, 모지즈 핀리는 "고대의 지속되는 혁명의 구호는, 부채 청산과 토지 재분배, 노동 계급의 구호가 아니라 농민의 구호"라고 확인하였다. 이 경우를 통해 생각한다. 이 발언들에서 절대다수는 (1) 우리를 채무 노예에서 해방시켜라. (2) 좋은 삶을 살 수 있게 생존할 수 있는 최소한의 것을 주어라(즉, 산업화 이전에는 우리에게 어느 정도의 땅을 달라)의 두 가지 형태 속에 있는 행동 가능한 요구들이다.[10]

콘크잘은 이를 불평등의 감소로 보았다. 그러나 다른 이들이 곧바로 지적했듯이 이 주장은 불평등을 도리어 인정한다는 역설에 직면한다. 지금 우리는 더 이상 작업장의 민주주의를 위한 요구나 노동의 존엄성, 심지어 경제 정의조차 듣지 못하고 있다. 단지 자본주의의 이러한 새로운 봉건적 형태하에서 짓밟히는 이들은 오직 살 수만 있게 해달라고 간청하는 중세농민 같은 상황이 되었다. 자본주의의 방어자들이 언제나 주장하는 것은 자본주의는 경제체제로서 분명히 거대한 불평등을 만들지만

---

10 "Parsing the Data and Ideology of the We Are 99% Tumblr http://rortybomb. wordpress.com/2011/10/09/parsing-the-data-and-ideology-of-the-we-are-99-tumblr/ 역주. [부채] 1장

전반적인 효과는 보다 나은 안전과 모든 이들, 심지어 가장 비천한 이도 배려하는 번영으로 가는 광범위한 운동이라는 것이다. 우리가 도달한 요점은 지구 상에서 가장 부유한 자본주의 국가조차 지금의 체제로는 최소한의 삶에 대한 안전이나 심지어 인구 증가에 따른 기본적 생필품도 제공할 수 없다는 것이다. 최소한의 품위를 유지하며 사는 삶으로 회복하는 오직 하나의 방법은 전적으로 다른 체제가 와야 한다는 결론에서 벗어나기는 어렵다.[11]

나로서는 모든 토론이 통계학적 분석의 한계가 있는 사례연구로 보인다. 이런 분석은 그 자체의 방법으로는 현실을 드러내지도 않을 뿐만 아니라 처음에 무엇을 신뢰할 것인지 정한 것에 의존한다. 처음 텀블러 페이지를 읽었을 때 정말 충격을 받은 것은 여성의 목소리가 지배적이고 사람다운 삶을 위한 수단을 취득하는 것뿐만 아니라 타인을 돌볼 수 있는 최소한의 수단도 강조하고 있다는 것이다. 실제로 후자는 두 가지 측면에서 명백하다. 첫 번째는 자신들의 이야기를 말하기로 선택한 이들 중 대다수는 타인을 위한 돌봄-의료, 교육, 공동체작업, 사회봉사의 제공 등-에 참여하는 일들을 하거나 하고 싶어 했다는 사실이다.

두 번째 측면은 이러한 설명들의 이면에는 그들이 대부분 말하지 않은 끔찍하고 통렬한 현실이 있다는 것이다. 오늘날 미국에서는 누군가가 자신의 가족을 타인이 돌보는 것을 용인하는 것은 자신의 가족을 적절하게 돌볼 수 없는 힘든 상황이라는 것을 의미한다. 빈곤과 부채는 타인과의

---

11 다음의 예와 코멘트 단 부분을 참조하라. httpi/Ahote.blogspot.com/2011/10/ solidarityrfirst-then-fear-for-this, html , http^/attempter.wordpress.com/2011/10/12/ underlying-ideology-of-the-99/

관계에서 자신들의 삶을 만들고 싶은 이들에게는 또 다른 의미를 가진다. 이는 딸에게 생일선물을 줄 수 없거나, 의사에게 데려갈 수 없어서 당뇨증세가 심해지는 것을 지켜보거나, 어머니의 죽음을 지켜보면서도 그녀의 삶에서 단 한 번도 없었던 한두 주의 휴가를 내거나 자신을 쉬게 할 수 없다는 것을 의미한다.

전형적으로 정치적 자기의식이 있는 노동계급은 자동차공장이나 철강공장에서 일하던 남성 가장이던 시절이 있었다. 지금은 교사나 간호사로 일하는 싱글맘이 그러하다. 남성과 비교하면 여성들이 더 많이 대학에 진학하지만 결국은 더 가난해진다. 여성, 고학력, 빈곤은 여성들로 하여금 종종 보다 큰 정치적 의식에 이르게 한다. 노동조합 참여는 여성들이 여전히 약간 뒤처져 있다. 노동조합원의 45%만이 여성이다. 그러나 이런 경향이 계속되면 8년 안에 여성이 다수가 될 것이다. 노동경제학자인 존 슈미트가 관찰한 것은 "우리는 지난 사반세기 동안 노동조합에서 여성이 크게 증가한 것을 보았다. 특히 서비스부문의 노동조합화가 확장되고 있다"는 것이다. 그는 덧붙인다. "노동조합은 50대 백인남성을 위한 것이라는 인식은 틀렸다."[12]

게다가 이런 변화는 우리가 가지고 있는 노동의 개념 자체를 바꾸기 시작했다. 우리 99%는 노동의 존엄성에 대해 생각하지 않고 있는 것이 아니다. 그와 반대이다. 그들은 의미 있는 일에 대한 개념을 자신을 위해서가 아니라 자신이 하는 모든 일을 포함하는 것으로 넓혀가고 있다.

---

12 Linda Lowen, "Women Union Members: The Changing Face of Union Membership," womensissues.about.com, updated December 17, 2008.

| 질문 4 | 정치체제에 아무것도 요구하지 않은 점거운동이 왜
더욱 주목을 받았는가?

이러한 절망적인 상황에 처한 사람들이 자신들의 딜레마에 대해 어떤
즉각적이고 실용적인 해결책을 원할 것이라고 상상해볼 수는 있다. 그러
나 이 운동의 놀라운 점은 그것이 기존 정치제도들에 직접적으로 호소
하는 것을 거부한다는 것이다.

이는 기업언론에 몸담고 있는 이들에게는 큰 놀라움으로 다가왔다. 그
렇기 때문에 그들 눈앞에서 벌어지고 있는 일에 대해 그들은 알기를 거부
하였다. 처음에 기니아 벨라폰테Ginia Bellafante가 『타임스』에 기고한 글에
는 우리와 이 점거운동에 대한 혐오가 담겨 있었다. 구체적인 요구사항을
제시하는 것을 거부하는 것 때문에 운동에 진지함이 결여되었다고 비판
하는 온갖 종류의 언론에서 나오는 끊임없는 북소리가 있었다. 거의 매번
주류 언론인들과 월가 점거운동에 대한 인터뷰를 할 때 나는 약간의 변화
만을 준 같은 강좌만 들었다.

당신이 구체적인 지도구조나 요구들의 실천적인 목록을 만드는 것을 거부한다
면 도대체 어디로 나아가려는 것인가? 그리고 이러한 아나키스트의 넌센스-합
의, 활기찬 손가락들-는 다 무엇인가? 이 모든 급진적 언어들은 사람들을 소외
시킬 뿐이라는 것을 깨닫지 못하는가? 이러한 것들로 당신은 결코 정상적인 주
류 미국인에게 도달할 수 없다!

왜 점거운동이 지도구조를 만드는 것을 거부하는지를 묻고, 왜 우리가
구체적인 정책발언들을 하지 않는지 묻는 것은 당연히 동일한 것을 두

발라클라바를 쓰고 평면유리창을 깨고 있는 아나키스트들

출처: http://www.dailymail.co.uk/news/article-1370053/TUC-anti-spending-cuts-protest-200-
arrested-500k-march-cut.html〉

가지 방법으로 묻는 것이다. 왜 우리가 기존의 정치구조에 참여해서 궁
극적으로 그 일부가 되어야 하는가?

지금까지 받은 최악의 조언들을 모아서 장점만을 골라 스크랩을 하면
존중받을 만한 것이 될지도 모른다. 2008년 금융불황 이후 언론인들이
추천하는 이러한 접근을 끝도 없이 시도하였으나 모두 실패하였을 뿐만
아니라 대부분 비참하게 끝났다.*

아나키즘 운동은 단호하게 전통적인 경로를 취하는 것을 거부하고, 본
질적으로 부패한 기존 정치질서를 전적으로 거절하며, 미국 민주주의의

---

* 고약한 사례는 2011년 6월 14일 '엠파이어스테이트레벨리온(Empire State Rebellion)'이라 불리
는 그룹이 연방준비은행 의장인 벤 버냉키의 사퇴를 요구하면서 주코티 공원 점거를 요구하는
초기의 요청이 있었는데, 이때 4명만 나왔다.

완전한 재혁신을 요청하고, 점거가 즉시 나라 곳곳에서 만개했을 때에만 나타났다. 나 같은 '스몰-a' 아나키스트들—가능하면 수평원칙에 따라 더 넓은 연합에서 일하려는 부류—이 언제나 꿈꾸어오던 것이지만, 명백한 아나키즘적인 요소에도 불구하고 이전의 운동들은 성공하지 못했다. 몇십 년간 아나키스트 운동은 실제로 운영되는 평등주의 정치과정의 형태—직접민주주의 형태로 자치공동체 내에서 어떤 주에서도 실제로 운영될 수 있는 형태—를 개발하는 데 우리의 창조적 에너지를 쏟아붓고 있었다. 전체 프로젝트는 자유가 전염된다는 믿음에 기반을 두고 있었다. 우리 모두는 진실로 민주적인 사회는 오직 수사로만 가능하다는 사실을 일반적인 미국인에게 확신시키는 것은 실제로 불가능하다는 것을 알고 있다. 그러나 그것을 보여주는 것은 가능하다. 1천 개 혹은 2천 개의 그룹을 지켜본 경험, 민중이 지도구조 없이 집단적 결정을 내리는 것, 원칙과 연대만으로 동기부여를 받는 것은 그들의 정치에 관한 가장 근본적인 추정을 바꿀 수 있다. 그러한 이유로 실제로 인간의 삶도 유사하다. 세계정의운동 시기에 나는 전 세계 민중에게 직접민주주의의 새로운 형태, 직접행동의 전통을 드러내면 새로운 세계적인 민주적인 문화가 나타나기 시작할 것으로 생각하였다. 그러나 언급한 것처럼 우리는 활동가 영역을 깨고 나오지 못했다. 대부분의 미국인은 우리가 직접민주주의에 집중한 것조차 알지 못한다. 언론은 발라클라바를 쓴 젊은이들이 평면유리창을 부수는 이미지들과 '자유무역'의 장점에 대한 보고서들을 내보내는 것으로 우리의 주장에 혼란을 유발하였다.* 2003년 이후 반전운동 시기

---

* '자유무역'이란 용어는 '자유시장'과 '자유기업'처럼 분명한 선전용어이다. 사실 운동은 효율적인 세계적 행정관료제—IMF, 세계은행, WTO, EU나 NATFA 같은 협약에 의해 만들어진 유사

에는 수많은 이들이 동원되었는데 미국의 운동은 상명하복 연합, 카리스마 있는 지도자, 구호를 들고 행진하는 구식 수직정치학으로 후퇴하였다. 그 이후 우리 골수들 중 많은 이들은 수평적 연합에 대한 믿음을 간직했다. 결국 언제나 일어나야 하는 어떤 원칙에 따라 우리의 삶을 헌신할 수 있게 되었다. 그러나 어떤 면에서는 우리 역시 실제로 승리할 것이라는 믿음을 멈춘 것을 알아차리지 못했다.

철거가 시작되기 전 나는 마지막으로 주코티 공원에 가서 흩어지고 있는 40대 중반의 건설노동자들부터 젊은 예술가들까지 다양한 그룹이 대중집회에서 우리의 오래된 수신호를 사용하는 것을 보았다. 나의 오랜 친구인 프리야—나무 지킴이이자 생태아나키스트로 공원에서는 비디오 다큐멘터리 작업자였던—는 내게 이렇게 말했다.

"계속해서 나를 꼬집어서 이게 모두 꿈이 아니라는 것을 확인해야 했다."

이것이 궁극적인 질문이다. 왜 반월가운동이 그동안 일어나지 않았고—솔직히 말하면 2008년 붕괴 후 첫 몇 년간은 많은 이들이 왜 반월가운동이 없었던가 머리를 긁적였다—왜 이런 형태가 되었는가? 하지만 명백한 답변은 있다. 정치적 계급이 아닌 좌우 이념을 떠나 미국의 거의 모든 사람들을 단결시킨 것은 정치가에 대한 혐오이다. 워싱턴D.C.는 근본적인 부패를 조장하는 외계의 거품으로 인식되었다. 2008년 이후 워싱턴이 월가의 목적에 봉사하기 위해 존재한다는 사실을 무시하는 것은 거의 불가능하게 되었다. 여전히 이것만으로는 기존의 어떤 종류의 정치적 기구라도

기구들에 걸쳐 있는—를 만드는 것이다. 이는 명백하게 세계무역을 규제하고 촉진하고 있다. 심지어 이러한 기구들은 사실상 민주적으로 신뢰할 수 없고 금융제국주의와 세계의 약탈을 은폐하고 있다는 것이다. 운동에 대해서는 내 책 『직접행동, 민속지(Direct Action An Ethnography, Oakland: AK Press, 2009)』에서 볼 수 있다.

완전히 거부하는 이 운동에 많은 이들이 참여한 이유를 설명하지 못한다.

●
●

나는 여기에 대한 답이 세대적인 것이라고 생각한다. 주코티 공원의 초기 점거자들이 금융, 교육, 작업장에 관해 제기한 반복되는 주장은 다음과 같았다.

"나는 규칙을 따랐다. 나는 모든 사람들이 내가 해야만 한다고 내게 말해준 것을 했다. 그런데 내 상황을 보라구!"

정확하게 젊은이들도 정치에 관해 똑같이 말할 수 있을 것이다.

대부분의 20대 초반 미국인에게 정치적 개입에 대한 첫 경험은 2006년, 2008년 선거였다. 예전과 다르게 선거에 참가한 젊은이는 2배 이상 늘어났고, 압도적으로 민주당에 투표를 했다. 후보자 버락 오바마는 진보적인 젊은이들에게 호소할 수 있도록 주의 깊게 짜인 캠페인을 펼쳤고 극적인 결과를 얻었다. 지금에 와서 오바마가 '변화'의 후보일 뿐만 아니라 급진적 사회운동에서 나온 언어["우리는 할 수 있다Yes! We can!"는 세사르 차베스Cesar Chavez 농장노동자운동United Farm Workers Movement에서 채용했고, "변화가 되라Be the change!"는 간디에게 공헌을 돌리는 구절이다]를 사용했다는 것을 기억하기는 쉽지 않다. 그는 지역 조직가이자 좌익 신당의 한 명이었고, 일반적으로 연기가 자욱한 방들이 아닌 사회운동의 배경에서 나온 극히 드문 후보자들 중 한 명이었다. 게다가 그는 자신의 풀뿌리 캠페인을 사회운동처럼 조직했다. 선거 이후에도 젊은 자원봉사자들은 전화와 가구 방문만이 아니라 진보적인 대의-파업 지원, 음식은행 만들기, 지역 환경 캠페인 조직-를 가진 조직을 만드는 데도 고무적인 역할을 했다. 이 모든 것은 오바마가 최초의 아프리카계 미국 대통령이 될 것이라는 사실과 합쳐졌고, 젊은이들에게 자신들이 진정으로 미국 정치에 변형을 가져다줄 운동에 참여하고 있다는 인식을 심어주었다.

의심할 여지 없이 오바마 캠페인에서 일하거나 지원했던 대부분의 젊은이들은 변형이 어떤 것인가에 대해서는 잘 알지 못했다. 그럼에도 대부분 미국 민주주의의 바로 그러한 구조에서 일어날 진정으로 심각한 변화에 대한 준비를 하고 있었다. 그러나 공공의 중요한 문제들을 절대 말할 수 없는 정치적 담론의 구속—정치가나 언론의 현자들이 제 정신으로는 절대 말하지 않는—이 있는 나라에서 그들이 바라는 모든 것이 일어나야 한다는 것을 기억해야 한다. 급진적인 것이 어떠한 것인가에 대한 정치가들이 용인할 만한 의견과 미국 투표자들의 실제 감정 사이에는 단절이 있다. 라스무센Rasmussen이 실시한 몇 번의 여론조사, 2008년 첫 선거와 오바마 당선 이후의 2011년 4월을 고려해보라. 미국인을 대상으로 한 광범위한 샘플링은 자본주의와 사회주의 중 어떤 경제체제를 선호하는가를 묻는 것이었다. 2008년에는 15%가 미국이 사회주의 체제를 채택하면 나아질 것이라고 느꼈다. 3년 후에는 5명 중 1명으로 수치가 상승하였다. 이보다 더 충격적인 것은 연령에 따른 분절이었다. 젊은 응답자들이 좀 더 자본주의 체제하에서 자신들의 남은 생을 살아야 한다는 생각에 반대했다. 15~25세 사이의 미국인에게 최다 응답을 받은 것은 '여전히 자본주의를 선호한다'가 37%, 그에 반해 사회주의를 선호하는 것은 33%였다(나머지 30%는 '잘 모르겠다'였다). 그러나 이것이 무엇을 의미하는지 생각해보라. 미국 젊은이들 중 2/3가 적어도 자본주의 체제를 전적으로 버리는 것에 대해 고려하려고 한다! 정치가, TV 현자, 카메라 앞에서 말하는 이가 원칙적으로 자본주의를 거부하는 것을 거의 본 적이 없고, '사회주의'를 생색내기와 독설 용어로 사용하는 나라에서 이는 진짜로 특이한 일이다. 그 이유가 무엇이든 간에 젊은이들이 '사회주의'를 선호한다는 것을 정확하게 이해하기는 어렵다. 짐작할 수 있는 것은 북한에 모범을 둔 경제체제는 아닐 것이라는 점이다. 그렇다면 스웨덴? 캐나다? 뭐라 단정하여 말하기는 불가능하다. 그러나 이 또한 요점에서 벗어난 것이다. 대부분의 미국인은 사회주의가 어떤 것인가에 대해서는 잘 모르지만 자본주의가 무엇인가에 대해서는 아주 많이 안다. 만약 '사회주의'가 그들에게 어떤 의미가 될 수 있다면 이는 '다른 것' 혹은 아마도 '지금의 방식이 아닌 한 진짜로 뭔가 다른 어떤 것'이다. 극단적인 문제들이 단지 어떻게 왔는지를 알기 위해 자본주의와 공산주의 사이에서 선택하는 또 다른 여론조사가 있었다. 실제로 미국인 10명 중 한 명이 오늘날 존재하는 경체체제보다 소련 식의 경제를 선호할 것이라고 말했다.

2008년 젊은 미국인은 존 매케인보다는 오바마를 68% 대 30%로 선호했다. 다시 보면 2/3 선이다. 이것은 오바마에게 투표한 대부분의 젊은 미국인이 지금 가지고 있는 것보다 좀 더 많은 것을 기대하고 있다고 추측해도 무방할 그들은 자신들이 변화를 가져올 인물에게 투표했다고 느꼈다. 많은 이들은 명확하게 체제 내에서 어떤 근본적인 변화가 올 것을 기대했다. 비록 그것이 무엇인지를 알지는 못했더라도 말이다. 그런데 이런 젊은 미국 투표자들이 실제로는 온건보수를 선출한 것을 알게 된다면 어떻게 느낄 것이라고 예상할 수 있는가?

이것은 주류 정치 담론의 기준으로는 극단적인 발언으로 보인다. 그러나 나는 실제로 용어의 문헌적 의미에서 '보수'라는 단어를 사용한다. 문헌적 의미는 현재 거의 사용되지 않고 있다. 최근 미국에서 최소한 '보수'는 주로 '우파 급진'으로 쓰이게 되었지만, 오랜 문헌적 의미는 "중요한 정치적 필요로 기존 제도를 보존하거나 현상태를 보호하는 사람"이다. 이러한 정의는 오바마가 누구인지를 정확하게 드러낸 것이다. 대부분 그의 거대한 정치적 영향력은 어떤 기구의 구조-은행 체제, 자동차산업, 심지어 보건의료 개혁까지-를 위협으로부터 보존하는 것을 목적으로 한다. 보건의료 개혁에서 오바마의 주요 주장은 영리를 추구하는 사적 보험사에 기반을 둔 기존 체제가 장기적으로는 가능하지 않다는 것이고, 어떤 변화가 필요하다는 것이다. 그의 해결책은 무엇인가? 그는 진정한 급진적-혹은 자유주의적인 것조차-체제의 구조조정을 추진하는 대신 1990년대에 클린턴의 보편적 건강보험제도universal health plan의 보수적 대안으로 처음 제시된 공화당 모델로 환원시켰다. 그 모델의 세부안은 헤리티지 재단Heritage Foundation 같은 우익 싱크 탱크들로부터 두들겨 맞았다. 그리고 처음에는 매사추세츠의 공화당 주지사에 의해 현실화되었다. 이것이 호소하는 것은 본질적으로 보수적이다. 공정하고 현명한 보건의료 체제를 어떻게 만드는가의 문제는 해결하지 않는다. 이것이 해결한 문제는 최소한 다음 세대에서도 견딜 수 있는 형태로 기존의 불공정하고 지속 불가능한 이윤창출 체제를 어떻게 보존하는가이다.

2008년에 오바마가 집권한 이후 미국이 경제위기 상태에 빠졌을 때 최소한 모든 것을 거의 그대로 유지하려면, 역사적 재앙에 응답하는 사악한 영웅적 노력이 요구되었다. 그런데 오바마는 이러한 영웅적 노력을 했고, 결과는 모든 측면에서 정말로 변하지 않고 현상태 그대로 유지되었다. 체제의 어떤 부분도 흔들리지 않았다. 은행 국유화도 없었고, '대마불패' 기관도 분해되지 않았으며, 금융법에서도 큰 변화는 없었고, 자동차산업이나 타 산업에서의 변화도 없었다. 또한 노동법, 약물법, 통화정책, 교육정책, 교통정책, 에너지정책, 군대정책, 정치체제에서 돈의 역할-무엇보다 심각한 것이지만 선거 공약을 했음에도 불구하고-의 변화도 없었다. 그들을 파산에서 구하기 위해 국부에서 나온 자본투자를 한 대가로 금융에서 제조, 보건의료까지의 산업들에게 요구한 것은 그들의 관행에서 허용될 최소한의 변화 뿐이었다.

미국의 '진보 공동체'는 좌로 기우는 투표자들로 민주당을 통해 활동하는 것이 미국에서 정치적 변화를 달성할 수 있는 최고의 길이라고 믿는 활동가들로 정의된다. 나는 그들의 최근 마음을 읽는 최고의 방법을 발견했는데, 자유주의 블로그인 데일리 코스Daily Kos의 토론들을 읽는 것이다. 이 블로그에서 오바마 첫 임기의 3년차 때 폭발한 분노의 수준-심지어 증오도-은 대통령을 직접 겨냥할 정도로 특별한 것이었다.* 오바마는 정기적으로 사기, 거짓말, '초당파적 합의'라는 이름하에 의도적으로 진보적 변화의 모든 기회를 제거하는 비밀 공화당인으로 비난받았다. 이 논쟁에서 드러난 증오의 강도는 놀랍게 보일지 모르지만, 선거를 통해 미국에서 진보적 정책에 대한 입법화가 가능해야 한다는 생각을 열정적으로 실행해 온 사람들이라는 것을 고려하면 완전히 이해가 된다. 오바마가 그렇게 하는 데 실패한 것 때문에 선택의 기회가 없고, 어떠한 프로젝트도 불가능하다는 결론을 내릴 수밖에 없었을 것이다. 결국 2008년보다 정치 스타들의 보다 완벽한 동맹이 어떻게 가능했던가? 그해는 변화의 파도를 탄 선거로, 민주당이 상·하원 모두를 공화당의 통제하에 있게 한 해이다. '변화'의 플랫폼 위에 선출된 민주당의 대통령은 경제위기가 너무 심각해

---

* 이는 대통령 선거 캠페인이 본격화되었을 때부터 어느 정도 변하기 시작했다. 특별한 입법 쟁점의 부족과 공화당 승리에 대한 두려움 때문이었다. 그러나 내가 또 의심하는 것은 아주 많은 진보적인 인사들이 선거정치를 전적으로 따르는 것을 멈추었기 때문이다.

서 어떤 급진적인 조처를 피할 수 없던 시기에 권력을 잡았다. 그리고 당시 공화당의 경제정책은 전혀 신뢰할 수 없었고, 국내 금융 엘리트들에 대한 대중적인 분노는 너무나 강력해서 대부분의 미국인은 그들을 향한 어떠한 정책이라도 지지하려고 했다. 당시 여론조사에서 미국인은 압도적으로 모기지 소유주들을 구제하는 것에 찬성했으나, '대마불패' 은행들은 경제에 어떤 부정적인 영향을 주더라도 구제하는 데 찬성하지 않았다. 이에 대한 오바마의 태도는 반대만 한 것이 아니라 실제로는 조지 W. 부시보다 더 보수적이었다. 사임하는 부시 행정부는 민주당 대변인 바니 프랭크Barney Frank의 압력하에 TARP 프로그램Troubled Asset Relief Program(부실자산 구제 프로그램: 서브프라임 위기에 대한 대응으로 2008년 10월 3일 금융기관의 자산과 자본을 사기 위해 조지 부시 대통령이 만든 프로그램-역주)에서 모기지 상각을 포함하는 데 찬성하였다. 오바마가 승인했다면 그렇게 되었을 것인데 그는 그렇게 하지 않았다. 이를 기억하는 것은 아주 중요한데, 오바마가 스스로 너무 많이 나아가 급진적 사회주의자였다는 비판을 자초했기 때문이다. 사실 공화당은 지쳤고, 굴욕을 당하는 세력이었으며, 스스로 소생하는 것만 관리했다. 이유는 오바마 행정부가 이념적 대안을 제공하는 것을 거부한 대신 공화당의 경제적 입장을 채택했기 때문이다.

급진적 변화는 입법화되지 않았다. 월가는 정치적 과정에서 보다 더 큰 통제를 획득했다. '진보'의 딱지는 이어져 내려오던 보수적인 것들, 기업 친화적 입장과 동일시되면서 대부분의 투표자들의 마음속에서 오점이 되어버렸다. 그리고 공화당은 어떤 종류의 급진적인 입장을 취하려는 정당과 정치센터가 있더라도 결국은 우향화한다는 것을 증명했다. 만약 명확하게 진보적인 변화가 2008년 선거라는 수단을 통해 가능했다면 이런 말은 절대 가능하지 않았을 것이기 때문이다. 그리고 이것이 바로 그 많은 젊은 미국인이 정치에 내린 결론이다.

이것은 바로 숫자가 말해준다. 2008년 젊은이들의 선거 참여는 4년 전과 비교하면 3배였다. 오바마 당선 2년 후 다시 60%로 내려왔다. 젊은 투표자들이 당을 바꾼 것은 아니고-민주당에 계속 투표하는 이들은 이전과 거의 비슷하다-투표를 포기했던 것이다.* 거의 중년인 티파티들이 선거를 지배하게 되자 오바마 행정부는 그에 대한 반응으로 비굴하게 더욱 더 우향화하였다.

젊은 세대는 이 사회가 만들어 놓은 규칙에 따라 해야할 일을 정확히 해왔다. 그러나 그들은 아무것도 얻지 못한 게 아니라 더 나빠졌다. 오바마가 그들에게서 훔쳐간 것은 그가 확고하게 약속했던 희망!이다. 그들의 생에서 제도적 수단을 통한 어떤 의미 있는 변화에 대한 희망 말이다. 실제 문제를 보기 원한다면, 미국에서 민주적인 변화를 보기 원한다면 이제 다른 수단을 통해야 한다.

|질문 5| 왜 혁명운동인가?

여기에 우리에게 가장 도전적인 질문의 대부분이 들어 있다. 점거운동이 급진주의라는 것은 명확하다. 사실 이에 대한 가장 주목할 만한 대답은 점거운동이 단지 대중운동도 아니고, 급진적인 운동도 아니며, 혁명적인 운동이라는 것이다. 이 운동은 아나키스트들과 혁명적 사회주의자들

---

* 전형적인 예를 들면 2010년에 일리노이 주에서 투표자의 54%가 30대 이상인 것으로 밝혀졌지만 30대 이하는 23%였다.

에 의해 시작되었다. 혁명적인 사회주의자들은 실제로는 더 보수적인 분파이다. 초기 모임들에서 기본적인 주제와 원칙들이 세워졌다. 주류 대오는 정기적으로 이러한 배경을 완화시키려 했고, 우익 논평가들은 종종 평범한 미국인이 점거운동을 시작한 이들이 누구인지 이해하기만 하면 증오 속에서 흩어질 것이라고 매도했다. 그러나 사실 미국인은 정치적 스펙트럼의 다른 편에서 주도하는 급진적 해결을 언론과 여론 주도자들이 받아들이는 것보다는 기꺼이 즐기려고 한다. 정확하게 점거운동의 가장 혁명적인 측면—기존 정치제도의 정통성을 거부하는 것, 기존 경제체제의 근본적인 전제에 도전하고자 하는 의지—이 대중적인 호소력을 갖는 것은 모두 그럴만한 이유가 있다.

명백하게 이것은 "주류 의견 형성자들이 실제로는" 누구인지, 그리고 주류 언론이 무엇을 위한 것인지 묻는 심오한 질문을 하게 한다. 미국에서 주된 여론은 언론인들, 특히 TV 언론인들, 신문 칼럼니스트들 그리고 애틀랜틱오어데일리비스트The Atlantic or The Daily Beast 같은 거대한 플랫폼에서 활동하며 자칭 스스로를 아마추어 사회학자라고 내세우고, 미국 대중의 태도와 감정에 대해 언급하는 대중적인 블로거들에 의해 주로 생산된다. 이들의 견해들은 자주 엽기적으로 완전히 틀려서 뭐가 어떻게 돌아가는지 물어보아야 할 지경이다. 생각나는 한 예가 있는데, 2000년 조지 W. 부시-앨 고어 선거가 법정으로 간 이후 '미국인'은 길고 긴 과정을 지켜보는 것을 좋아하지 않고 어찌 되었건 최대한 빨리 문제가 해결되는 것을 원한다는 현자의 정치punditocracy에 대한 즉각적이고 압도적인 다수 여론이 있었다. 그러나 여론조사 결과 미국인은 완전히 반대되는 것을 원한다는 사실이 드러났다. 압도적인 다수는 감정적이 아니라 아무리 오래 걸리더라도 누가 실제로 선거에 이겼는지 알고 싶어 했다. 그러나 실제의 여론은 현자들에게는 아무런 영향을 주지 못했다. 그들은 그들이 선언한 것이 진실이 아닐지라도(특별히, 당연하게도, 만약 그들 같은 여론 형성자들이 끊임없이 거기에 관해 매질을 하면) 절대적으로 곧 그렇게 될 것이라고 쉽게 말하는 이들이다.

2008년과 2010년 선거를 잘못 읽었다며 얼굴을 찌푸리고 있는 관습적인 지혜를 가진 부류가 있다. 2008년의 심각한 경제위기 가운데 우리는 환멸을 느끼게 하는 공화당 기반의 붕괴와 좌로부터의 급진적인 변화를 기대하는 젊은 투표자들의 물결이 등장하는 것을 보았다. 변화가 아무런 결과를 가져오지 않고 금융위기가 계속될 때 젊은이들과 진보적인 투표는 붕괴했고, 우로부터의 보다 급진적인 변화를 요구하는 성난 중년 투표자들이 주도하는 운동이 등장했다. 대다수 미국인이 중간에서 흔들리고 있다는 명백한 증거로서 확실한 위기 앞에서의 관습적인 지혜는 어느 정도 급진적인 변화를 원하는 이러한 일련의 요청들을 생각해냈다. 이는 사실상 점차 분명해졌는데, 언론의 역할은 더 이상 미국인에게 무엇을 생각해야 하는지를 말해주는 것이 아니라 나락으로 떨어지는 그들의 이웃들과 같은 결론에 도달하지 않을 거라며 점점 분노하고 소외되어가는 대중을 납득시키는 것이었다. 이러한 논리는 투표자들에게 제3의 정당들을 고려하는 것을 포기하도록 하는 것과 거의 같다. 만약 제3의 정당 도전자들이 다수의 미국인이 공유하는 의견을 말하더라도 미국인은 실제로 자신들의 의견을 반영하는 후보자를 위해 '표를 낭비하지 말 것'을 끊임없이 경고받는다. 이유는 어느 누구도 그 후보에게 투표하지 않을 것이기 때문이다.* 그 결과는 이것이 주류 이데올로기-보수적인 온건주의로,

---

* 나는 랠프 레이더에 대한 이러한 끊임없는 기만적인 평가를 들었다. 선거기간 동안 그의 입장에

무엇이 중요한가는 언제나 온건하며 현상태를 유지하는 것이라고 가정하고 있다-가 되어 거의 대부분 누구도 실제로는 갖고 있지 않는 생각(물론 현자들께서는 당연히 예외이시다)이지만, 그럼에도 불구하고 모두가 다 그렇다고 추측하게 된다.

어떻게 우리가 이렇게 되었는가? 어떻게 이토록 많은 미국인이 실제로 세상을 보는 방식-젊은 인구층을 포함해서 많은 미국인들은 자본주의 체제를 완전히 던져버리고 싶어한다-과 공개적인 포럼에서 표현되는 여론과의 간극이 이토록 큰 것인가? 왜 "우리가 99%다!" 텀블러에 공개된 사람들의 이야기가 심지어 '리얼리티' TV에조차 전혀 나오지 않는가? 어떻게 민주주의를 주장하고 있는 나라에서 (점거자들이 강조했듯이) 우리를 대변해야 할 정치가들이 보통의 미국인이 실제로 갖고 있는 논점과 입장조차 말하기를 꺼려하는 상황에 되었는가?

이 질문에 답하기 위해 우리는 광범위한 역사적 시각을 살펴볼 필요가 있다.

한 발 물러서서 앞서 논의했던 금융화의 문제로 돌아가자. 관행적인 이야기는 우리가 제조 기반의 경제에서 금융 서비스 기반의 경제로 옮겨왔다는 것이다. 내가 이미 언급했듯이 이러한 대부분의 것들은 '서비스'가 아니다. 전 연방준비제도 의장(카터와 레이건 시기의) 폴 볼커Paul Volcker는 지난 25년간 대중에게 혜택을 준 단 하나의 '금융 혁신'은 ATM 기기라고 말했을 때 문제의 현실성을 간결하게 해놓았다. 우리는 궁극적으로 법정,

---

대해서는 어떠한 토론이나 설명도 없었다. 그러나 레이더에게 투표하는 것은 공화당 후보를 위한 것이라는 단순한 경고뿐이었다. 이후 그의 입장은 그들이 미국 대중의 2.7%의 의견을 대표하는 것으로 취급되었다. (2.7%는 2000년 그가 얻은 투표율이다.)

감옥, 경찰 그리고 기업에게 돈을 만들 권력을 부여한 정부의 의지가 가능한 체제에 대해 말하고 있다.

어떻게 금융화된 경제가 국제적 수준에서 운영될 수 있는가? 관행적으로 미국은 1950년대, 1960년대, 1970년대에 차, 청바지, TV를 전 세계에 수출한 제조업 기반의 경제에서 소비재를 수입하고 금융 서비스를 수출하는 시스템으로 바뀌었다. 그런데 만약 이러한 '서비스들'이 진짜 '서비스'가 아니라 정부가 후원하고 법정과 경찰의 권력에 의해 강요되는 신용거래라면 누가 왜 동의하려고 하겠는가?

그 대답은 여러 방법으로 할 수 있다. 그것들은 미국 법의 법역 아래 보호되고 있다. 사실상 우리는 대중적 토론에서는 금기인 영역에 들어온 것이다. 가장 쉽게 설명할 수 있는 것은 다음과 같은 사실들일 것이다.

- 미국은 지구 상에 있는 모든 나라를 합친 것보다 많은 돈을 군비에 쓰고 있다. 파라과이에서 타지키스탄까지 737개의 해외 군사기지에 최소 250만 명의 군대를 유지하고 있다. 그리고 역사상 어떤 군사력도 지구 상 곳곳에 이렇게 직접적인 살상무기의 권력을 보유한 적이 없다.
- 1970년대부터 미국 달러는 세계 무역 통화로, 국제 은행 체제의 준비통화로서의 금을 대체했다.
- 또 1970년대부터 미국의 무역적자는 증가되고 있고, 해외에서 미국으로 흘러들어 온 상품의 가치가 미국 밖으로 보내는 것보다 훨씬 크다.

이러한 사실들은 정부와 전적으로 관계가 없다고 상상하기는 어렵다. 그리고 진정으로 역사적 관점을 가지고 문제를 보면 몇백 년간 세계 무역 통화는 언제나 지배적인 군사력의 돈이었다. 그리고 이러한 군사력은 언제나 해외에서 흘러들어 온 부를 다시 내보내는 것보다 많은 부를 축적 했다.* 이제 미국의 군사력과 은행 체제, 국제 무역 간의 실제적인 연관에 대해 사고를 시작해야 하는 순간이다. 그들은 편집증적인 광기로 상당히 많은 영역에서 이를 무시하려고 한다.

이것이 미국에서 벌어지는 일이다. 내 경험으로는 미국 밖으로 한 발짝 나가는 순간(아니면 아마도 영국 내 어떤 단체들에서), 독일 같이 굳건한 미국의 동맹국에서조차 세계 금융 구조가 만들어지고 유지되는 것은 미국의 군사력 때문이라는 사실을 알고 있다. 이것은 부분적으로 미국 밖의 사람들이 드러난 역사에 대해 더 많은 지식을 가지고 있기 때문이다. 그들은 구체적으로 알려고 한다. 예를 들면 국채가 주된 준비통화로 쓰이는 미국은 시장에서 우연히 생겨난 것이 아니라 1944년 브레튼 우즈 회담에서 동맹국들과 협상을 통해 디자인된 것이다. 결국 존 메이너드 케인스**가 이끄는 영국 대표단의 격렬한 반대에도 불구하고 미국의 계획이 관철되었다. 같은 회담에서 만들어졌고 이 체제를 지원하기 위한 '브레튼 우즈 기관들IMF(세계은행)'처럼 이러한 것들은 정치적 결정이고 군사력에 의해 설립된 것이다. 이것이 우리가 '세계시장'이라고 부르는 형태를 갖춘 곳에서 만들어진 제도적 틀이다.

그렇다면 이는 어떻게 움직이는가?

---

* 나는 단순화시키고 있다. 대영제국이나 전후의 미국 같은 제국주의 국가들은 산업 권력을 금융 권력으로 이동하려는 경향을 가지고 있다. 내가 여기에서 말하는 것은 후자에 더 들어맞는다. 아래에서 이에 대해 토론할 것이다.

** 전쟁부채가 통화로 대신 사용되기에 케인스의 국제통화를 위한 모델인 '방코르(bancor)'는 아주 어려운 체제가 되었다. 국제통화체제는 무역 흑자의 순환에 기반을 두어야 한다. 이 생각을 부활시키려는 제안들이 있고, 가장 최근인 2008~2009년경에는 IMF 총재인 도미니크 스트로스 칸(Dominique Strauss-Kahn)이 했다.

체제는 끝도 없이 복잡하며, 여러 차례 바뀌었다. 대부분의 냉전 시기에는 예를 들면 경제 식민국(미국의 동맹이 되는 것으로 펜타곤에 서명한 국가를 제외하고)의 값싼 원자재들을 미국으로 흘러들어 오게 해서 미국의 제조업 기반을 유지하는 것이었다. 그러나 위대한 프랑스 역사가 페르난드 브로델을 따라 경제학자인 지오바니 아리기가 지적한 것은 제국들이 지난 500년간 어떻게 움직였는가였다. 제국들은 산업 권력으로 시작했으나 은행 부문에서의 경제적 활력과 함께 점차 '금융' 권력으로 옮겨갔다.[13] 이것이 실제로 의미하는 바는 제국들은 점점 더 순수한 강탈에 기반을 두게 되었다는 것이다. 세계의 국가들이 1890년대 영국에 했던 것처럼 미국에 자신들의 부를 보내고 있다는 것을 믿기 원하지 않는다면(아주 많은 주류 경제학자들이 바라는 것이다) 국내 금융 기관들에 의해 눈부시게 발전했기 때문인데 실제로는 수출 부문의 감소에도 불구하고 미국 관리자들은 경제학자들이 '세뇨리지seigniorage(화폐주조로 얻는 이익-역주)'라고 부르는 것으로 값싼 소비재를 미국 내로 흘러들어 오게 했다. 이것은 경제 용어로 "무엇이 돈인가를 결정하는 데서 나오는 경제적 혜택"이란 의미이다.

내 생각에 대부분의 경제학자들이 이러한 문제가 대부분의 사람들은 이해하지 못하는 전문용어로 포장되어야 한다고 확신하는 데는 이유가 있다. 체제가 실제로 움직이는 것은 그들이 일반적으로 대중에게 제시하는 방식과는 거의 정반대다. 적자에 관한 대부분의 대중 담론은 돈을 이미 존재하고 있는 어떤 것으로, 유한한 실체로 다룬다. 마치 석유처럼 말

---

13 조반니 아리기 저, 백승욱 번역(2008), 장기 20세기-화폐, 권력 그리고 우리 시대의 기원, 그린비. Giovanni Arrighi, The Long Twentieth Century: Money, Power, andthe Origins of Our Times (London: Verso, 1994).

이다. 그리고 정부는 세금을 통해서건 누군가에게 빌려서라도 돈을 확보해야 한다. 현실에서 정부-연방준비은행의 매개를 통해-는 빌려서 돈을 만든다. 미국 경제에 부담이 되는 것과 관계 없이 미국의 적자-전쟁 부채로 크게 구성되어 있는-는 실제로 미국 경제를 움직인다. 이것이 1820년대 앤드루 잭슨Andrew Jackson(연방은행의 설립을 거부했다-역주)하의 짧았던 궁극적인 재앙의 몇 년을 제외하고는 미국에 부채가 있는 이유이다. 미국 달러는 본질적으로 정부의 부채를 유통시킨다. 더욱 특별한 것은 전쟁부채이다. 이는 다시 중앙은행 체제로-최소한 1694년 영국 은행이 설립된 시기까지-거슬러 올라갈 수 있다. 처음 미국의 국가 부채는 혁명 전쟁으로 인한 부채였다. 초기에 화폐 주조를 할 것인가, 즉 화폐 공급을 늘려서 부채를 경감시킬 것인지에 대해 격렬한 논쟁이 있었다. 나의 결론은 군비 사용으로 인해 미국 적자가 거의 배제된 것은 연방 비용의 약 절반을 차지하는 실제 군비 사용 계산에서 나온 것이다. (펜타곤 비용만이 아니라 전쟁 비용, 핵 비축, 군사적 혜택, 첩보와 군사대출에서 나오는 부채의 채무변제 부문도 포함해야 한다.) 이는 당연히 논쟁적일 수밖에 없다.*

브레튼 우즈의 결정은 본질적으로 이러한 시스템을 국제화하는 것이다. 미국 국채(다시 말하면 기본적으로 미국의 전쟁부채)를 국제금융체제의 기반으로 만드는 것이었다. 냉전 시기에 서독 같은 미국의 피보호국은 이러한 국채의 어마어마한 양을 구매해서 적자로 보유했는데, 이는 독일 땅에 있는 미군 기지에 효과적으로 자금을 대기 위해서였다. [경제학자 마이클 허드슨Michael Hudson은 예를 들어 1960년대 후반에 서독의 중앙은행이 금 보유를

---

* 나는 이 이야기를 『부채: 그 첫 5000년』에서 어느 정도 상세하게 다루었다. 다른 무엇보다도 나는 군비에서 성장곡선이 해외 부채의 성장과 거의 완벽하게 대응하는 것을 언급했다.

위해 국채를 현금화하려고 하자 미국이 실제로 서독에서 군사를 철수하겠다고 협박했다고 적었다.][14] 유사한 제도가 일본과 한국, 오늘날의 걸프만 국가들에게도 있을 것이다. 이러한 경우들에서 보듯 우리는 제국의 공물 체제와 매우 비슷한 것에 대해 이야기하고 있다. 이는 미국이 '제국'으로 언급되지 않기를 원하기 때문에 이러한 공물 제도는 '부채'라는 옷을 입고 있다. 미국의 군사 통제 범위 밖에서 이 제도들은 더욱 정교해진다. 예를 들면 미국과 중국의 관계이다. 중국이 1990년대 이후 미국 재무부가 발행한 막대한 장기채권을 구매한 것은 미국이 이를 갚지 않을 것을 알고 있는 것으로, 미국에 엄청난 양의 저가 소비재를 흘러들어 가게 하는 암묵적인 조약의 일부로 보인다. 미국 쪽에서는 중국이 체계적으로 지적재산권 법을 무시하는 것을 눈 감아주는 데 동의하였다.

명확하게 중국과 미국의 관계는 매우 복잡하다. 내가 다른 작업에서 주장했듯이 아마도 이것은 중국이 위험하고 호전적인 외국인을 그들에게 의존하게 만드는 방법으로 그들의 재화를 쏟아붓는 아주 오랜 정치 전통에서 나왔을 것이다. 그러나 나는 중국이 기존의 자본주의 제도를 받아들이려고 하는 데 대한 단순한 설명은 의심한다. 이러한 설명은 중국 지도자들이 마르크스주의자들, 즉 상부구조보다는 물적 토대를 우선시하는 역사적 유물론자들에 의해 훈련받았기 때문이다. 그들에게 금융기구들의 복잡성은 명백하게 상부구조이다. 중국은 무슨 일이 일어나더라도 점점 더 많은 고속도로, 고속철도, 하이테크공장을 원하고, 미국은 점점 더 이를 원하지 않고 이미 가진 것들조차 잃어버리고 있다. 중국이

---

14 Michael Hudson, Super Imperialism: The Economic Strategy ofAmerican Empire (London: Pluto, 2006), p. 288.

뭔가 하고 있다는 것은 부정하기 힘들다.

나는 미국이 더 이상 제조업 기반이 아니라는 것을 강조하는 것이 아니다. 농기계, 의료, IT, 그리고 무엇보다 최첨단 무기 생산에서는 우위를 유지하고 있다. 내가 지적하는 것은 이러한 제조업 부문이 더 이상 이윤을 많이 발생시키지 않는다는 것이다. 오히려 1%의 부와 권력은 궁극적으로 미국의 해외 군사력에 의존하고 있는 금융체제에 더욱더 기대고 있다는 것이다. 이것은 국내에서 법정의 권력에 궁극적으로 기대고 있는 것과 같다. (좀 더 확장해서 말하면, 회수전문회사, 보안관, 경찰이다.) 점거운동 내에서 우리는 카지노 도박(금융 게임이 보장된 곳)의 고리대금, 부당한 이자의 강요, 정치계급들의 체계적인 부패를 강조하면서 이를 단순하게 '마피아 자본주의mafia capitalism'라고 언급하기 시작했다.

이 체제가 장기적으로 가능할 것인가? 분명히 아닐 것이다. 어떠한 제국도 영원하지는 않다. 미국은 최근 들어-체제 옹호자들조차 최근에는 인정하고 있다-심각한 긴장관계에 처해 있다.

이를 말해주는 신호는 '제3세계 부채 위기'의 종말이다. 사반세기 동안 IMF 같은 국제 중개소들을 통해 움직이는 미국과 유럽 동맹들은 아시아, 아프리카, 라틴아메리카의 가난한 나라들 사이에서 시장 근본주의 신념-이것의 변하지 않는 의미는 사회복지를 난도질하고, 전 인구의 1%에게 대부분의 부를 재분배하며, 경제를 '금융 서비스'산업에 개방하는-을 부여하기 위해 끝없이 금융 위기를 이용했다. 하지만 이제 이러한 날들은 끝났다. 제3세계는 다시 싸우기 시작했다. 세계적인 대중 봉기(여론은 '반세계화 운동'이라고 부른다)는 2002년, 2003년에 이러한 정책들을 쟁점화했다. IMF는 결과적으로 동아시아, 라틴아메리카에서 나가게 되었고, 2005년에는 정책들이 파산 직전까지 갔다. 2007년과 2008년의 금융위기는-이라크와 아프가니스탄에 당황스럽게 미국의 군사력이 아직도 남아 있는 것처럼-달러가 국제준비통화로 남아 있어야 하느냐에 대한 심각한 국제적인 토론을 이끌어냈다. 그와 동시에 권력이 제3세계에 적용한 공식-금융위기를 선언하고, 사회복지를 난도질하고, 가장 부유한 1%에게 더 많이 부를 재분배하고, 경제를 '금융 서비스'가 보다 더 많이 약탈할 수 있도록 개방하는 경제학자들로 중립적이라 믿어지고 있는 위원회를 지명한다-이 미국 내에 적용되고 있다. 아일랜드와 그리스에서 위스콘신과 볼티모어로 이동해왔다. 위기가 미국 내에 상륙한 데 대한 대응은 민주적인 반란의 물결이었다. 중동의 미국 의존 국가들에서 시작되어 지중해를 거쳐 북으로 빠르게 확산되어 결국 북미로 온 것이다.

주목할 것은 반란의 물결이 권력 중앙, 즉 우리의 중국인 친구들이 말한 것처럼 '세계 금융 제국의 심장'에 퍼져가는 것이 가까워질수록 불만은 더욱 급진적이 된다. 아랍의 반역은 마르크스주의 노동조합원에서부터 보수적인 신학자들까지 모든 부류의 사람들을 포함하였다. 그러나 그들의 핵심은 자유선거를 허용하고 인권을 존중하는 세속적인 입헌공화국을 위한 고전적인 자유주의 요구였다. 비록 일부는 다른 이들보다 급진적이더라도(예를 들면 아나키스트들이 아테네에서는 특별히 중요한 역할을 했다) 그리스, 스페인, 이스라엘의 점거자들은 종종 반反이념적이었다. 그들은 부패와 정부의 신뢰성이라는 아주 특별한 쟁점에 초점을 두어야 한다고 주장했고, 정치적 스펙트럼에 걸쳐 있는 여러 시각들에 호소하였다.

혁명가들에 의해 시작된 운동이 경제체제의 본질에 대한 직접적인 문제 제기를 시작하는 것을 실제로 목격한 것은 미국이었다.

부분적으로 이것은 단순하게 미국을 비난할 사람이 어디에도 없기 때문이다. 이집트인, 튀니지인, 스페인인, 그리스인은 모두 정치적·경제적 조정을 그들이 사는 곳—미국이 지원하는 독재정부이건 금융자본과 자유시장의 지배에 완전히 종속된 정부이건—에서 해야 한다. 위기는 외부 세력에 의해 그들에게 가해진 것이다. 그렇기 때문에 사회 자체의 급진적인 이행이 필요했다. 미국인은 이런 사치를 누릴 수 없다. 우리는 우리 스스로가 혁명적인 변화를 해야 했다. 그래서 우리는 '우리'가 누구인가에 대한 총체적인 질문을 재고해야 했다. '99%'에 대한 생각이 변화를 위한 첫걸음이었다.

혁명적인 운동의 목적은 정치적·경제적 관계를 재조정하는 단순한 것이 아니다. 진정한 혁명은 상식선에서 운영되어야 한다. 미국에서는 다른 방식으로 진행하는 것은 불가능하다. 이에 대해 설명해보겠다.

이전에 내가 지적한 것은 미국 언론이 모든 이들을 설득하는 것보다 미국인이 기존 정치체제의 용어들에 속아넘어가도록 설득하는 것에 점점 덜 봉사해야 한다. 이것은 부분적이기는 하지만 진실이다. 좀 더 깊은 수준에서는 정치가 무엇인지 혹은 무엇이어야만 하는지, 사회가 무엇인지, 민중이 기본적으로 무엇을 좋아하는지, 그들이 세계로부터 무엇을 원하는지에 대한 아주 근본적인 질문이 필요하다. 여기에 절대적인 합의는 없다. 대부분의 민중은 이러한 질문들에 대한 여러 모순적인 이념들과 함께 움직이고 있다. 여기에는 아주 깊숙히 묻혀 있는 많은 가정들이 있다.

대부분의 세계에서 사실상 민중은 미국을 정치적 삶의 어떤 철학적 집으로 여기고 있다. 무엇보다도 이것은 기본적으로 경제적인 것들을 포함한다. '민주주의는 시장이다. 자유는 시장에 참여할 권리를 말한다. 소비자가 풍족해지고 점점 더 성장하는 세계화는 국가적 성공의 측정이다.' 대부분의 세계에서 이러한 생각은 '신자유주의'로 알려졌다. 그러나 이것은 많은 것들 중 하나일뿐인 철학일 뿐이며 공개적 논쟁 문제일 뿐이다. 미국에서 우리는 이 단어를 결코 사용하지 않는다. 우리는 이러한 문제들을 선전 용어인 '자유', '자유시장', '자유무역', '자유기업', '미국식 삶'을 통해 말할 수 있다. 이러한 이념들을 비웃는 것은 가능하다. 사실 미국인은 자주 그렇게 한다. 그러나 기본적인 토대를 문제삼는 것은 미국인이 되는 것이 무엇을 의미하는지에 대한 급진적인 재고를 요구한다. 이것은 필연적으로 혁명적인 프로젝트이다. 역시나 아주 어렵다. 국가를 움직이는 금융과 정치 부문의 엘리트들은 이러한 이념 게임에 자신들의 모든 칩chip(도박에 사용하는 칩-역주)을 올려두었다. 그들은 실제로 성장하는 자본주의 형태를 창조하기보다는 자본주의 이념에 대해 질문하는 것이 불가능한 세상을 만드는 데 아주 많은 시간과 정력을 쏟아붓고 있다. 그 결과 우리의 제국과 경제체제는 질식당하여 비틀거리고 있으며, 우리를 둘러싼 모든 것이 붕괴를 준비하고 있는 신호를 보여주고 있다. 우리는 대부분 어안이 벙벙해진 채로 다른 어떤 것들이 실제로 존재할 수 있는 것에 대해 상상하는 것이 불가능해졌다.

⋮

누군가 여기에 다음과 같이 반론을 제기할 수 있다. '월가 점거운동은 정치에서 돈의 역할에 대해 문제를 제기하는 것으로 시작하지 않았는가?' 그 때문에 첫 번째 전단지에서 "두 정당은 (기존 정치체제를 본질적으로 구매 완료한) 1%의 이름으로 통치한다"고 적은 것이다. 세계의 대부분 지역에서 정치에서 돈의 역할에 대해 문제를 제기하는 것은 개혁주의의 본질로, 모든 것을 제자리에 돌려 놓으라는 통치 원칙에 대한 단순한 호소이다. 그럼에도 불구하고 미국에서는 이런 경우와는 다르다. 근본적으로 우리가 묻고 싶은 것은 이 국가가 무엇이고, 무엇이 되었는가이다.

|질문 6| 왜 미국에서는 정치와 경제의 역할에 문제를 제기하는 것이 문제가 되는가?

영향력을 구매한 뒤의 원칙은 돈은 권력이고, 권력은 본질적으로 모든 것이라는 사실이다. 이것은 우리 문화의 모든 측면에 퍼져 있는 생각이다. 뇌물은 철학자가 존재론적 원칙으로 두어야 하는 존재가 되었다. 이것은 현실에서 우리 대부분의 기본적인 감각을 규정한다. 그러므로 여기에 대해 문제를 제기하는 것은 모든 것에 문제를 제기하는 것이다.

나는 '뇌물'이라는 용어를 어느 정도 자기의식적으로 사용했다. 다시 말하면 우리가 사용하는 언어는 극단적으로 중요하다. 조지 오웰이 오래전에 우리에게 일러준 바에 의하면, 언어를 지키는 이들이 적절한 이름으로 대상을 가리킬 수 없을 때 정치제체는 부패한다는 것이다. 이러한 기준에 의하면 현재의 미국은 비정상적으로 부패했다. 우리는 제국이라 언급하지 않지만 제국을 유지하고 있다. 공물이라고 언급하지 않지만 공물을 축출하고 있다. 이것을 경제이념(신자유주의)으로 정당화하면서 말이다. 우리는 이 모든 것을 언급하지 않는다.

완곡한 표현과 단어들은 공개적인 논쟁의 모든 측면에 퍼져 있다. 이것은 우파의 문제만이 아니라 ─'부수적인 피해collateral damage(군사행동으로 인한 민간인의 인적·물적 피해─역주)' 같은 군사용어(군대는 거대한 관료제로, 혼란스러운 전문용어를 사용해야 한다는 것을 안다)─좌파의 문제이기도 하다. '인권유린' 같은 구절을 고려해보라. 겉으로는 이것이 많은 것을 아우르는 것처럼 보이지 않을 것이다. 결국 정상적인 마음이라면 누가 인권 유린을 선호하겠는가? 그럴 사람은 아무도 없다. 그러나 여기에 어느 정도의 불만이 있다. 이 경우에는 인권 유린이라는 현상을 어떤 용어로 설명하느냐에 따라 다른 말들에 영향을 준다.

다음 문장들을 비교해보라.

- 나는 불미스러운 인권 기록들을 가진 정권과 거래하거나 지원하는 것조차 때로는 필요하다고 주장한다. 우리에게 중요한 전략적 긴급성을 발전시키기 위해서이다.
- 나는 강간, 고문, 살인을 행하는 정권과 거래하거나 지원하는 것조차 때로는 필요하다고 주장한다. 우리에게 중요한 전략적 긴급성을 발전시키기 위해서이다.

분명히 두 번째는 받아들이기 힘든 경우가 될 것이다. 이를 듣는 누구에게라도 물어보면, 이러한 결정을 할만큼 "전략적 긴급성이 중요한가?" 아니면 "'전략적 긴급성'이 정확하게 무엇인가?'라고 반문할 것이다. 내 생각에는 '강간, 고문, 살인'의 주체를 검증하는 것이 필요하다. 이는 아주 쉽다. 그러나 어떤 정치적 속성과 같이 이러한 말들이 제시되면 정부, 사회운동, 게릴라 군대, 어떠한 조직된 그룹 등은 스스로에 유리하도록 사실을 왜곡하기도 한다. 처음에 물어야 할 것은 "강간, 고문, 살인행위를 그들이 행하였는가? 아니면 그들이 다른 이들을 시켜서 행하였는가?"이다. 이것은 자명한 질문이다. 그러나 다시 생각해보면 이것이 얼마나 드물게-혹은 낮게, 얼마나 선택적으로-적용되는가는 놀라운 일이다. 즉, 아마도 이러한 질문을 적용하는 데서 시작하여 세계정치학의 많은 쟁점들에 대한 관습적인 지혜가 갑자기 엉망진창이 되는 상황을 보게 되면 놀라게 될 것이다. 예를 들면 2006년 미국에 있는 대부분의 사람들은 멕시코 정부가 와하카Oaxaca 남쪽 주의 악명 높은 부패한 주지사에 대항하여 교사들과 노동조합이 시작한 대중 반란을 진압하기 위해 연방군을 보낸다는 기사를 읽었다. 미국 언론에서는 이것을 보편적으로 훌륭한 것, 질서의 회복으로 제시하였다. 반란에 대한 보도는 결국 돌과 화염병을 던지는 '폭력'으로 얼룩졌다. (설령 실제로 그들이 던졌다고 하더라도 중무장한 진압경찰에게는 심각한 상해를 입히지 않는다.) 내가 알기로는 그 어떤 언론도 반란자들이 강간, 고문, 살해했다는 증거를 제시하지 않았다. 또 문제가 되고 있는 사건들에 대해 알고 있는 이들은 멕시코 정부에 충성을 다하는 세력들이 반란을 진압하면서 수많은 이들을 강간, 고문, 살해했다는 사실을 진지하게 제기하지도 않았다. 그러나 이러한 행동들은 반란자들의 돌 던지기와는 다르게 '폭력'이라고 설명하지 않는다. 강간, 고문, 살인은커녕 나타나는 것이 있다면 '인권 위반 혐의'이거나 이와 유사한 핏자국이 없는 법률 언어이다.*

　미국에서는 가장 큰 금기가 부패 자체에 대해 말하는 것이기는 하지만, 자신들의 지위를 이용하여 정치가에게 돈을 주는 것이 '뇌물'로 언급되거나 불법이었던 시절이 있었다. 그것은 매우 만연한 은밀한 사업이었다. 돈가방을 가져다주고 특별한 청탁인을 위해 토지이용-규제법 바꾸기, 건설 계약 체결, 범죄 고소 취하 등을 간청하였다. 지금은 뇌물을 요구하

---

* 좀 더 놀라운 예가 있다. 오래전부터 최근까지 언론에서 얘기하는 것처럼 소말리아 해적들은 강간도, 고문도, 살인도 저지르지 않았다. 그들이 해적으로 활동하면서 고려하는 것은 잠재적인 희생자들을 납득시켜서 그들이 요구를 이행할 수 있느냐의 여부다.

는 것은 '자금조달'로 재분류되었고, 뇌물 자체는 '로비'가 되었다. 드물게 특별한 부탁이 있을 때 은행의 돈이 자신들의 선거캠프에 흘러들어 오는 것에 의존하는 정치가들은 이미 은행의 로비스트 스스로가 그들 은행을 '규제'할 입법안을 정하거나 심지어 적는 것을 허용하고 있다. 이러한 점에서 뇌물은 우리 정부체제의 가장 기본이 되어버렸다. 이러한 사실을 언급하는 것을 피하는 다양한 미사여구의 계략들이 있다. 중요한 사실은 이러한 뇌물이 제한되어 있는 것처럼 보인다는 것이다. (실제로 돈자루를 배달하는 것과 토지이용규제법을 바꾸는 것은 불법으로 남아 있다.) 그러나 진짜 '뇌물'은 언제나 어떤 다른 형태의 정치적 요구들과 돈 챙기기의 교환이 가능하다는 것이다. 내가 언급하고자 하는 것은 이러한 교환에 대한 정치과학자들에게서 나오는 일반적인 구절들은 입법의 특정한 요소에 관해 정치가의 입장을 바꾸었다고 해서 이러한 지불이 '뇌물'이 되는 것은 아니라는 것이다. 이 논리에 의하면 만약 정치가들이 입법을 위해 투표하는 데 기울었다가 돈을 받고 난 후 자신의 마음을 바꾸고 거기에 반대되는 투표를 해도 된다는 것이다. 이것이 뇌물의 실체이다. 다시말해서 만약 결과로서 돈을 줄 사람만 보면서 법안에 대한 자신의 시각을 형성하거나 심지어 후원자의 로비스트가 자신을 위해 법안을 작성하는 것을 허락하는 것은 뇌물이 아니다. 두말할 필요도 없이 이러한 구별은 현재의 목적에는 아무 의미가 없다. 그러나 여전히 워싱턴의 평균적인 상원의원이나 하원의원은 자신들이 사무실을 차린 이후부터는 일주일에 대략 1만 달러를 조달해야 재선이 가능하다. 이를 위해 조성한 돈은 대부분 전적으로 1%에게서 나온 것이다.* 그 결과 선출된 공무원들은 뇌물을 요구하는

---

* 실제로 선거 기부의 80% 이상은 가장 부유한 0.5%의 주머니에서 나오고, 60%는 가장 부유

데 대략 30%의 시간을 보낸다.

이를 조금이라도 적절한 용어들로 언급하는 것조차 금기사항이 되어 있더라도 이 모든 것은 언급되어 토론의 주제가 되어야 한다. 뇌물에 대해 언급하지 않는 것은 한번 뇌물을 수용한 사람들—누군가의 피고용인이 아니라 가장 신망 있고 강력한 이를 포함한 누구라도—에게 이렇게 돈을 받는 것이 본질적으로 나쁠 게 없다고 용인하는 것과 다르지 않다. 공정 생활에서의 도덕성은 다르게 보아야 한다. 만약 공무원이 누군가가 혜택을 보게 하여 뇌물을 받을 수 있다면, 왜 학자들은 안 되는가? 과학자들은? 언론인은? 경찰은? 아주 많은 이러한 연결들은 점거의 초창기에도 나타나기 시작했다. 이는 곧바로 드러났다. 예를 들면 금융 구역에서 근무하는 제복 경찰 중 많은 이들은 모든 시민을 공정하게 다 보호해야 한다고 생각하겠지만, 그들은 근무시간의 대부분을 시가 아니라 월가의 회사들에서 보내고 수당도 직접 지불받는다.[15] 이와 유사하게『뉴욕타임스』기자들 중 한 분께서 황송하게도 10월 초 점거지를 방문하셨을 때 그는 자유롭게 우리를 방해할 수 있었다. 왜냐하면 '주요 은행의 최고경영자'가 그를 전화로 불러서 저항이 그의 '개인 안전'에 영향을 준다고 생각하면 그렇게 하라고 요청했기 때문이다.[16] 주목할 것은 사건 관계자들에게

한 0.1%로부터 나온다. 이 중에서 가장 큰 덩어리는 단연코 금융부문에서 나온 것이다. 두 번째가 사업과 법률회사, 그다음이 보건 로비스트들(즉, 제약회사와 HMO들), 그다음이 언론, 그다음이 에너지 분야이다(Federal Election Commission, Center for Responsive Politics, Public Campaign's "The Color of Money" Project).

15 Pam Martens, "61 Financial Giants Put New York City Cops on Their Payroll," October 10, 2011, Counterpunch. 기술적으로는 그들이 민간경비로 일하는 시간이지만, 제복을 입고 총과 배지, 완전한 체포 권한을 가지고 일한다.

16 Andrew Ross Sorkin, "On Wall Street, a Protest Matures," NewYork Times, Dealbook,

는 이러한 일들이 일어나지 않는 것처럼 보이지만, 이러한 연결이 실제로 존재한다는 것이다.

연구비도 이와 유사하다. 연구비는 결코 객관적이었던 적이 없었다. 연구의 필요성은 언제나 정부 중개기관이나 부유한 박애주의자들의 주머니에서 나오는 돈에 의해 주도된다. 일반적으로 연구자들은 물주들이 중요하다고 여기는 질문이 무엇인가에 대해 아주 구체적인 생각과 함께 자신들이 찾아낸 대답이 그들이 수용할 만한 것인지를 신경 쓴다. 그래서 1970년대에 싱크 탱크들의 출현과 더불어 정책에 영향을 주는(특히 경제학) 원칙들에는 단순히 예측할 수 있는 정치적 입장을 정당화하는 것을 채택하는 것이 일반적이 되었다. 1980년대가 되자 정치인들이 공개적인 포럼에서 사람들이 믿기 원하는 것은 무엇이라도 정당화하는 방법으로 경제 연구를 하고 있다고 노골적으로 인정하는 상황에 이르렀다. 나는 로널드 레이건 행정부 시기에 이러한 내용들이 TV에서 언급되는 것을 보고 깜짝 놀랐던 것을 기억하고 있다.

행정 공무원: 우리의 주된 우선사항은 경제를 활성화하기 위해 자본이득세를 삭감하는 입법을 하는 것입니다.

인터뷰어: 그러나 '낙수효과' 같은 경제학이 실제로는 이루어지지 않는 것을 보여주는 최근의 경제학 연구에는 어떻게 답변하실 겁니까? 부의 측면에서 고용을 더 이상 활성화하지 못하고 있지 않습니까?

공무원: 예, 그것은 사실입니다. 그러나 세금 삭감의 경제학적 혜택의 진짜 이유들이 완전히 이해받기 위해서는 시간이 필요합니다.

October 3, 2011.

다른 말로 하면 경제학 사도들은 무엇이 최고의 정책인가를 결정하기 위해 존재하지 않는다. 물주가 이미 정책을 결정했다. 경제학자들은 물주가 이미 하기로 결정한 것들을 하기 위해 과학적으로 근거 있는 이유들을 찾아내기 위해 존재한다. 사실 이것이 그들이 돈을 받은 이유이다. 경제학자들의 경우에는 싱크 탱크로 고용되는 것이 문자 그대로 그들의 직업이다. 이러한 사실은 진실이었지만 부분적으로만 받아들여졌다. 그러나 주목할 것은 후원자들이 실제로 이를 인정하는 것이 점점 늘고 있다는 것이다.

이러한 지적 권위를 제조하는 공정의 결과로 진정한 정치적 논쟁은 점점 더 어려워진다. 왜냐하면 다른 입장을 가진 이들은 완전히 다른 현실에서 살고 있기 때문이다. 좌파가 미국의 빈곤과 인종 문제에 대한 논쟁을 계속할 것을 주장하면 그들의 반대측은 반론을 들고나오려고 할 것이다(예를 들면 빈곤과 인종주의는 희생자들의 도덕적 실패의 결과이다). 지금 그들은 단순하게 빈곤과 인종주의는 더 이상 존재하지 않는다고 주장하고 싶은 것이다. 그러나 동일한 일이 다른 쪽에서 일어난다. 만약 기독교 우파가 미국의 세속적인 '문화적 엘리트' 권력에 대해 토론하고 싶어 하면 좌파는 절대 그런 일은 없다고 주장하면서 일반적인 답변을 내놓을 것이다. 자유방임주의자인 우파가 미국 군대와 연방준비은행 정책 사이의 (아주 현실적인) 역사적인 연관에 대해 쟁점을 만들기 원하면 그들의 자유주의 대화 상대는 수많은 음모이론을 내세워 그들을 미치광이로 철저하게 무시할 것이다.

오늘날 미국에서 '우'와 '좌'는 일상적으로 공화당과 민주당을 언급하는 데 쓰인다. 그러나 두 정당은 기본적으로 1% 이내의 다른 분파를 대표할 뿐이다. 혹은 아마도 극단적으로 너그럽게 봐도 미국 인구의 상위

2~3% 인구 내에서일 것이다. 이 둘을 모두 가지고 있는 월가는 이 둘로 동등하게 나누어져 있다. 공화당은 경영자들, 특히 군수와 축출 산업(에너지, 광산, 목재)을 대표하는 중간 정도의 사업가들이다. 민주당은 작가이자 활동가인 바바라 에런라이크Barbara Ehrenreich가 '전문 경영 계급'이라 부른 것의 상층부를 대표한다. 가장 부유한 변호사들, 의사들, 관리자들과 이에 더하여 학계와 연예산업에 종사하는 이들이 대부분이다. 명확하게 이곳은 각 정당의 돈이 공급되는 곳이다. 점점 더 많은 기금을 모으고 돈을 사용하는 것은 이러한 정당들이 실제로 하는 일이다. 여기에서 매혹적인 것은 지난 30년 동안 자본주의 금융화의 핵심 후원자들은 이러한 현실을 만들기 위한 돈과 권력 사용에 대해 본질적으로 반대할 수 없다는 스스로의 이론을 개발했다는 것이다. 궁극적으로 돈과 권력은 실제로 존재하는 유일한 상황이기 때문이다.

부시 행정부 보좌관으로부터 나온 악명 높은 인용을 고려해보자. 『뉴욕타임스』 기자들은 이라크 침략 직후 이를 짧게 언급했다.

보좌관이 말하기를, 나와 같은 사람들은 "우리가 현실적 기반의 공동체라고 부르는 것 안"에 있다고 믿는다. 그는 이러한 사람들을 "인식할 수 있는 현실에 대한 신중한 연구로부터 나온 해결방법을 믿는 사람들"이라고 규정했다… "그러나 그것은 세계가 실제로 움직이는 방식이 아니다." 또한 그는 이렇게 덧붙인다. "우리 자신이 바로 제국이다. 그리고 우리가 움직이면, 우리 스스로 우리의 현실을 만들 수 있다."[17]

---

17 Ron Suskind, "Faith, Certainty and the Presidency of George W. Bush," New York Times Magazine, October 17, 2004.

이러한 언급은 그저 허장성세로만 보일 수 있다. 그리고 특히 경제력보다는 군사력을 더 언급한다. 그러나 사실 정상에 있는 사람들이 비공식으로 말할 때는 '제국' 같은 말들은 더 이상 금기가 아니라 단순히 미국의 경제력과 군사력이 기본적으로 동일하다는 것을 당연히 여기는 것이다. 진실로 기자가 설명하려고 하면 이러한 종류의 언어들 뒤에는 정교한 신학이 있다. 1980년대 이후 기독교 우익-조지 W. 부시의 핵심그룹을 형성하고 있다-은 당시 '공급 측면의 경제학'이라고 부르는 것을 문자 그대로 종교적인 원칙으로 변화시켰다. 이러한 사상 계열의 가장 위대한 아바타는 아마도 보수 전략가인 조지 길더George Gilder일 것이다. 그는 기업가들의 창조적인 비전을 실현하기 위해 연방준비은행이 통화량을 발생시켜 기업가에게 직접 전달하는 정책은 사실 하나님이 최초로 무에서 세계를 창조한 인간세상에서의 재연이라고 주장했다. 이러한 시각은 TV 복음전도자인 팻 로버트슨Pat Robertson에 의해 광범위하게 받아들여졌다. 그는 공급 측면의 경제학을 "화폐 창조에 있어 최초의 올바른 신성한 이론"이라고 언급하였다. 길더는 여기에서 더 나아가 현대의 정보기술은 우리에게 과거의 물질적 습관을 극복하고 권력과 마찬가지로 돈이 진실로 믿음의 문제-우리의 원칙과 이념들에서 권력을 만드는 믿음-라는 것을 이해할 수 있도록 하였다고 주장하였다.[18] 부시의 보좌관 같은 익명의 또 다른 이들은 군사력의 적용을 믿음의 원칙으로 확대시킨다. 이들은 모두 경제력과 군사력이 친구임을 자각하고 있다. [우익 이교도가 하듯이 에인 랜드

---

[18] George Gilder, Wealth and Poverty (New York: Basic Books, 1981). 팻 로버트슨은 이 둘을 모두 멜린다 쿠퍼(Melinda Cooper)에서 인용하였다. "The UnbornBorn Again: Neo-Imperialism, the Evangelical Right and theCulture of Life," Postmodern Culturer 17(1), Fall 2006; Robertson 1992: 153.

Ayn Rand(러시아 출신의 유대인으로 미국의 유명한 보수주의·반공산주의 작가이자 지식인. 행복과 도덕적 목적을 추구하는 이성적인 개인을 강조하였으며, 파시즘과 공산주의를 개인의 권리를 침해하는 체제로 간주하여 반대했다. 1957년에 출판된 소설 『아틀라스 쉬러그스Atlas Shrugges』에서 창의적인 개인주의자들, 예술가들, 지식인들이 파업을 선언하고 산속에서 독립된 자유경제사회를 만든다 – 역주)의 유물론 종복들과 론 폴Ron Paul 식의 자유방임주의자들은 화폐 주조의 통화체제와 군사력과의 연계를 부정하고 있다.]

대학은 자유주의자들의 교회로, 철학자들과 '급진적' 사회이론가들이 신학자의 역할을 하는 장소이다. 이는 매우 다른 방식으로 나타날지도 모르겠지만, 같은 시기에 좌파 학자들 내부에 생성된 정치학의 전망은 많은 방식에서 불온할 정도로 유사하다. 1980년대 푸코-그때부터 명백하고 영원한 수호 성인상-의 놀라운 상승에는 그들의 심사숙고가 있었다. 특히 그의 제도적 지식형태에 대한 주장들-의료, 심리학, 행정체계나 정치과학, 범죄학, 특정 문제에 대한 생의학-역시 권력의 형태로 언제나 궁극적으로 그들이 주장하는 현실을 만들어주었다. 이는 자유주의 엘리트의 핵심을 이루는 전문가와 경영 계급의 시각에서 나왔다는 것만 제외하면 정확하게 길더의 신학적 공급 측면의 믿음과 동일한 것이다. 1990년대 거품 경제의 전성기 동안 학계에서는 새롭고 급진적인 신학적 접근의 끝도 없는 흐름이 등장했다. 퍼포먼스 이론, 행위자-연결망 이론, 비물질 노동 이론들. 이 모든 이론들은 현실 그 자체로서 그것이 저것이라고 다른 이들을 설득함으로써 무엇이든지 존재화할 수 있다는 주제로 수렴되고 있다.* 일반적인 연예산업 경영진은 미셸 푸코의 작업과 친근하지 않

---

* 후기구조주의 이론은 흥미롭게도 언제나 경제학, 더 나아가 군사력에 대해 기괴한 맹점이 있다.

을 것이다. 대학에서 문학 전공이 아니었다면 대부분은 아마도 그에 대해 들어보지 못했을 것이다. 또한 일반적으로 교회에 다니는 석유회사 경영진이 길더의 통화 창조 이론의 세세한 것에 친근할 리는 없다. 앞에서 언급했다시피 양자의 사고 습관에 대한 궁극적인 신학적 신성화는 우리가 '1%'라 부르는 이들 사이에 충만하다는 것이다. 지식인들의 세계에서 '뇌물'이나 '제국' 같은 말은 공개적인 담론에서 추방당했지만 모든 것들의 궁극적인 기반으로 당연시되어 왔다.

선택이 거의 없는 이런저런 현실에서 살아야 하는 99%의 바닥 인생들의 시각을 취하면 저들의 사고 습관은 우리를 냉소주의의 가장 강력한 형태인 신비주의로 볼 것이다. 실제로 냉소주의는 대부분 신비적인 경향을 취한다. 그러나 우리가 여기에서 보는 모든 것은 현실 그 자체의 본질과 더불어 우리 자신의 특별한 경험과 시각을 혼란시키는 권력자의 악명 높은 경향이다. 결국 CEO의 시각에서 보며, 돈은 실제로 상황들을 만들 수 있다. 할리우드 제작자나 병원 관리자의 시각에서 보면 지식, 권력, 실행의 관계는 실제로 존재하는 것이다.

여기에 하나의 끔찍한 역설이 있다. 대부분의 미국인에게 문제가 되는 것은 뇌물 그 자체의 원칙(그들 대부분은 이를 역겨워하고 정치가들을 특히 사악한 존재들이라고 생각하지만)이 아니라 1%가 이따금 폭넓은 공공에게 뇌물

행위자-연결망 이론의 대가들 중 한 명인 미셸 칼롱(Michel Callon)이 경제학으로 바꾸었을 때 그는 경제학자들 대부분은 그들이 설명하고자 하는 현실을 만들고 있다고 예언적으로 주장했다. 이것은 실제로 맞다. 그러나 칼롱은 이 과정에서 정부의 압정 역할을 완전히 간과하였다. 그 때문에 권력 창출 현실의 좌파 버전들은 우파들이 분석의 주요 특징을 만드는 정확한 요소들－돈과 군대의 무력－을 무시한다. 또한 흥미롭게 언급해야 할 것은 우파가 유물론을 주장하는 이단을 가지고 있는 것처럼 마르크스주의 내에서도 그와 똑같은 것을 가지고 있다는 것이다.

을 확장하려는 초기 정책들을 포기하는데 있다. 결국 노동계급에게 뇌물을 주는 것, 예를 들면 이렇게 새로 만들어진 부의 중요한 일부를 아래로 재분배하는 것–1940년대, 1950년대, 1960년대, 1970년대에 일반적이던–은 정확히 두 정당의 핵심 지지층들이 더 이상 하지 않으려는 것이다. 그 대신에 공화당과 민주당은 자신들의 궁극적인 동기를 조금도 깨달으려고 하지 않는 일련의 핵심적인 활동가 '기반'을 무너트리려고 한다. 예를 들면 보수적 기독교인은 낙태를 철저한 불법으로 보지 않게 만들고, 노동조합은 조직화에서 합법적 장애물들을 제거하려고 하지 않게 만드는 것이다.

•
•

초기 질문에 대한 답은 미국 정치에서 돈의 역할에 대해 도전하는 것은 필연적으로 혁명적이라고 할 만한데, 그 이유는 뇌물은 공적 삶에 있어서 조직의 원칙이 되었기 때문이다. 돈이 권력으로 바뀌고 다시 더 많은 돈을 벌게 되는 정부와 금융계의 결탁에 기반을 둔 경제체제는 양대 정치 정당의 핵심 기부자들에게는 너무나 자연스러운 것이 되었을 뿐만 아니라 현실 그 자체의 본질이 되었다.

이에 대해 어떻게 싸울 것인가? 이러한 높은 수준의 냉소주의에 기반을 둔 정치질서와 관련된 문제들은 조롱하는 것만으로는 해결되지 않는다. 이런 식으로는 상황을 더 나쁘게 할 뿐이다. TV 뉴스는 우리에게 사실만 주장한다고 말하지만, 뉴스는 중도우파(CNN)나 극우파(FOX)의 선전 방송과 풍자적(The Daily Show)이거나 좌파적인(MSNB) 방송 사이에 있다. 후자는 CNN과 FOX가 대부분의 시간을 실제로 얼마나 부패했고 냉소적이고 부정직한지를 우리에게 일깨워주는 데 사용한다.

후자의 언론이 말하는 것은 대부분 사실이지만, 이것은 내가 이미 일반적인 언론의 주요 기능으로 규정한 것을 궁극적으로 강화시킬 뿐이다. 당신이 현명해서 이것을 모두 냉소적인 권력 게임이라고 간파한다고 해도 나머지 미국인은 어리석은 양떼라는 메시지를 전달한다.

이것이 바로 덫이다. 이것을 때려부순다고 해도 우리는 좌파에게서 모든 것을 본받을 것이 아니라 포퓰리스트에게서도 배워야 한다. 그들이 이모든 냉소주의에서 중요한 취약점을 보여주었기 때문이다. 극소수의 미국인이 실제로 1%의 충만한 냉소주의를 공유하고 있다.

진보적 좌파들이 품는 끊임없는 불안 중 하나는 너무나 많은 미국의 노동계급들이 자신들의 경제적 이해에 반하여 투표한다는 것이다. 공화당을 지지했는데 공화당은 그들의 가족에게 난방 기름을 보급하는 프로그램 예산을 삭감하고, 그들의 학교를 짓밟고, 그들의 의료혜택을 사유화한다. 이러한 지점에서 민주당이 어느 정도까지는 자신들의 '기반'을 포기하는 것처럼 단편적인 혜택을 주겠다는 이야기들이 있었지만, 너무나 하찮은 이유라서 그들의 제안을 모욕으로 보지 않는 것은 어렵지 않다. 이처럼 정치체제에 대한 불신과 자기이해의 혼동이 진실로 가장 열심히 일하는 미국인이 오랫동안 선거절차를 포기하거나 다른 편에 투표하는 이유라고 설명할 수 없다.

이를 설명할 수 있는 단 하나의 방법은 그들이 어느 정도 자기이해에 대해 혼동하는 것이 아니라 자기이해가 모두 정치에 이용된다는 바로 그생각에 화가 났기 때문이라는 데서 그 이유를 찾을 수 있다. 정부 부채의 끔찍한 결과로부터 아이들을 구하기 위해 '고통분담'이라는 미사여구를 동원하는 것은 냉소적인 거짓말이다. 이는 1%에게 보다 많은 부를 분배하기 위한 평계일 뿐이다. 그러나 이러한 미사여구는 적어도 보통 사람들에게 고귀함에 대한 어떤 믿음을 준다. 대부분의 미국인이 '공동체'라 부를 만한 가치 있는 것이 실제로 없을 때도 적어도 이것은 다른 이들을 위해 해야 할 무엇인 것이다.

우리가 대부분의 미국인은 냉소적이지 않다는 것을 안 순간 우익 포퓰리즘의 호소는 이해하기가 훨씬 쉬워진다. 대부분 비열한 종류의 분노는 인종주의, 성차별, 호모포비아 형태로 오지만 진짜 분노는 훌륭한 일을 하기 위한 수단으로부터 잘려나갔다는 데에서 온다.

두 가지 익숙한 대오를 포퓰리스트 우익의 시위 대오에서 취해보자. '문화적 엘리트'들에 대한 증오와 "우리 군대를 지원하라"는 지속적인 요청이 있다. 표면적으로 이것들은 서로 아무런 연관이 없는 것 같다. 그러나 사실은 아주 깊숙하게 연결되어 있다. 이상하게 보이겠지만, 노동계급에 속하는 많은 미국인은 1%의 무리에 속하는 석유 거물들이나 보건기관 경영진보다는 문화산업에서 일하는 이들에게 더 분노한다. 그러나 이는 실제로 그들이 처한 상황에서 공정하고 현실적인 평가를 대변한다. 네브래스카에 사는 에어컨 수리공은 자식이 거대한 기업의 CEO가 되는 것은 아주 힘들 것이라는 것을 알지만 그것은 일어날 수도 있다. 그러나 딸이 국제 인권변호사나 『뉴욕타임스』에 기고하는 드라마 평론가가 되는 것은 전적으로 생각하기 힘든 일이다. 명백한 것은 당신이 돈만을 위한 것이 아닌 경력을 추구한다면─예술, 정치, 사회복지, 언론 등 돈보다 어떤 가치를 추구하는 데 바치는 삶, 진리, 아름다움, 자애를 추구하는─1~2년 후 당신의 고용주는 당신에게 더 이상 급여를 주지 않을 것이다. 내가 대학을 졸업하면서 깨달은 것은 뉴욕이나 샌프란시스코 같은 도시에서 몇 년간 거주할 돈이 없는 이들은 이러한 경력들에 영원히 도달할 수 없는 무보수 인터십의 탈출 불가능한 바스티옹에 갇혀 있다는 것이다. 노동계급 출신의 아이들은 누구라도 여기에서 탈출할 수 없다. 실제로 이것이 의미하는 바는 세련된 1% 계급(자기들끼리 결혼하고 배타적인)이 대부분의 노동계급 미국인의 아이들을 미개인으로 보는 것만으로도 분노할 일이지만, 아이들이 풍족한 삶을 누리면서 이기적이지 않고 고귀한 일을 추구할 수 있는 일들을 독점화하여 영리한 체계로 발전시켰다는 것이다. 만약 에어컨 수리공의 딸이 스스로 보다 더 고귀한 요청을 위해 봉사할 경력을 원한다면 그녀가 현실적으로 할 수 있는 조건은 두 가지이다. 지역교회를 위해 일하거나 군대에 가는 것이다.

이것은 내가 확신하건대 조지 W. 부시가 대중에게 어필할 수 있었던 특별한 비밀이다. 미국에서 가장 부유한 집안에서 태어난 그는 교수보다는 군인들 같이 편하게 느껴지는 사람처럼 말하고 행동한다. 포퓰리스트의 권리인 그의 전투적인 반지성주의는 전문적 경영집단의 권위(대부분의 노동자계급 미국인에게는 이들이 자신들의 삶에 CEO보다 더 즉각적인 권력을 가지고 있다)에 대해 거부하고, 물질적 자기이해보다는 다른 것에 삶을 헌신하며 사는 삶의 방법들을 독점화하고자 하는 계급에 대한 저항처럼 비춰진다. 이에 대해 자유주의자들이 자기이해에 반해서 행동하는 것처럼 보이는 부시에 대해 당혹을 표현하는 것-민주당 후보에 의해 제공받은 얼마간의 물질적 혜택을 받아들이는 것이 아니라-은 아마도 문제들을 더 나쁘게 만들 것이다.

공화당 시각에서의 덫은 이런 식으로 백인 노동계급을 향한 포퓰리즘을 연기하는 것이 민주당의 핵심 자원의 중요한 부분들을 걷어내버릴 가능성을 잃어버린다는 점이다. 민주당의 핵심 자원인 아프리칸 미국인, 라티노, 이민자 그리고 이민 2세대(비록 그들이 압도적으로 기독교를 믿고, 그들의 자녀들이 군대에 지나치게 많다는 사실에도 불구하고)들에게 이러한 반지성 정치는 손쉬운 혐오 대상이다. 아프리카계 미국 정치인이 조지 W. 부시처럼 반지성주의 카드를 성공적으로 연기할 가능성에 대해 심각하게 생각해볼 수 있는가? 이러한 일은 절대 생각할 수 없는 일이다. 민주당 지지자들의 핵심은 스스로를 문화, 공동체의 담지자라는 명확한 의식을 가지고 있을 뿐 아니라 결정적으로 교육은 그들에게 그 자체만으로 가치가 있다.

따라서 이것이 미국 정치의 교착상태이다.

지금 이 이야기를 "우리가 99%이다!" 페이지에 올린 모든 여성(주로 백인여성)에 대입하여 생각해보자. 이 시점에서는 그들이 우리 정치문화의 냉소주의에 대해 단순한 저항만 표시한 것으로 보기는 힘들다. 봉사, 교육, 다른 이들을 돌보는 삶을 추구함에 있어서 이 여성들은 절대적인 최소 요구의 형태를 취하더라도 자기 자신의 가족을 돌보는 경제적 능력을 희생하고 싶은 것은 아니다.* 그녀들의 합법적인 바람은 '학교 교사와 간호사'에 지원하고 싶은 것이지, '우리 군대'에 지원하고 싶은 것이 아니다. 많은 전직 군인들, 이라크전쟁과 아프가니스탄전쟁에 참전한 베테랑들이 고향에서의 일자리에서 배제된 것을 발견한 것과 일치하지 않는가?

월가에 관한 모든 견해들 속에서 민주주의만이 아니라 상호돌봄, 연대, 지원의 원칙에 기반을 둔 공동체를 창조하면서 점거자들은 돈의 권력에 대해서만이 아니라 인생 그 자체가 어떠해야 한다고 결정하는 돈의 권력

---

* 실비아 페데리시(Silvia Federici)는 길지 않은 에세이 「여성, 내핍, 끝나지 않는 페미니스트 혁명 [Women, Austerity and the Unfinished Feminist Revolution"(Occupy! #3, n+lf November 2011, pp. 32-34)]」에서 비슷한 방향으로 움직였는데, 주류 페미니즘이 노동시장에서 여성 참여를 보장하는 것을 강조하다가 오히려 길을 잃어버린 것을 지적하였다.

에도 혁명적 도전을 제안했다. 이것은 월가에 대해서만 날리는 타격이 아니라 궁극적으로 구체화된 냉소주의의 원칙에도 반대하는 것이었다. 최소한 짧은 순간이라도 돌봄의 원칙은 궁극적인 혁명적 행동이 되었다.

놀랍지도 않게 기존 질서의 수호자들은 이를 기존 질서에 대한 도전으로 규정했고 전투적인 도발에 직면한 것 같은 반응을 보였다.

|질문 7| 왜 점거운동은 캠프가 철거되고 나서 그렇게 빨리 위축되었는가?

2011년 11월 캠프가 철거되던 바로 그 순간 언론은 점거의 붕괴를 보도하기 시작했다.

미국 언론에서 발 빠르게 만들어낸 이야기에 따르면 상황은 철거 전에 이미 종료되었다. 일반적으로 믿는 바 이상적인 실험은 범죄자, 중독자, 노숙자, 미친 사람들로 채워지기 시작했다. 공중위생 기준이 무너졌으며 성폭행이 유행병처럼 퍼졌다. 노숙자가 바지를 내리고 있는 유명한 사진은 주코티 공원 근처의 뉴욕 경찰차 위에서 자신의 장을 청소하기 위해서였는데, 그 유명한 토니 볼로그나의 페퍼스프레이 영상에 반대되는 이미지가 되었고, 그저 상황이 어떻게 나빠졌는가에 대한 아이콘으로 광범위하게 제시되었다. (의문의 그 사람이 점거자라는 증거가 없다는 것은 중요하게 다루어지지 않았다.) 이러한 주장들은 대부분 이를 검증하려는 순간을 소멸시켜버린다. 예를 들면 강간이 유행병처럼 퍼지고 있다는 주장에도 불구하고 성폭행으로 고발된 점거자의 전체 숫자—수백 명의 점거자들 중—는 정확하게 두 명이었다. 레베카 솔닛Rebecca Solnit이 정확하게 지적한 것은 미국은 세계 어느 나라보다도 여성에 대한 성폭행 비율이 높은 나라임에도 언론들은 이를 도덕적 위기로 보지 않는다. 그러한 그들은 점거운동이 만들어낸 새로운 이야기에 대해서는 언급하지 않았다. 그것은 활동가들이 가장 위험한 미국 도시들 중 하나인 뉴욕에서 여성에 대한 폭행 비율이 명백하게 급격히 줄어든 환경을 만들었다는 사실이다. 그러나 그들의 관심사는 활동가들이 일소하지 못한 스캔들에 관한 것이었다.

게다가 캘리포니아 오클랜드에 보고를 하러 갔을 때 들은 이야기가 있다. 경찰 지휘관이 시장에게 보내는 이메일에 대한 내용이었다.

"깜짝 놀랄 만한 일이 있다. 캠프가 설치되었을 때 오클랜드에서 범죄는 19%로 줄어들었다. 점거운동이 오클랜드의 범죄에 부정적인 영향을 준다는 우리의 발언에 반대되는 것일 수 있다."

지역방송인 KTVU는 나중에 이를 입수하여 슬쩍 정보력을 과시했지만, 이러한 통계는 조심스럽게 숨겨졌다. 점거운동은 비폭력이지만 너무나 강력한 힘이어서 사람들에게 희망을 주고 식사와 연대와 대화를 나누는 것만으로 오클랜드의 고질적 범죄와 폭력 문제를 이미 해결하고 있었다는 것에 주의를 기울여라.[19]

거론할 필요 없이 어떤 신문 헤드라인도 "점거 기간 동안 범죄율이 급격하게 떨어졌다"는 사실을 보도하지 않았다. 그리고 경찰은 그에 대한

---

19 레베카 솔닛, "왜 언론은 은행의 폭력이 아니라 저항자들의 폭력을 사랑하는가(Why the Media Loves the Violence of Protestorsand Not of Banks)," Tomdispatch.com, February 21, 2012. The KTVU story can be found at: httpi/Avww.ktvu.com/news/news/emails-cxchanged-between-oakland-opd-reveal-tensio/nGMkF/. 성폭행 이슈에 대해서는 부풀려진 숫자가 나타났으나, 대개 점거 주변의 성폭력 보고를 모은 것이었고, 고발당한 이들이 캠프에 발을 들여놓았는지 아니지는 따지지 않았다.

통계의 증거가 있음에도 불구하고 계속해서 정반대되는 주장을 했다.

어떤 캠프들은 내부 충돌이 있었는데, 이는 경찰력의 부족 때문이 아니라 사실—밤낮 없이 언제나 경찰에 둘러싸여 있어 이론상으로는 미국에서 가장 안전한 장소였다—경찰이 가진 모든 권력을 다 휘둘러 충돌을 조장했기 때문이다. 예를 들어 주코티 공원에 정착한 많은 노숙자 전과자들이 알려준 바에 따르면 공무원들이 자신들을 라이커스 섬Rikers Island(뉴욕 내 교도소 지역—역주)에서 풀어주면서 공원에는 음식과 잘 곳이 있다고 말하며 버스로 데려다주었다는 것이다. 이것이 그들의 일반적인 전술이다. 그리스 신타그마 광장의 총회에 참가했던 많은 이들은 내게 소매치기와 마약거래상의 이야기를 해주었는데, 경찰은 저항자들 사이에서 거래하면 처벌받지 않을 것이라고 했다고 한다. 하지만 이와 유사한 경찰의 여러 압박하에서도 대부분의 캠프는 상대적으로 안전한 공간으로 남아 있었고 결코 홉스식의 혼돈으로 무너지지 않았다. 하지만 언론과 시당국은 변함없이 혼돈상태라고 주장했다.

실제로 무슨 일이 일어났는가?

우선, 나는 고립상태에서는 아무 일도 일어나지 않는다는 것을 이해해야 한다고 생각한다. 이것은 전 지구적 맥락에서 이해되어야 한다. 점거는 내가 여러 번 반복해서 강조하지만, 단순히 2011년 1월 튀니지에서 시작된 민주적 반란의 북미판 선언이고, 그해 말까지 기존의 모든 권력에 대해 질문을 하겠다고 위협하던 것이다.

기존의 권력구조들은 이러한 운동들에 의해 영향을 받거나, 자신들이 확립한 질서를 위험하게 하는 어떤 시도에 의해 자신들이 실패했다는 것을 인정하는 것은 상상하기 힘들다. 사실 미국은 지난 세대 동안 자리잡은 이러한 위험을 포함하여 민중 봉기가 일어나지 않거나, 최소한 많은 변화를 만들지 않거나, 재빠르게 흩어지게 하는 정치·행정·'안보' 메커니즘의 모든 기구들을 조직했다. 중동에서 미국은 복잡하게 균형 잡힌 행동을 했고, 일부 민주적인 운동을 잔혹하게 진압하는 것(바레인이 가장 대표적인 예다)을 허용했으며, 구호기구와 NGO들을 통해 자신들에게 협력하거나 중립화하는 것을 시도했다. 유럽에서는 그리스와 이탈리아에서는 부유한 정치 엘리트들이 선거로 당선된 정부를 몰아내고 금융 쿠데타라고 부를 수 있는 일련의 일들이 있었다. 또한 공공 광장에 모인 사람들에 대해 정교한 경찰 작전들을 증가시키면서 긴축예산을 밀어붙이는 '중립적 테크노라트'를 강요했다. 미국에서는 두 달이 지나서야 경찰이 체계적으로 캠프를 철거하기 시작했다. 빈번히 압도적인 군사력을 사용하였는데, 보다 심각한 것은 그때부터 시민 중 어떤 그룹이라도 다시 캠프를 설치하려고 하면 어디에서건 즉각적인 물리적 공격의 대상이 된다는 것을 점거자들에게 명확하게 한 것이다.

이에 대한 미국 정부의 노선은 명확하지 않았다. 그러나 우리는 뭔지는 잘 모르겠지만 시 당국의 행보를 보며 정부의 노선을 추측할 수 있었다. 수백의 시 당국이 모두 독립적으로 그들의 지역 캠프 철거를 결정하고, 똑같은 평계(위생)를 대면서 똑같은 전술을 사용하고, 이후에는 점거자들이 완벽하게 합법적으로 시도를 하더라도 어떠한 캠프도 설치될 수 없도록 결정했다. 물론 이러한 일들을 예측하지 못한 것은 아니다. 1999년, 2000년, 2001년의 세계정의운동에서도 억압하려는 시도들은 명백하게 존재했다. 그리고 2001년 9월 11일 이후 미국 정부는 공중 질서를 위협하는 것으로 감지되는 어떠한 일에 대해서도 용인할 수 없다고 말하며 새로운 안보 관료제를 몇 겹이나 더했다. 만약 편안하게 앉아 이러한 제도들을 운영하고, 크고 빠르게 성장하는 잠재적으로 혁명적인 전국 규모의 운동이 갑자기 등장하지 않았다면 그런 걸 만들지 않았을 것이다. 그들이 어떻게 진압하였는지 우리는 모른다. 그리고 아마 앞으로도 몇 년간은 모를 것이다. 1960년대 시민운동과 반전운동을 파괴한 FBI의 정확한 본질을 배우는 데만 몇십 년이 걸렸다. 하지만 무슨 일이 일어나고 있는가에 대한 광범위한 개괄을 특별하게 재구성하는 것은 어렵지 않다. 실제로 민주화 운동을 억압하려고 시도하는 정부들에 의해 채택되는 아주 모범적인 대본이 있다. 그리고 이것은 명확하게 이러한 대본에 의해 추진된다. 그 과정이 어떻게 추진되는지는 다음과 같다. 첫째, 운동을 이끌어가는 급진적인 이들의 도덕적 권위를 파괴한다. 그리고 그들을 경멸할 만큼 (최소한 잠재적으로라도) 폭력적이라고 색칠한다. 그다음에는 잘 고안된 특권과 공포스러운 이야기를 합쳐서 그들의 중산층 동맹을 벗겨낸다. 그럼에도 불구하고 만약 진정한 혁명적 상황이 임박한 것으로 판단되면 의도적으로 공공질서를 파괴해야 한다. (이것이 무바라크 정부가 이집트에서 했던 일이다. 그들은 상습범들을 감옥에서 풀어주기 시작했고, 중산층 거주지들에서 경찰을 철수시켜 거주자들이 혁명은 오직 혼란으로 끝날 것이라고 믿게 했다.) 그리고 마지막은 공격이다.

2000년에 나는 시애틀에서 WTO에 대한 저항 이후 이 첫 번째 단계가 어떻게 움직이는지에 대한 문서를 작성하느라 꽤 많은 시간을 보냈다. 당시 나는 언론 연락책으로 활동하는 운동가들과 자주 만나 일했다. 우리는 엽기적인 불만들이 터져나오는 것을 다루었는데, 언제나 이러한 불만은 수평선에서 갑자기 나타나는 것처럼 보였고, 여러 공식 자료에 명백하게 나왔으며, 모두 동시에 일어났다. 예를 들면 2000년 여름에 어떤 주에서 많은 사람들이 갑자기 반세계화 저항자들이 모두 신탁기금을 받는 부잣집 아이들이라는 말을 하기 시작했다. 그 이후 곧바로 우리는 시애틀에서 저항자들이 도입하려고 하는 행동에서 일련의 극단적 폭력의 형태들을 입수하기 시작했다. 새총 사용, 돌, 배설물, 화염병 투척, 오줌, 표백제, 염산이 가득 든 물총, 경찰에게 던지기 위해 쇠지렛대를 사용해서 보도 뜯어내기 등이었다. 이러한 폭력적 전술에 대한 경고는 무역회담이 열리기 전 정기적으로 신문에 오르내리기 시작했다. 전문가 중 권위자들이 지역 경찰에 드릴을 보냈다는―시애틀 저항자들 사이에서는 누구도 이러한 종류의 일을 아무에게도 제안하지 않았음에도 불구하고―등 급박한 공포 분위기를 조성했다. 『뉴욕타임스』에 이러한 기사가 실렸을 때 지역의 직접행동네트워크 회원들(나를 포함해서)은 실제로 신문사를 찾아가 항의했다. 시애틀 경찰을 부르고 난 후 기사의 취소가 쟁점으로 강제화되었다. 시애틀 경찰이 배치되면서 이러한 전술에 대해 우리는 아무런 증거를 가지고 있지 못했다. 그러나 유언비어는 끊임없이 계속 나왔다. 무슨 일이 일어나고 있는지 정확하게 알 수 있는 방법은 없었고, 경찰과 연계해서 일하는 민간 보안회사들의 네트워크 일부, 우익 싱크 탱크들, 그리고 경찰 정보기관들을 추적하여 작은 증거들을 모을 수 있었다. 오래 지나지 않아 소문을 접한 도시의 경찰 지휘관들은 비슷한 이야기들을 만들어내기 시작했다. 이러한 일은 우리가 나서서 폭력적 행동이 절대 일어나지 못하도록 할 때까지 예외없이 며칠간 신문의 헤드라인을 장식했다. 그 당시 당연히 우리가 제시하는 주된 주제는 뉴스거리가 아니었다.

역사적 관점에서 이러한 비방들을 살펴보면 어떤 명백한 형태들이 나타나기 시작한다. 가장 극적인 것은 인간의 신체에 대한 모욕과 제복을 입은 인간들을 함께 병렬시키는 것이다. 나는 민주주의를 표방하는 저항자들이 경찰이 있는 곳에서 누군가를 공격하거나 배설물을 준비하는 것을 최소한 한 번이라도 보거나 언급하는 것을 본 적이 없다. 아마도 이 모든 것은 1960년대 반전운동 저항자들이 전역 군인에게 침을 뱉는 이미지가 성공을 거둔 것으로 거슬러 올라갈 수 있을 것이다. 그런 일이 실제로 일어났는지에 대한 증거가 없었음에도 불구하고 대중적 이미지로 확고하게 자리를 잡았다. 1970년대조차 히피들이 인분을 던지는 끔찍한 모습은 우익 언론의 주요 주제가 되었고, 평화로운 저항자들을 공격하라는 명령을 받기 직전에 언제나 제복을 입은 남녀가 다시 나타났다. 물론 언제나 문서로 된 어떠한 증거 없이 말이다. 영상 작가들은 경찰이 점거자들, 기자들, 지나가던 행인을 구타하는 수천 개의 이미지를 포착했지만 누구도 점거자들이 똥을 던지는 이미지는 잡지 못했다.

배설물에 대한 강조는 아주 효과적인데, 심리적으로 이는 두 가지 목적이 있다. 하나는 실제로 비폭력적 이상주의자들의 머리*에 곤봉을 휘둘러야 하는 경찰 하위직들의 마음을 사로잡아 분노를 자극하는 것인데, 점거 초기에 이들은 개인적으로 우리와 공감을 가지고 있었다. 1월과 2월에 체계적으로 압력이 거세지자 자신들을 체포한 경찰들과 오랫동안 대화를 나눌 기회를 가진 활동가들은 점거자들이 공무원들에게 배설물을 주기적으로 던진 적이 없었다고 강변했지만 결국 설득할 수 없었다.

두 번째 목적은 활동가들을 경멸스럽고 폭력적이라고 매도하여 대중의 시각에서 활동가들의 도덕적 권위를 파괴하는 것이다. 경찰차 옆에 웅

---

* 내가 앞에서 언급했던 것처럼 세계화 저항자들이 실제로는 아주 많은 '신탁기금의 혜택을 받는 아이들'이라고 주장하는 것은 바라던 효과를 달성하기 위해 완벽하게 맞추어진 것이다. 이렇게 말하는 방식이다. "이번 무역 정상회담을 방어하는 것이 당신과 당신 같은 이들을 경멸하는 뚱뚱한 고양이떼를 보호하는 문제로 생각하지 말라. 그보다는 그들 꼬마들을 두들겨 팰 기회로 생각하라(그러나 진짜로 누구도 죽일 필요는 없다. 왜냐하면 그들 부모가 누군인지를 알지 못하기 때문이다)."

크리고 앉아 볼일을 보는 노숙자 사진은 첫 번째 목적을 빠르고 손쉽게 달성했다. 그러나 문제는 두 번째 목적을 달성하기 위해 뉴욕에서 활동가들이 경찰을 공격했다고 그럴듯하게 주장할 방법이 없다는 것이다. 그래서 노선은 활동가들을 다른 활동가로부터 공격받는 것을 막기 위해 개입하게 되는 것으로 바뀌었다!

이러한 배설물에 관한 상징적인 전략은 실제로 쉽게 확장하여 적용할 수 있다. 이는 지역 당국이 많은 중산층 시민이 텐트를 치는 데 가담하는 것을 범죄화하기 위한 핑계를 대기 위해 버둥거릴 때인 운동의 초기 몇 주 동안 기획되었다. 어떤 범죄도 저지르지 않았고, 시에서 규제하는 사안에 대해 약간 어기고 있을 뿐인 대다수의 시민에게 중무장한 진압 경찰을 보내는 것을 어떻게 정당화할 수 있겠는가? 처음부터 방법은 명확했다. 위생! 캠프들은 오물과 동일시되었다. (아주 세심한 위생 작업반들의 존재는 당연히 이러한 측면과는 무관한 일이었다.) 이미 점거 2주째에서 3주째에 오스틴, 텍사스, 포틀랜드, 오레곤 같이 멀리 떨어진 도시들의 활동가들은 도시가 위생 조건에 대해 관심을 가질 때부터 특별청소—매일 4~5시간 걸려서 청소를 했다—로 캠프가 완벽하게 청소되어야 한다는 것을 통보받았다. '오물 구덩이'에서 '폭력, 범죄, 퇴폐의 오물통'이라는 이미지를 이어가는 것은 쉬운 일이다. 그리고 당연히 캠프의 철거가 시작되었을 때 시장들은 캠프를 친 사람들을 포함해서 모든 이들을 범죄로부터 보호하기 위한 조치라고 자신들의 행동을 정당화시켰다. 이러한 공식적인 이유는 거의 모든 경우 공중 위생반의 투입에 당위성을 제공한다.

•
•

'왜 철거 이후에 운동이 빠르게 위축되었는가?'라는 질문에 대한 직접적인 응답은 없다. 그러나 이것은 우리에게 필요한 맥락을 제공해준다.

여기에서 첫 번째로 강조해야 할 것은 우리가 너무 표면적인 것에 대해 이야기하고 있다는 것이다. 운동이 위축된 것으로 보인다고 말하지만, 실제로는 그렇지 않다. 캠프에 대한 공격, 점거자의 집, 주방, 병원, 도서관, 많은 도시에서 활동가 난민들이 만들어낸 결과물의 파괴력은 의심할 여지가 없다. 비록 많은 이들이 캠프에 들어가기 위해 직장과 집을 포기했다. 그리고 갑자기 자신들이 거리나 교회 지하실에 마련한 임시 거처에 있다는 것을 깨달았다. 많은 이들이 트라우마를 겪었고 체포, 부상, 투옥, 자신들이 가진 세속의 재산 대부분을 잃은 것에 대한 심리적 충격도 분명히 있었다. 철거 이후 처음에 운동은 거대한 혼돈 속에 내던져졌다. 비난에 대한 비난이 넘쳤다. 점거의 위세가 좋았던 시기에는 대개 제쳐둔 상태에 있던 인종, 계급, 성의 쟁점에 대한 분노가 한꺼번에 등장했다. 모두가 부족한 돈과 맞서서 싸우는 것으로 보였다. 뉴욕에서는 50만 달러 이상이 지원되었다. 이는 몇 달 동안 추방된 이들을 위한 주거와 운송 비용(교회가 우리에게 청구했다)을 제공하는 데 써버렸다. 총회 같이 캠프에서 아주 매끄럽게 운영되던 조직화된 형태들의 일부는 새로운 환경에서 전적으로 맞지 않는다는 것이 증명되었다. 대부분의 도시에서 총회는 즉각적인 실행 목적을 가진 일반적으로 큰 워킹그룹으로 대체돼 대부분 겨울에 해산했다. 뉴욕에서 직접행동네트워킹그룹과 다양한 특별 회의들 ― 뉴욕에서는 노동절 동원 같은 특별한 프로젝트들을 위해 소집되었다 ― 은 대부분 동일한 일을 하면서 끝이 났다.

돌이켜보면 총회 모델의 붕괴는 결코 놀라운 일이 아니다. 세계정의운동을 경험한 우리 대부분은 시작부터 경찰의 어떤 미친 실험이 들어올지 고려하고 있었다. 우리는 언제나 실제로 어떠한 크기의 모임이라도 분명히 수천 명이 참여하는 모임을 상정했다. 만약 우리 모두가 임시 '대변인'이 있는 그룹들로 정리되는 대변인협회 모델류를 채택해야 합의 과정이 이루어진다면(비록 모두가 그들의 대변인들에게 할 말을 할 수 있고, 심지어 언제나 그들을 교체할 수 있는 소규모 그룹의 발생에 의해 균형을 맞추기는 하더라도) 대변인 혼자서도 제안하고 토론에 참가할 수 있다. 대변인협회 모델은 1999년부터 2003년까지의 대규모 동원 기간에 꽤 잘 운영되었다. 총회식 접근에서 주목할 것은 얼굴을 맞대는 실제 공동체가 유지되었다는 것이다. 캠프가 철거되자마자 총회가 해산한 것에 대해 우리 중 누구도 특별히 놀라지 않았다.*

상황을 실제로 더디게 만들고, 많은 이들에게 운동이 붕괴되고 있다고 믿게 한 것은 몇 가지 사실들의 불행한 연쇄작용이었다. 경찰 전술의 급작스러운 변경은 활동가들이 즉시 물리적 공격을 받지 않고서는 미국 도시에서 어떠한 종류의 자유로운 대중 공간을 만드는 것도 불가능하게 하였다. 아쉽게도 이 새로운 정책에 대해 공개적인 논쟁을 만들려는 노력을 하지 않은 우리 자유주의 동맹의 포기가 있었다. 그리고 갑작스런 언론 보도통제는 대부분의 미국인이 이런 일이 일어났는지조차 모르게 했다. 주코티 공원 같은 대중 공간을 유지하는 것은 힘든 일이다. 나중에 많은 조직가들이 쟁점 구분을 동등하게 만드는 것을 걱정하느라 시간을 허비하지 않아도 되고, 직접행동과 진짜 정치적 캠페인에 집중할 수 있는 주

---

* 뉴욕의 비극은 최소한 대변인협회 모델이 유지되는 동안 광범위한 상향식 결정이 도입되었고, 충돌이 극대화된 순간에 알력이 일어나는 불씨가 되었다는 것이다. 최근에 뉴욕에서 대변인협회 모델을 보다 민주적인 열정으로 다시 살리려는 노력이 진행 중에 있다.

코티 공원에서 어느 정도 안도감을 느꼈다고 말했다. 그들은 운동에 관심 있는 누구라도 참가하고 지지를 표시하거나 그저 무엇이 일어났는지 알기 위해 언제라도 갈 수 있는 단 하나의 센터가 필요함을 공감했지만 이것을 만드는 일은 더 힘든 일이라는 것을 알았다. 그리고 이러한 센터를 재설립하려는 시도들은 체계적으로 방해를 받았다. 점거자들이 로어 맨해튼에서 왕년의 동맹이었던 트리니티 교회를 설득하여 투자가 실패한 부동산의 황폐화된 구획을 이용하려는 노력은 실패로 돌아갔다. 데스몬드 투투Desmond Tutu 주교의 호소도 소용이 없었다. 여러 교구의 주교들이 평화롭게 공간을 점거하는 행진을 이끌었지만, 즉시 체포되었고, 그들의 이야기들은 뉴스거리가 되지 않았다.

첫 점거의 6개월 기념일인 3월 17일에 이전 점거자들은 즉흥적인 파티를 열었다. 1시간쯤 지나자 경찰이 공격했고, 여러 활동가들이 심하게 다쳐서 병원으로 실려갔다. 대중 공원은 관습적으로 언제나 24시간 열려 있어서 한 무리가 떨어져 나와 유니언 광장에 슬리핑 백을 설치했다. 며칠 지나지 않아 점거 관련 책들과 함께 그들 주위에 테이블이 나타났고, 주방과 도서관이 설치되었다. 시는 지금부터 공원은 12시가 되면 문을 닫을 것이라는 선언으로 대응했는데, 우리는 이를 '야간 철거 극장'이라고 부르게 되었다. 몇백 명의 진압 경찰이 매일 밤 11시에 슬리핑 백에 들어가 야영을 하려는 이들을 몰아내기 위해 모였다. '노 캠핑No camping' 규제는 매우 공격적으로 감행되어 활동가들은 담요를 덮은 채 체포되기도 했다. 나는 점거자들이 도로에 내팽개쳐지고 개처럼 묶이는 것을 목격했다. (경찰 지휘관들의 말은 이렇게 하면 저항자들이 안전하다는 것이다.)

이 기간 동안 체포에 사용된 폭력 수준은 극적으로 높아졌다. 우리는 가장 평화적인 저항자들이 보도에서 멀리 떨어져서 하는 행진이나 뭔가

하려고 시도하기만 해도 태클을 당해서 그들의 머리가 반복적으로 콘크리트에 부딪히는 것을 보았다. 경찰은 위협하는 데 있어 새롭고 진기한 전술들을 도입했고, 일부는 외국에서 수입한 것으로 드러났다. 예를 들면 2011년 11월과 12월에 이집트에서는 어떤 혁명가들이 타흐리르 광장을 새로이 점거했을 때 경찰은 여성 저항자들에 대해 성폭력 캠페인을 체계적으로 하는 것으로 대응했다. 여성 저항자들은 두들겨 맞기만 한 것이 아니라 남성 참가자들 앞에서 옷이 벗겨지고 성추행까지 당하였다. 이집트 친구들이 내게 말해준 바에 따르면 목적은 두 가지였다. 여성 활동가들에게 최대한의 트라우마를 주는 것만이 아니라 남성 활동가들이 그녀들을 방어하기 위해 폭력을 쓰도록 도발하는 것이다. 유사하게 3월 뉴욕에서 재점거 시도가 있었을 때 우리는 경찰이 여성 저항자들에게 맹렬한 성폭력을 행사하는 것을 보았다. 이전에는 가끔 일어난 일이었다. 나는 유니언 광장에서 저녁나절의 철거 동안 5명의 경찰이 자신의 가슴을 쥐었다고 말해준 여성을 만났다. (또 다른 경찰은 서서 자신에게 키스를 날려 보냈다고 한다.) 다른 여성들은 비명을 질렀고, 그녀를 변태스럽게 끌어안던 경찰을 불렀다. 그러자 그와 그의 동료는 그녀를 경찰선 밖으로 끌고나가서 허리를 분지르려고 하였다. 잘 알려진 한 점거 대변 여성이 「민주주의 지금!Democracy Now!」이라는 프로그램에 출연하여 가슴에 남아 있던 커다란 타박상을 보여주었다. 그것은 경찰의 손에 의한 상처였다. 언론은 이 이야기의 보도를 거부했다. 오히려 경찰 개입의 새로운 규칙—누구건 격렬하게 저항하면 아무리 평화롭더라도 체포되어 병원 신세를 질 수도 있다는 것을 이해해야 한다는 것이다—은 단지 '새로운 규범'으로 취급되었고, 경찰 폭력으로 인한 어떤 특별한 사례도 더 이상 뉴스거리가 아니었다. 언론자료는 충실하게 이러한 행진에 참여하는 숫자가 줄어들었다는 것만 보도했는데, 이는 명백한 이유에서 행진이 원칙적으로 구타와 투옥을 감수하는 열혈 활동가들로만 구성되었기 때문이다. 지금은 아이들이나 노인들은 동참하지 않는데, 이들의 참여는 초기의 행동들을 인간적으로 만들어주었다. 행진에서 숫자가 줄어드는 것을 보도하면서 언론은 왜 그런가에 대한 이유를 보도하는 것은 거부했다.

∙

진짜 질문은 이것이다. 왜 경찰의 진압 규칙들이 바뀌고, 왜 논란의 여지도 없이 이러한 폭력이 허락되었는가? 모든 경험 있는 활동가들이 알고 있듯이 거리에서의 개입 규칙은 우리 동맹의 질과 효과와 밀접한 관계가 있다.

처음에 점거가 언론에서 아주 많은 관심을 받은 이유─나와 이야기한 대부분의 숙련된 활동가들이 동의한 것은 이런 일은 본 적이 없다는 것이다─는 수많은 주류 활동가 그룹들이 발 빠르게 우리의 대의를 지지했기 때문이다. 그러나 각 그룹들이 운동에 참여한 목적은 서로 달랐다. 예를 들면 Moveon.org나 Rebuild the Dream이다. 이런 그룹들은 점거운동의 탄생으로 엄청나게 힘을 받았다. 그러나 앞에서 말한 것처럼 역시 대부분은 선거 정치와 상향식 조직 형태의 원칙적 거부를 단지 지나가는 현상으로 상정했다. 그들이 상정한 것은 운동의 유아기가 좌익 티파티와 유사한 어떤 모습으로 성숙해가는 것이었다. 그들의 시각에서 보면 캠프는 곧 분열될 것이다. 그들에게 있어 운동의 진짜 비즈니스는 젊은 활동가들에 의한 점거가 입법 캠페인으로 인도하는 도관이 되면 마침내 진보적인 후보자를 위해 투표하는 대공세가 펼쳐지는 것이다. 운동의 핵심이 원칙에 충실하다는 것을 깨닫기까지는 어느 정도 시간이 걸렸다. 또한 명백한 것은 캠프가 철거되었을 때 이런 그룹들만이 아니라 자유주의자들은 보다 일반적으로 다른 길을 찾는 전략적 결정을 내렸다.

하지만 급진주의자의 시각에서 보면 이는 궁극적인 배신이다. 우리는 시작부터 수평적 원칙들에 대한 서약을 했다. 이것이 바로 우리가 하려는 일의 핵심이다. 이러한 서약을 통해 미국에서 우리 같은 급진주의 그룹들과 자유주의적 동맹 사이에는 암묵적인 이해가 있었다고 이해했다. 급진주의자들의 혁명적 변화에 대한 요청은 좌파 자유주의자들에게도 자유주의자들의 개혁에 대한 제안의 불을 지폈고, 이것이 보다 판단력 있는 대안으로 보였다. 테이블에서는 우리가 그들을 이겼다. 그들은 우리를 감옥에서 빼내주었다. 점거는 현명하게 금융 권력, 정치 과정의 부패, 사회적 불평등을 쟁점으로 거론하기 시작하는 국가적 논쟁으로 번지면서 멋지게 성공했다. 그러나 자유주의자들은 이러한 혜택에서도 쟁점을 두고 마찰을 빚었다. 이러한 조건을 두고 협상에 실패하자 자유주의자들은 테이저총과 곤봉을 든 SWAT 팀이 도착했을 때 어디론가 사라졌고 우리를 폭력적 운명 속에 남겨두었다.

돌이켜보면 경찰의 폭력적 진압은 피할 수 없는 것으로 보인다. 그러나 과거에는 일이 그런 식으로 운영되지 않았다. 명백하게 사회운동에 대한 폭력적 진압은 전혀 새로운 것은 아니다. 적색 공포, 미국 인디언운동이나 1960년대와 1970년대의 흑인 급진주의자들은 제외하고 IWW 같은 급진적 노동운동의 반동에 대해서만 생각해보면 대부분의 경우에 경찰은 노동계급이나 백인에게 폭력을 사용하지 않았다. 드물지만 온건하고 체계적인 억압이 꽤 심각한 숫자의 백인 중산층−매카시 시기나 베트남전 때의 학생 저항자들−에게 행해지는 경우는 빠르게 국가적인 사건이 된다. 월가 점거운동을 중산층 백인의 운동이라 부르는 것은 잘못된 것이지만—그보다는 훨씬 다양하다—아주 많은 숫자의 백인 중산층이 참여했다는 것은 의심의 여지가 없다. 그러나 정부는 이를 공격하는 데 조금도 지체하지 않고 빈번히 매우 고도의 군사적인 전술을 쓰고, 테러에 대한 폭력이라고 부를 수 있는 방법을 사용했다. 만약 '테러리즘'이 정치적 목적을 위해 의도적으로 테러를 고안하여 시민에게 가하는 공격이라고 정의한다면 그러하다. [나는 이 발언이 논쟁적이라는 것을 안다. 그러나 예를 들어 로스앤젤레스 경찰이 분필을 사용하는 '아트 워크art walk'로 허용된 완전하게 합법적인 저항자 그룹에게 고무탄알을 발포한 것은 시민에게 점거에 관련된 활동에 참가하는 것이 물리적인 상해를 입는다는 것을 명백하게 가르치고자 한 의도였다. 테러라는 단어가 어떻게 적용되어야 할지는 매우 어렵다.]

무엇이 바뀌었는가? 여기에 대한 하나의 답은 이것이 9.11 이후 미국인의 첫 사회운동이라는 것이다. 테러에 대한 전쟁이 실제로 규칙을 바꾸었는가?

나는 우리가 처음 점거를 시작했을 때 9.11의 감정적인 여파가 우리가 대처해야 하는 난관이 아니라는 데 대해 어느 정도 놀랐다는 것을 인정해야 한다. 주코티 공원은 그라운드제로에서 두 블록밖에 떨어져 있지 않았고, 나는 점거가 테러 공격의 희생자들을 대상으로 한 신성모독과 경멸로 비추어지지 않을까 하는 예상을 하고 있던 것을 기억한다. 그러나 그런 일은 일어나지 않았다. 거기서 마침내 우리가 발견한 것은 9.11은 운동의 활동 근거를 바꾸었고, 보다 미묘한 방식이 요구된다는 것이다. 그렇다. 간디주의자들의 공식이—신중하게 비폭력을 유지하면서 군사력을 무효화시키고, 그럼에도 불구하고 국가의 반응이 얼마나 잔혹한 것인가를 세계가 목격하게 하는—짧게나마 실제로 움직이는 것처럼 보였다.

그러나 아주 짧은 순간이었다. 철거 이후에 자유주의자 조직들이 폭력에 관해 쟁점을 만들지 않기로 전략적 결정을 했다는 것만으로는 충분하지 않다. 또 한 가지 질문해야 할 것은 왜 그들이 그렇게 물러났느냐는 것이다. 즉 왜 그들 구성원들이 경찰의 폭력을 그렇게 쉽게 받아들였느냐는 것이다. 이것이 내가 생각하는 9.11 이후에 진짜 심리적 효과를 엿볼 수 있는 부분이다.

테러공격 후 즉시 일어난 것은 미국경찰의 군사화였다. 몇십억 달러가 '반테러' 장비를 갖추는 데 공급되었고 데이턴Dayton, 오하이오 같은 자금이 부족했던 지자체에서 경찰들을 훈련시키는 데 할당되었는데, 이 지자체들은 어떤 종류의 테러위협도 직면하지 않은 곳이다.

이것은 가끔 우리의 행동에 대한 경찰의 기이할 정도의 과잉행동에 대한 설명을 용이하게 한다. 우리는 뉴저지에서 몇십 명의 활동가들이 저당잡힌 집을 점거하려고 시도할 때나 맨해튼의 연방 홀 계단에서 연설을 하려고 시도할 때 중무장한 SWAT 팀의 제재를 받았다. 2012년에는 이에 대해 아무것도 언급되지 않았다. 어떻게 중산층 자유주의자들은 경찰의 군사화를 그렇게 쉽게 받아들이게 되었는가? 그들은 폭력 가능성이 있는 저항자들 측의 어떤 행동이라도 절대적이고 단호하게 거부하였다. 경찰이 명백하게 평화적 저항자들에 대해 미리 계획된 행동, 즉 최루탄을 직접 점거자의 머리에 발사-오클랜드에서는 실제로 여러 번 일어났던 일이다-하더라도 언론과 자유주의 논평가들의 첫 번째 반응은 언제나 어떤 점거자가 어떤 곳에서 단지 수동적인 저항이 아닌 폭력적인 공격을 한 것에 대해 경찰이 반응한 게 아닌가 물어보는 것이다. 만약 누가 최루탄을 경찰 방향으로 발로 차서 돌려주면 이야기는 "경찰이 저항자를 향해 발포했다"거나 "해병대 참전용사가 최루탄에 머리를 맞고 심각한 상태에 있다"가 아니라 "저항자들이 경찰과 충돌했다"로 바뀐다.

역사적으로 거대한 역설 중 하나는 간디와 마틴 루터 킹의 영혼이 담긴 호소가 미국사회의 새로운 군사화를 정당화시키는 가장 중요한 수단이 되었다는 것이다. 그들이 살아남아 이 모든 것을 목격했다면 아마도 양자 모두 충격을 받았을 것이다. 점거운동은 아주 특이한 비폭력운동이었다. 평화에 대한 규범, 지도자, 공식적인 정책의 부재에도 불구하고 그 규모에 있어서 미국 역사상 가장 큰 비폭력운동일 것이다. 그해 가을에 복음주의 기독교부터 혁명적 아나키스트들까지 주목할 만한 다양한 철학들을 대표하는 참가자들의 최소 500여 개의 점거가 있었고, 수천 개의 행진과 행동이 있었다. 시위자들이 일으킨 가장 '폭력'적인 행동은 4~5개 정도의 창문 파손으로, 캐나다에서 하키경기가 끝난 후에 일어나는 소동보다 기본적으로 더 적었다. 역사적으로 이것은 특별한 성취라고 할 만하다. 그럼에도 왜 점거자들은 이런 취급을 받고 있는가? 창문 몇 개가 깨진 것이 도덕적 위기가 되었다. 철거 직후 미국인은 우선 무엇이 일어났는가에 대해 생각을 확장할 기회를 가졌다. 대규모 체포, 구타, 집과 도서관의 체계적인 파괴 등등. 또한 아나키스트를 공격하는 자유주의 측에서는 전직 『뉴욕타임스』 리포터에서 월가 점거운동의 지지자로 변신한 크리스 헤지스Chris Hedes가 쓴 "점거에서의 암"이라고 불리는 글에 대한 논쟁이 격화되었다. 그는 오클랜드에서 창문이 한두 개 파손된 것은 폭력적이고 미친 아나키스트 분파의 짓으로, 이들을 '블랙 블록'이라고 불렀고 점거운동이 할 수 있는 가장 중요한 일은 경찰에게 변명을 하지 않기 위해 이러한 요소들을 폭로하고 배제해야 한다고 주장하였다. 그 글에서 실제에 입각해서 정확한 것은 없다는(블랙 블록은 사실상 형태일 뿐 그룹이 아니며, 대부분의 점거 기간동안 한 번도 보지 못했다) 사실은 단지 모두에게 거기에 대해 논쟁할 평계를 제공하기 위한 것으로만 보였다. 오래지 않아 자유주의적 논평가들이 합의한 것은 점거의 진짜 문제는 실제 일어났던 어떠한 물리적 폭력이 아니라(이것들은 대부분 경찰에 의해 일어난 일들이다) 일부 점거가 약간의 그런 요소를 지니고 있다는 사실이며, 실제 폭력사건이 일어나지 않았더라도 자산을 훼손하는 행동은 정당화될 수 없다고 느꼈다는 것이다. 3월 뉴욕 행진에서조차 11월 오클라호마 행진에서 블랙 블록과 관련된 활동가에 의해 부서졌는지 알 수 없는 단 하나의 카페 창문에 대해 끝도 없는 토론이 벌어지고 있었다. 그 결과 뉴욕에서는 창문 파손과 관련된 논쟁은 실질적으로 없었다. 3월 17일에 일어났던 파손된 의문의 창문－로어맨해튼의 가게 창문이었다－은 뉴욕경찰이 활동가의 머리로 들이박아 부순 것이었다.

간디의 호소를 실제로 국가 폭력을 정당화하기 위해 단지 사악하게 이용하기보다는 간디의 말과 행동을 다시 돌아보는 편이 나을 것이다. 대부분의 아나키스트들에게 간디는 애증을 품게 하는 인물이다. 한편으로 그의 철학은 톨스토이와 크로포트킨의 아나키즘에 깊숙이 걸쳐져 있고, 다른 한편으로는 자기학대적 청교도 류에 귀의하여 진실로 자유로운 사회 창조에 심각하게 해로울 뿐인 개인숭배를 고양했다. 그는 모든 종류의 폭력에 반대했다. 그러나 간디 또한 옳지 못한 사회 질서를 수동적으로 묵인하는 것은 나쁘다고 주장했다. 나는 철거 직후 뉴욕의 뉴스쿨에서 열린 월가 점거운동을 다룬 한 컨퍼런스를 기억한다. 자유주의적 평화주의자들은 간디가 "폭력 사건이 발생하자 인도 철회운동Quit India campaign을 중단"하기까지 했다고 조직가들에게 일깨워주었다. 그들이 언급하지 않은 것은 그 문제의 사건은 간디의 추종자들이 22명의 경찰관들을 난도질한 것이고 나머지를 불지른 것이다. 이것은 아주 믿을 만한 추측인데,

만약 클레버랜드 점거운동과 덴버 점거운동에 속해 있는 이들이 많은 경찰들의 사지를 찢었으면 카리스마 있는 지도자가 우리에게 굳이 그런 말을 하지 않더라도 우리의 운동은 죽은 채로 멈추어 그 경로에서 중단될 것이다. 또한 간디가 지금의 상황이라면 스스로 몇 개의 창문을 부수는 감정을 일으키게 될 것이라는 생각은 아주 어리석은 것이다. 사실 정치가로서 간디는 정기적으로 반식민지 저항의 형태에서 보다 전투적으로 참가했던 이들을 비난하라는 요구에 저항했다. 이것은 그들이 그의 운동의 일부가 아닐 때이다. 경찰서를 습격하고 열차를 폭발시키는 게릴라의 문제에서조차 그는 언제나 비폭력이 올바른 접근이라고 믿는다고 언급했다. 그가 주장한 것은 비폭력으로 불의에 저항하는 것은 언제나 폭력으로 저항하는 것보다 도덕적으로 우월하다는 것이다. 폭력으로 불의에 저항하는 것은 폭력에 반대하면서도 아무것도 하지 않는 것보다는 여전히 도덕적으로 우월했다.[20]

간디의 이름으로 무엇인가 주장하는 이가 되기를 바란다면 가끔은 간디처럼 행동해야 한다.

그러나 이 모든 것에도 불구하고 운동이 정말로 죽은 채로 그 경로에서 멈추었는가? 절대 그렇지 않다. 우리는 급진적으로 새롭고 물리적으로도 더욱 적의를 가진 환경에서 동정적인 언론의 혜택 없이 우리의 기초를 찾으려고 힘든 6~8개월을 보냈다. 극적인 새로운 캠페인들로 저당잡

---

20 이러한 흥미로운 것은 노르만 핑켈스타인(Norman Finkelstein)의 최근작인 「간디는 무엇을 말했나-비폭력, 저항, 용기(WhatGandhi Says; About Nonviolence, Resistance and Courage (NewYork: OR Books, 2012)」를 참조할 수 있다. 아주 많은 인용이 있는데, 친애하는 간디께서는 최악의 범죄는 무저항이라고 느꼈다. 그는 또한 가장 유명한 말을 남겼는데, 불의에 직면할 때 "만약 선택이 폭력과 겁쟁이가 되는 것밖에 없다면 나는 폭력을 권할 것이다."

흰 집 점거, 농장 점거, 임대료 스트라이크, 교육적 자기주도성이 있었다. 끝없는 새로운 거리 전술, 연극과 희극에 관해 새로 발견한 강조와 부분적으로는 진압에 직면해서 사기를 고양하는 방법들이 있었다. 그러나 대부분은 새로운 동맹을 찾는 것이었다.

자유주의자들이 우리를 거의 포기하자 다음 단계는 우리의 진짜 동맹으로 고려해온 노조, 공동체 조직, 이민자 권리 그룹과 연대를 강화하는 것이었다. 뉴욕에서 철거 이후 점거의 첫 번째 실제 자기주도는 전국적인 노동절 '총파업'을 계획하는 데 참가하는 것이었다. 우리 모두가 우리가 전통적인 감각에서 총파업을 조직할 수 없다는 것을 이해하고 있었기 때문에 이는 언제나 위험한 떠맡기였다. 그리고 언론은 늘 그랬던 것처럼 분명히 실패했다고 보도할 것이다. 그러나 새로운 시작의 발전을 위한 포럼을 만들기 위해 수백만 명이 전국적으로 거리에 쏟아져 나오는 것은 충분한 승리가 될 것으로 보였다. 뉴욕에서 우리는 '혁명적 이행'의 요청을 지지하도록 꽤 많은 노조[조장들과 중앙노동협회Central Labor Council를 포함해서]를 설득하였다. 마지막 결과는 정신이 번쩍 드는 것이었다. 특히 노조 관료들은 매우 효율적인 동맹을 만들기 위해 위로부터 압력을 넣기에는 단순하고 너무 약했다. 블룸버그빌에서처럼 노조 지도자들은 계획단계에서 시민 불복종이라는 아이디어에 대해 열광적이었지만 마지막 순간에는 주저했다. 도시 기능을 멈추겠다는 야심찬 계획들은 점차 단지 허가받은 행진으로 변했고, 노조들은 뉴욕경찰로부터 공격당할 공포로 인해 평조합원들을 설득하려는 노력조차 하지 않았다.

5월 중순에 대부분의 월가 점거운동의 핵심 조직가들이 도달한 결론은 동맹 건설의 모든 질문을 제쳐두고 우리의 기반을 생각하기로 한 것이다. 점거자들, 친구들과 가족들의 진짜 일상 문제들에 있어 가장 직접적으로 호소할 수 있는 쟁점은 무엇인가? 그러한 문제들을 직접 해결할 수 있는 캠페인을 어떻게 조직할 수 있는가? 우리는 무엇부터 시작해야 할지 알아보기 위해 일련의 각기 다른 주제-기후 변화, 부채, 경찰과 감옥-의 주말 공개 포럼을 조직하기로 결정했다. 드러난 대로 부채 포럼은 크나큰 성공을 거두었다. 즉시 다른 모든 것을 압도해버렸다. 일련의 부채자 회의들이 빠르게 결집했고 각각 수백 명의 참가자들과 운동에 참가할 신참자들을 데려왔고 프로젝트들과 아이디어들이 터져나왔다. 이 책을 저술할 때까지 새로운 스트라이크 뎁트 캠페인Strike Debt Campaign−인비저블 아미Invisible Army, 롤링 주빌리Rolling Jubilee, 뎁트 레지스터스 오퍼레이션 매뉴얼Debt Register's Operations Manual, 피플스 베일 아웃People's Bail out−은 분명히 운동의 감동적인 성장 영역이다. 점거는 그 뿌리로 돌아왔다.

물론 끝나지 않은 질문들은 남아 있다. 미국에서 부채에 저항하는 대중운동을 만드는 것이 가능한가? 언제나 부채가 조장하는 것으로 여겨지는 수치와 고립의 감정을 어떻게 극복할 것인가? 아니면 이를 다른 방법으로 해결할 수 있을까? 부채를 갚는 것을 거부함으로써 사실상 이미 금융자본주의에 대항하는 시민 불복종을 실천하고 있는 수백만의 미국인(어림잡아 6명 중 1명)을 위한 민주적인 지지와 공공 포럼의 기반을 어떻게 제공할 수 있을까? 이는 명백하지 않다. 우리가 아는 바로는 이 책이 출판될 때까지 보다 영감을 주는 것으로 궁극적으로 증명될 다른 도시에서의 어떤 새로운 캠페인이 나타날 것이다.

사회운동에서 보면 한 해는 아무것도 아니다. 즉각적이고 입법을 목표로 하는 운동은 반짝하는 경향이 있다. 미국에서 (노예제 폐지에서 페미니즘까지) 사회의 광범위한 관습적 변형을 목표로 하는 운동은 구체적인 결과를 보는 데 더 많은 시간이 걸린다. 그러나 이루어지면 이 결과들은 깊고 불변하다. 1년 동안 점거운동은 문제−실제적으로 금융과 정부를 하나로 만든 계급 권력체제−와 해결방안의 제안으로 진정한 민주적 문화의 창조를 확인했다. 이것이 성공하려면 아주 오랜 시간이 걸릴 것이다. 그러나 그 효과는 획기적인 것이 될 것이다.

03
민주주의의 숨겨진 역사

완전 보수주의자들이 쓴 사회운동의 역사를 읽으면 이상하게도 자주 참신한 것을 느낀다. 특히 자유주의자들을 다루는 부분에서 그렇다. 자유주의자들은 까다롭고 예상하기 힘든데, 그 이유는 급진적 운동의 이상－민주주의, 평등주의, 자유－을 나누겠다고 주장하기 때문이다. 그러나 보수주의자들은 이러한 이상들이 궁극적으로는 성취할 수 없는 것이라고 확신해왔다. 이런 이유로 그들은 위의 원칙에 기반을 둔 세계를 만들겠다고 결정한 사람들을 관습적인 위협으로 본다. 나는 세계정의운동 기간 동안 이를 알아차렸다. '자유주의 언론'에서는 비웃는 듯한 방어가 있었는데, 우파들이 우리에게 던지는 것과 똑같은 독설이었다. 운동에 대한 비판을 읽을 때 내게 명확해진 것은 언론의 많은 상급자들은 1960년대에 대학을 갔고, 세대 간 제휴로만 본다면 그들 스스로를 전직 학생 혁명가로 생각한다는 것이다. 이는 그들의 마음속에서 스스로 하고 있는 논쟁이었다. 그들이 스스로를 설득하고 있는 것은 비록 지금은 기성체제를 위해 일하고 있지만 아직 매수되지 않았다는 것이다. 그 이유는 자신들은 전직 혁명가로서 그들의 꿈이 심각하게 비현실적이었고 실제로는 낙태의 권리나 동성결혼을 위해 싸우는 것이 현실적으로 가능한 급진적인 것이기 때문이다. 당신이 급진적이라면 보수파와 마찬가지로 최소한 당신이 어디에 서 있는지는 안다. 그들은 당신의 적이다. 그들이 당신을 이해하기 바란다면 폭력적인 진압만이 일어날 뿐이다. 이는 명백하다. 또한 이것이 의미하는 것은 그들은 자주 솔직하게 당신을 이해한다고 말한다. 점거운동의 초창기에 우파에서 나온 첫 번째 변명은 『위클리 스탠더드』에 실린 평론의 형태를 취한 매튜 콘티네티Matthew Continetti가 제목을 붙인 "미국의 아나키스트: 미국 무질서의 뿌리Anarchy in the U.S.A.: The Roots of American Disorder"[1]였다. 콘티네티가 주장한 것은 "좌파와 우파 모두"는 "월가 점거운동의 배후에 있는 세력이 민주적인 정치와 문제 해결에 관심을 가지고 있다고 착각하고 있다." 사실 그들의 핵심은 유토피안 사회주의자들의 천국을 꿈꾸는 아나키스트들로 샤를 푸리에의 팔랑스phalanx(샤를 푸리에의 이론으로 만든 농장-역주)나 뉴하모니New Harmony 같은 1840년대의 자유로운 사랑 공동체일 뿐이라고 비난한다. 그는 계속해서 당대 아나키즘의 주창자들을 인용하는데, 주로 노암 촘스키와 나였다.

이러한 영구 반역은 어떤 예측 가능한 결과물이 나온다. 민주정치의 합법성을 부정함으로써 아나키스트들은 민중의 삶에 영향을 줄 수 있는 자신들의 능력을 쇠퇴시킨다. 최저생활임금운동은 하지 않는다. 부시의 세금률에 대한 논쟁

---

[1] Matthew Continetti, "Anarchy in the U.S.A.: The Roots of AmericanDisorder," Weekly Standard, November 28, 2011.

도 없다. 아나키스트들은 임금을 믿지 않는다. 그리고 그들은 당연히 세금도 믿지 않는다. 데이비드 그레이버는 인류학자이자 월가 점거운동의 지도자로서 이렇게 말했다. "정치 논쟁에 참여해서 성취할 수 있는 최선은 손해를 줄이는 것뿐이다. 바로 정치 논쟁에 참여한다는 전제가 민중의 사업을 한다는 사상에는 해로운 것이기 때문이다." 월가 점거운동이 의제가 없는 이유는 아나키즘이 어떤 의제도 허용하지 않기 때문이다. 모든 아나키스트들이 할 수 있는 모든 것은 사례를 만드는—결국 기존 질서를 폭력으로 무너뜨리는—것이다.

이 구절은 전형적이다. 이것은 폭력을 권장하기 위해 고안된 일련의 계산된 비방과 암시로 논리적인 시각을 대체시킨다. 내가 말한 것처럼 아나키스트들이 정치체제 자체에 들어가는 것을 거부한 것은 사실이다. 그러나 이것은 체제 그 자체가 민주적이지 않다는—공개적으로 제도화된 뇌물 체제가 되었고, 무력에 의해 지지되는—데 근거를 두고 있다. 우리는 모두에게 미국이든 전 세계 어디에서든 이 사실을 자명하게 하고 싶었다. 이것이 바로 월가 점거운동이 한 일이다. 어느 정도는 정책 발언을 흔들어도 소용이 없었다. 우리에게 의제가 없다고 말하는 것은 가소롭다. 비폭력을 유지하려는 점거자들의 노력을 보고도 우리가 폭력에 호소하고 있다고 주장하는 것은 자신들의 폭력 그 자체를 정당화시키려고 절망적으로 노력하는 것으로 밖에는 보이지 않는다.

콘티네트는 이어서 최근의 세계 반자유주의 네트워크의 기원을 1994년 자파티스타 반역으로 정확하게 추적했다. 그리고 그들의 반권위적인 정치, 폭력으로 권력을 획득하는 것에 대한 어떠한 견해도 거부하는 것, 인터넷 사용을 언급했다. 그리고 이렇게 결론을 내렸다.

세계 자본주의의 지적·금융적·기술적·사회적 토대의 붕괴는 20년 이상 발전해왔다. 그리고 우리는 최근 선언의 한가운데에 있다…. 점거자들이 텐트를 설치한 도시들은 자치, 공동체, 평등주의, 네트워크화되었다. 그들은 일상의 정치를 거부한다. 그들은 자유분방한 기질로 시당국과의 충돌을 촉진한다. 그들은 포스트모던 시대에 맞추어 업데이트된 팔랑스이며 뉴하모니이며 우리의 도시 한가운데에 뿅 하고 떨어졌다. 캠프 안에는 많은 활동가들이 있지는 않을 것이다. 그들은 어리석게도 기괴하기까지 한 모습으로 나타날 것이다. 그들은 '의제'와 '정책'에 저항할 것이다. 그들은 자신이 무엇을 원하고 언제 그것을 원하는지 동의하지 않을 것이다. 그리고 겨울이 오면 사라질 것이고, 그들과 함께 공원을 점거한 자유주의자들은 인내를 잃어버릴 것이다. 그러나 이상주의자들과 아나키스트들은 다시 나타날 것이다…. 점거는 개인들이 자산의 불평등이 불의이고 인류의 형제애가 세상에 세워질 수 있다고 믿는 한 지속될 것이다.

당신은 아나카스트들이 왜 이런 종류의 글에서도 참신한 정직성을 느끼는지 그 이유를 알 수 있다. 글쓴이는 우리 모두가 감옥에 있는 것을 보고 싶은 욕망을 숨기지 않았다. 그러나 최소한 그는 이해관계가 무엇인가에 대한 솔직한 평가를 하려고 했다.

여전히 끔찍할 정도의 부정직한 주제가 『위클리 스탠더드』에 실리고 있다. 의도적으로 '민주주의'를 '일상의 정치'와 섞어버리는 것인데, 일상의 정치는 로비, 자금 모집, 선거 캠페인 작업, 그렇지 않으면 최근의 미국 정치체제에 참여하는 것이다. 이 글의 전제는 작가가 민주주의를 지지하며 점거자들은 기존 체제를 거부하면서 민주주의를 거부한다는 것이다. 사실은 『위클리 스탠더드』 같은 저널이 만들어지고 유지되는 보수적인 전통은 심각할 정도로 반민주적이다. 그들은 플라톤에서 에드먼드 버크Edmund Burke에 이르는 영웅들은 한결같이 원칙적으로 민주주의를 반대했다고 말하며, 독자들은 여전히 "미국은 민주주의가 아니라 공화국이다" 같은 발언들을 좋아한다. 게다가 콘티네티가 여기서 벌인 논쟁 같은 것-아나키스트에 의해 고무된 운동은 불안정하고, 혼란스럽고, 기존 소유권 질서를 위협하고, 필연적으로 폭력으로 나아간다-은 정확하게 몇백 년 동안 민주주의 그 자체에 반대하는 보수파들에 의해 기준이 정해진 것이다.

현실에서 월가 점거운동은 아나키스트에 의해 고무되었지만, 정확한 것은 콘티네티 같은 보수파들이 언제나 완고하게 반대해온 미국의 대중 민주주의의 바로 그 전통을 잇는다는 것이다. 아나키즘은 민주주의-최소한 대부분의 미국인이 역사적으로 좋아해온 민주주의-의 어떤 측면에서도 그것의 부재를 의미하는 것이 아니다. 오히려 아나키즘은 논리적 결론에 핵심적인 민주주의 원칙들을 취하는 문제이다. 민주주의에 대한 이런 입장 차이의 이유는 '민주주의'라는 말이 역사적으로 끝도 없이 논쟁적이었기 때문이다. 예를 들면 대부분의 미국 석학들과 정치가들은 민주주의를 존 애덤스가 "민주주의의 공포"라고 불렀던 것이 발생하지 않게 하기 위한 명확한 목적으로 설립된 정부 형태를 언급하는 용어로 사용하고 있다.[2]

---

2 John Adams, The Works of John Adams (Boston: Little, Brown, 1854), Volume 6, p. 481.

미국 민주주의는 어떻게 만들어졌는가?

내가 책의 서두에서 언급한 것처럼 대부분의 미국인은 독립선언이나 헌법 어디에도 미국이 민주주의라는 것을 말하고 있지 않다는 것을 모른다. 사실 이러한 건국 문서들을 적은 대부분의 사람들은 기꺼이 17세기의 청교도 설교자 존 윈드롭John Winthrop이 "민주주의는 대부분의 문명국가들에서 정부의 온갖 형태 중 가장 비천하고 최악의 것으로 간주되는 것이다"[3]라고 적은 데 동의할 것이다. 대부분의 건국자들은 토머스 홉스 Thomas Hobbes의 영어 번역 『투키디데스의 역사Thucydides' history』에 나오는 펠로폰네소스전쟁의 설명으로부터 그들 자신이 민주주의의 주제에 대해 몰랐다는 것을 배웠다. 홉스는 이 프로젝트를 맡았고 독자들에게 민주주의의 위험에 대해 경고하였다. 그 결과 건국자들은 고대 그리스어의 의미로 이 단어를 사용했는데, 민주주의를 아테네의 아고라 같은 대중회의를 통한 공동체적 자치로 여겼다. 이것은 우리가 현재 '직접민주주의'라고 부르는 것이다. 이러한 회의들은 언제나 51~49%의 다수 지배의 원칙에 의해 배타적으로 운영되는 것만 제외한다면 총회에 의해 통치되는 체제와 흡사하다. 예를 들어 제임스 매디슨James Maddison이 연방주의자들의 문서에 명확하게 기여한 것은 아테네 민주주의 같은 종류의 민주주의가 그의 시대의 거대한 국가에서는 불가능한 것이라는 인식을 제공한 것이다. 그가 보기에 아테네 민주주의는 확장된 지리적 영역에서는 규정을 운영하고 유지할 수 없으므로 아주 바람직하지 못한 것이고, 역사를 보더라도 어떤 종류의 직접민주주의도 분파주의, 악선전이 되어 결국 질서와 통제

---

3 R. C. Winthrop, The Life and Letters of John Wintbrop (Boston: Little, Brown, 1869).

를 회복하려는 독재자가 권력을 쥐게 된다는 것이다.

내가 의미하는 바 순수한 민주주의는 모여서 정부를 직접 관리하는 소수의 시민으로 구성된 사회로, 분파의 위험에 대한 해결이 없는 것을 받아들이는 사회이다. … 그렇기 때문에 이러한 민주주의들은 소란과 다툼의 참상을 겪어왔고, 개인의 안전이나 사유재산권을 양립할 수 없었으며, 종말에는 폭력적인 만큼 일반적으로 그 수명도 짧았다.[4]

우리가 건국의 아버지들로 알고 있는 다른 모든 사람들처럼 매디슨도 그가 선호하는 정부의 완벽한 형태인 '공화국'은 필연적으로 민주주의와는 아주 다른 것이었다.

민주주의에서 국민은 만나서 정부를 직접 운영한다. 공화제에서 국민은 회의를 하고 그들의 대표와 중개인을 통해 정부를 관리한다. 민주주의는 결국 작은 범위에 국한되지만, 공화제는 아주 넓은 지역까지 확장될 수 있다.[5]

공화제가 '대표'에 의해 관리된다는 이런 관념은 처음에는 이상했다. 그들이 '공화제'를 고대 로마에서 들여왔고, 로마의 원로는 선출직이 아니었기 때문이다. 그들은 귀족들로 날 때부터 자신의 자리를 가지고 있었다.

---

4 James Madison, "Federalist #10 ," in The Federalist Papers, p. 103. 매디슨은 이를 '순수민주주의'라 부른 반면, 애덤스는 대중회의에 의한 '단순민주주의'라 불렀다. 이는 대중의 이름을 사용하도록 한 유일한 형태의 정부였다.
5 Federalist Papers, No, 10, p. 119.

이는 그들이 어느 누구의 '대표와 중개인'이 아니라 그들 자신이었다는 것을 의미한다. 사실 이러한 대표기구라는 이상은 건국자들이 혁명 기간 중에 영국으로부터 물려받은 것이었다. 영토 확장의 결과 만들어진 새로운 국가의 지배자들은 재산을 소유한 남성들의 투표에 의해 선출된 자들로, 원래는 왕의 권한 아래에서 제한된 범위에서 자치를 허용하는 대륙회의 같은 회의들의 대표였다. 혁명 이후에 그들은 즉시 정부의 권한을 조지 3세에게서 자신들에게로 이전해야 했고, 그 정당성의 근거를 찾아야 했다. 그 결과 왕의 권한 아래에서 운영하는 것을 의미했던 대표기구들은 국민의 권한 아래 운영하게 되었다. 물론 국민은 협소하게 규정되기는 한다.

이러한 대표체의 선출된 대표들의 관례는 새로운 것이 없었다. 영국에서는 적어도 13세기로 거슬러 올라간다. 15세기에는 재산이 있는 남성들이 의회 대표들을 뽑기 위해 그들의 지역 보안관에게 자신들의 투표권을 보내는 것(일반적으로 홈 자국이 있는 작대기)이 표준적인 관행이 되었다. 그 당시 이 체계가 '민주주의'와 관련이 있을 것이라는 생각은 어느 누구도 하지 않았다.[6] 선거는 정부의 왕정 체제의 연장으로 간주되었는데, 대표자들은 통치를 위해 권력을 물려받겠다는 생각이 전혀 없었기 때문이다. 그들은 집단으로서 아무것도 통치하지 않고 개인적으로도 그러했다. 그들의 역할은 왕의 주권 앞에서 그들 지구의 거주자들을 ('대표')해서 말하

---

6 의회선거가 헨리 7세 치하에서 어떻게 되었는가를 잘 기술한 것은 P. R. Cavill, The English Parliaments of Henry VHt 1485-1504 (Oxford : Oxford University Press, 2009), pp. 117-31을 참조하라. 일반적으로 선거는 지위가 높은 자들의 지역 협회였다. 예를 들면 이러한 그룹은 3,000명의 지역주민 중 150명으로 구성되었다.

는 것으로 조언, 불만 표출을 하는 것이며 무엇보다 그들 나라의 세금을 전달하는 일이었다. 대표들은 권력을 갖고 있지 못했고, 선거라는 경쟁이 아닌 동시에 선출된 대표들의 체제로 널리 퍼진 중세 합의의 법적 원칙에 따라 필요한 것으로 여겨졌다. 질서는 당연히 위로부터 오는 것이고 일반 신민은 정책을 형성하는 데 아무런 역할도 하지 못했다. 영국 내전 이후 의회는 '제한된 군주제'라고 불렸던 것을 만들어 발언할 자체 권한이 있다고 주장하기 시작했다. 미국의 독립과 더불어 미국인의 이상이라고 말하는 것―국민이 한때 왕이 가지고 있던 권력, 주권을 실제 통치 권력을 가진 대표를 선출하기 위한 투표로 행사할 수 있다―은 진정한 혁신이었고 즉시 그와 같이 인식되었다.[7]

　미국 독립전쟁은 '국민'이라는 명분을 내세우며 싸웠다. 그리고 모든 입안자들은 어느 시점에서 자신들의 혁명을 정당화하기 위해 '국민 전체'와 의논해야 했다. 그러나 헌법의 순수한 목적은 '민주주의의 공포'가 발생하지 않도록 이러한 의논 형태가 극단적으로 제한되어야 함을 확인하는 것이었다. 동시에 교육받은 이들 사이의 공통된 가정은 인간사회에서 알려진 것으로 각기 다른 척도로 존재한 정부의 세 가지 근본 형태가 있는데 군주제, 귀족제, 민주주의가 있다는 것이다. 입안자들은 이 중에서 로마의 공화제가 가장 완벽하게 균형 잡혔다는 의견을 고수한 고대 정치 이론가들에게 동의했다. 공화국은 군주제 기능을 하는 (원로들의 투표로 뽑힌) 두 명의 집정관, 원로들의 영원한 귀족계급, 그리고 마지막으로 제한

---

7 Bernard Manin, The Principles of Representative Government (Cambridge: The Cambridge University Press, 1992), p. 38. 예를 들면 고대 그리스에서 민주주의는 지원자들 중에서 제비뽑기로 집행관을 선출하는 것이고, 선거는 과두적 접근으로 간주되었다.

된 권력을 가진 대중회의가 있었다. 이 회의는 귀족 후보들 중 뽑힌 행정 관들, 평민 계급의 이해를 대변하는 두 명의 호민관을 위한 것이었다. 행정관들은 투표를 할 수 없었고 원로원에 들어갈 수조차(그들은 문 밖에 그저 앉아 있었다) 없었다. 그러나 그들은 원로원의 결정에 대해 거부권을 인정받았다.

미국 헌법은 이와 유사한 균형을 달성하기 위해 고안된 것이다. 군주제의 기능은 상원에 의해 선출된 대통령으로 채워졌다. 상원은 부유한 귀족들의 이해를 대변하는 것을 의미하고, 의회는 민주적인 요소를 대표한다. 이의 범위는 대부분 기금을 모으고 쓰는 데 국한된다. 혁명은 결국 '조세법정주의'의 원칙 위에서 싸웠으며, 대중회의는 모두 제거되었다. 식민지였던 미국은 물론 이어져온 귀족은 없었다. 그러나 임시 대표들과 입안자들은 임시로 군주를 선출함으로써 키케로Cicero와 킨키나투스Cincinnatus의 로마시대 원로원과 유사한 깨어 있는 의식을 가진 교육받고 자산이 있는 계급들의 '자연스러운 귀족정'이라 불렸던 것을 대신 만들 수 있다고 주장했다.

잠시 여기에 대해 숙고해보는 것은 가치 있는 일이라고 생각한다. 입안자들이 '귀족정'에 대해 말했을 때 그들은 비유적으로 이 말을 쓰지 않았다. 그들은 민주적이고 귀족적인 요소를 한데 섞은 새로운 정치 형태를 만들고 있다는 것을 잘 알았다. 유럽의 모든 지나간 역사에서 선거는 언제나-아리스토텔레스가 처음 주장한 대로-공적인 관리들을 선택하는 데 있어서 본질적으로 귀족의 양식으로 고려되었다. 선거는 용병들이 지휘관을 뽑거나 귀족들이 자신의 미래 가신들을 두고 경합하는 방법이었다. 민주적 접근-광범위하게 차용된 고대뿐만 아니라 르네상스 시기의 플로렌스에서도 차용되었다-은 운에 따른 추첨lottery이었고 때로는 '제비뽑기sortition'라고 불렀다. 본질적으로 그 과정은 공동체 내에서 공직을 맡으려는 이들이 있으면 기본역량을 검사하여 그들의 이름을 무작위로 뽑아서 가져가는 것이다. 이것은 모든 경쟁자와 이해 당사자들이 공직을 맡을 동등한 기회를 가지는 것을 보장한다. 이것은 분파주의를 최소화하는 데 중요한 선거구에서 추첨으로 승리한다는 보장이 없기 때문이다. (선거는 분명한 이유로 계약에 의해 분파주의를 조장한다.) 놀라운 일은 프랑스와 미국 혁명 이전에 몽테스키외와 루소 같은 계몽주의 사상가들 사이에서 선거와 추첨의 상대적인 장점에 대한 생생한 논쟁이 있었다는 것이다. 1770년대와 1780년대에 새로운 혁명적 헌법들을 만드는 데 추첨을 하는 것은 더 이상 고려되지 않았다. 다만 추첨으로 할 수 있는 곳은 사법 체제였는데, 이는 영국에서 관습법으로 내려오던 전통이 이미 있었기 때문이었다. 그리고 사법 체제는 강요되는 것이지 자원하는 것이 아니기에 배심원들은 (지금도 여전히) 정기적으로 통지를 받았고 그들의 역할은 법의 정의를 고려하는 것이 아니라 증거에 따라 판단하는 것이다.

회의는 없었으며 제비뽑기도 없었다. 건국의 아버지들은 주권이 국민에게 속해 있다고 주장하면서―다른 혁명에서처럼 봉기하지 않는다면―국민에게 우월한 사람들의 계급 구성원 중에서 선택하는 것으로 주권을 행사하도록 했다. 그들이 우월한 이유는 변호사로 훈련을 받았기 때문이고 상층 계급에서 왔기 때문이다. 그들은 국민보다 현명하며 국민보다 국민의 진정한 이익을 더 잘 이해할 수 있고, '국민'은 또 입법기구에 의해 통과된 법에 복종해야 한다고 말한다. 건국자들의 대중 주권의 개념은 위로부터의 명령에 동의하는 오래된 중세의 개념과 실제로는 그리 멀지 않다.

•

실제로 존 애덤스의 책을 읽거나 연방주의자들의 문서를 읽으면 왜 저자들이 아테네 식의 직접민주주의의 위험에 대해 토론하는 데 그토록 많은 시간을 할애하는지 의아해하게 된다. 이는 결국 2,000년 이상 동안 존재하지 않았던 직접민주 정치체제를 부정하고 자신들의 체제를 재구축하려는 옹호일 뿐이다.

여기가 보다 큰 정치적 맥락을 고려하는 데 도움이 되는 지점이다. 18세기 북대서양에 민주주의는 없었을 것이다. 그러나 단호하게 스스로를 '민주주의자'라고 언급하는 사람들이 있었다. 미국에서 톰 페인Tom Paine은 아마도 가장 유명한 예가 될 것이다. 대륙회의가 영국 왕실과의 관계 단절을 의도할 때와 동일한 시기에 유럽에서 이 단어는 미미하나마 다시 유행하고 있었다. 유럽에서는 귀족의 통치에 반대하는 인민주의자들이 점차 스스로를 '민주주의자'라고 부르기 시작했다. 처음에는 대개 충격을 주기 위해 사용한 것으로 보이는데, 이것은 게이 권리운동이 도전적으로 '퀴어'란 단어를 차용한 것과 거의 같다. 그들은 대부분의 장소에서 정말 소수의 떠드는 사람들이었고 지식인들이 아니었다. 정교한 정부 이론에 대한 제안은 거의 없었다. 법 앞의 평등 같은 기본적인 원칙 때문에 귀족과 성직자의 특권에 반대하는 캠페인에 참가하였다. 그럼에도 불구하고 혁명이 일어나자 이들은 이러한 상황─그것이 뉴잉글랜드의 타운홀 모임이든 프랑스혁명의 한 '구역'이든─에서 언제나 발생하는 대중집회와 회의들에서 자연스럽게 자신들이 있을 곳을 찾았다. 그들 중 많은 이들이 이러한 회의들을 새로운 정치 질서를 위한 잠재적인 블록 건설로 보았다.[8] 선거로 선출된 기구와는 다르게 대중 모임에서 재산에

---

8 John Markoff, "Where and When Was Democracy Invented?,"Comparative Studies in

따른 투표 제한은 없었다. 그들은 더욱 급진적인 생각들을 즐기는 경향이 있었다.

미국 혁명이 일어나기 직전의 몇 년간 애국자들은 보스턴 티파티 같은 대중행동을 위해 '군중'을 부르거나 '동원'(그들이 부르기 좋아하는 것이다)하는 것만큼 대중집회를 많이 이용했다. 가끔은 결과 때문에 공포에 떨기도 했다. 예를 들면 1774년 5월 19일 뉴욕에서 영국이 보스턴 항구를 폐쇄하는 것에 대한 응답으로 세금을 거부하는 것을 토론하는 대중회의가 요청되었다. 이 회의는 현재의 주코티 공원에서 그다지 멀지 않은 곳에서 열렸는데, 대륙회의를 소집하자는 최초의 제안이 만들어졌다. 그것은 뉴저지의 수석재판관, 지금은 브롱크스Bronx(뉴욕 주 북부의 행정구역-역주)가 된 지역 대부분을 소유했던 가문 사람이었던 구베르뇌르 모리스Gouverneur Morris의 의견이었다. 모리스는 일과를 끝낸 평범한 숙련공들과 상인들이 신사들 그리고 그들의 지지자들과 함께 "정부의 미래 형태가 귀족적 원칙이나 민주적 원칙 중 어디에다 두고 건설"해야 하는가에 대해 기나긴 토론을 지켜보며 이 광경을 기록했다. 신사들이 기존의 (극단적으로 보수적인) 영국 헌법을 고수하는 것의 장점을 주장하면 푸줏간 사람들과 제빵사들은 그라쿠스Gracchi와 폴리비우스Polubius의 주장으로 응답했다.

나는 발코니에 서 있었고 내 오른쪽에는 가난한 사람들이 그들의 부양가족과 있었으며 다른 쪽에는 상인들이 있었다. 그들은 나라를 위해 하루 일과를 마치고 잠시 시간을 보내는 게 좋다고 생각하고 있었다. 여전히 영국 헌법의 정신은

Society and History 41, no.4 (1991): p. 663-65.

영향이 없었으나 조금은 있었다. 어쨌든 남아 있는 것은 이 시기에 우월하고 부유한 자들에 대한 혜택이었다. 그러나 그들이 이를 확보하면 학교 교사들을 모두 몰아내고 모든 지식은 자신들만이 가질 것이다. 하지만 이는 불가능하다.

군중은 생각하고 판단하기 시작했다. 가난하고 천한 것들이! 봄날 아침이 그들과 함께 있다. 그들은 겨울에서 벗어나기 위해 투쟁하고 있고 햇살을 쬐고 있다. 곧 정오를 누리고 거기에 의존하게 될 것이다. 신사들은 이를 두려워하기 시작했다.[9]

모리스는 영국으로부터의 완전한 독립은 나쁜 생각이라는 결론을 내렸다.

"나는 공포로 떨면서 본다. 우리는 실현 가능한 지배들 중 최악의 상태에 처하게 될 것이다. 바로 폭동을 일으키는 군중이다."

모리스의 이러한 결론은 상당히 솔직하다. 그의 설명에서 명확하게 드러나는 것은 모리스를 두렵게 한 '군중'의 비합리적인 열정이 아니라, 군중이 생각하고 판단하기 시작했다는 것이다. 그리고 신사들과 뉴욕의 숙련공과 상인들이 심사숙고해 민주주의를 위한 합리적인 논거를 찾고자 했다는 것이다. 모리스는 기득권을 유지하기 위해 군중이 교육에 접근하는 것을 부정하는 것이 아니라 영국 군대에 기대는 것이었다.

모리스는 신사들은 보통 사람들이 진심으로 자신들의 최고 이익을 가

---

9 Gouverneur Morris to [John] Penn, May 20, 1774, in Jared Sparks, The Life of Gouverneur Morris: With Selections from His Correspondenceand Miscellaneous Papers: Detailing Events in the American Revolution ,the French Revolution, and in the Political History of the United States (Boston: Grey & Bowen, 1830) , p. 25.

지고 있다고 생각하게 만들 '속임수'가 풍부한 위원회를 같이 결성해야 한다고 언급하면서 편지를 끝냈다. 미국의 대부분의 자산 계급과 달리 그는 결국 혁명가들에게 가서 궁극적으로 미국 헌법의 마지막 초안을 작성했다. 비록 헌법회의에서 그의 가장 강력한 제안들의 일부-예를 들면 상원은 평생직으로 임명되어야 한다는 것-는 동료 대표들조차 너무나 보수적이라고 생각해서 결국 채택되지 못했다.

전쟁 후에도 민주주의라는 지니Genie(램프의 요정)를 병 속에 다시 넣기는 어려웠다. 대중 동원, 대중집회와 민중 봉기의 위협은 계속되었다. 혁명 이전에 이러한 저항자들의 다수는 부채에 집중하였다. 전후에는 혁명전쟁 부채에 대해 무엇을 할 것인가에 대한 가열찬 논쟁이 있었다. 대중적인 요구는 부채를 인플레이션으로 무가치하게 만들고, 공공의 통제 아래 지역의 '토지 은행'이 발행한 화폐를 본위통화로 하는 것이었다. 대륙회의는 반대 입장을 취했는데, 이는 평가절하된 가격으로 부채를 산 부유한 투기꾼들은 전액을 갚아야 한다는 부유한 필라델피아 상인 로버트 모리스(구베르뇌르와는 아무 관계 없다)의 조언을 따른 것이다. 그의 말에 따르면 이것은 부가 "부를 가장 생산적으로 운영하는 이들의 손"으로 흘러들어 가게 해야 한다는 것이었다. 동시에 영국의 사례에 따라 "상업의 새로운 매개"로서 유일한 중앙은행을 만드는 것이 국가부채를 유통하게 하는 방법이라는 것이었다.[10] 결국 정부의 전쟁부채를 본위통화로 하는 이러한 체제가 시도되었는데, 이 생각은 적중했다. 이는 여전히 연방준비은행에

---

10 이 인용들은 다음에서 가져왔다. from Morris in E. James Ferguson, The PoU/er o f thePurse: A History of American Public Finance, 1776-1790 (Chapel Hill: University of North Carolina Press, 1961), p. 68.

서 채택하고 있는 방식이다. 그러나 공화국의 초창기에 분화는 사실상 부채를 지불해야 했던 단순한 농부들에게는 재앙이었다. 돌아온 수천 명의 혁명전쟁 참전용사들은 자주 자신들의 가장 소중한 소유물들을 압수하기 위해 찾아온 "보안관이 탄 마차"의 환영을 받았다. 결과는 대중 동원의 물결이었고 최소한 두 번의 주요 봉기가 있었다. 한 번은 웨스턴 매사추세츠에서, 한 번은 펜실베이니아 농촌에서였다. 게다가 몇몇 지역에서는 봉기 대신에 거대 투기꾼의 재산을 압수하려는 입법 요청이 있었다.*

애덤스, 매디슨, 해밀턴 같은 사람들에게는 부채 말소, 토지 재분배를 요청하는 이러한 사건들은 오래된 혁명운동과 불온한 유사성을 가졌다. 미국이 다수 지배 원칙으로 운영되어서는 안 되는 자명한 증거였다. 존 애덤스의 예를 들어보자.

---

* 역사적으로 알려진 봉기들로는 셰이스의 반란(Shays' Rebellion: 1786년 매사추세츠 농부들의 가혹한 세금과 채무자 재판에 항의하는 평화적 시위가 대규모 봉기로 발전됨)과 위스키 반란(1794년 펜실베이니아 서부 농민들이 주세에 반대하여 일으킨 폭동)을 들 수 있다. 위스키 반란은 의도적으로 알렉산더 해밀턴(Alexander Hamilton)에 의해 이러한 이름이 붙었는데, 테리 보턴(Terry Bouton)이 주장하듯이 보다 더 민주적인 통제를 요구하는 시민보다는 술 취한 촌놈들인 반란자들을 해산시키기 위해서였다. 보턴의 책 Taming Democracy: "The People," the Founders, and the Troubled Ending of the American Revolution (Oxford: Oxford University Press, 1997). 이 주제에 대해서는 최근 많은 연구들이 있었다. 주목할 것은 Woody Holton의 Unruly Americans and the Origin of the Constitution (New York: Hill & Wang, 2007), William Hogeland의 The Whiskey Rebellion (New York: Simon & Schuster 2006), and Founding Finance: How Debt, Speculation, Foreclosures, Protests and Crackdowns Made us a Nation (Austin: University of Texas Press, 2012). 지적 전통은 최소한 찰스 비어드(Charles Beard)의 유명한 An Economic Interpretation of the Constitution of the United States (New York: McMillan, 1913)로 거슬러 올라간다. 비록 그의 처음 결론은 이어지는 연구에 의해 보다 세련되어졌지만, 그는 입법자들 거의 대부분이 전적으로 채권 소유자라는 것을 지적했다.

다수의 투표에 의해 모든 것이 결정된다면 재산이 없는 800만, 900만은 가진 100만이나 200만의 권리를 박탈할 것이다.

부채가 먼저 말소되고 부자들에게만 세금이 무겁게 부과될 것이다. 마지막에는 모든 것의 하향균등분배가 요구될 것이고 이에 대해 투표할 것이다. 이것의 결과는 무엇이 될까? 게으르고 사악하고 무절제한 자들이 극단적이고 방탕한 사치 속으로 빠져들 것이고, 그들의 몫을 팔고 써버린 후 그들에게 구매한 이들에게 새로운 분배를 요구할 것이다. 이러한 사상이 사회에서 받아들여지는 순간 재산은 신의 법칙만큼 신성시되지 않을 것이다. 이를 보호할 법의 강제력도 공적 정의도 없고 아나키와 폭정이 시작될 것이다.[11]

이와 유사하게 매디슨에게 공화국 정부는 넓은 지역에서 운영이 가능한다는 것만으로 우월한 것이 아니라 넓은 지역을 통제하는 정부를 가진다는 점에서 우월했다. 이유는 "화폐, 부채 말소에 대한 분노, 자산균등분배 등의 적절하지 않고 사악한 프로젝트"[12]가 있다면 이는 지역 수준에서 일어나기 쉽고 강력한 중앙정부는 이를 즉시 봉쇄할 수 있기 때문이다.

이들에게는 이것이 아테네 민주주의의 악몽판으로 보이는 것이다. 몇 년간 혁명의 서곡을 만든 시청에서의 회의와 농부들, 숙련공들, 상인들의 대중집회는 제도화되었고 이러한 것들-부채 말소, 자산균등분배-은 그들이 할 수 있는 요구들이었다. 게다가 로마를 영광으로 이끌었던 진지한 공화주의자 같은 이들은 낭비, 소란, 규율 부재-건국자들의 모범이 대중의 천박한 열정을 위해 내팽개쳐지는 것-에 대한 공포가 있었다.

---

11 Adams, The Works, Volume pp. 8-9.
12 Madison, Federalist Papers. No. 10, pp. 54-55.

애덤스는 아테네에 대한 인용에 대해 다른 주장도 한다.

"아테네의 민주적 국가구조의 처음부터 끝까지는 경솔함, 부실함, 낭비, 무절제, 난봉, 예의 붕괴로 점철되었는데, 이는 모든 국가에서 나타나는 특징이었다."[13]

의사이자 필라델피아의 '자유의 아들들Sons of Liberty[인지세법Stamp Act에 반대하였고, 나중에 미국의 독립운동을 지지한 비밀결사에서 발족한 단체]'의 일원이었던 벤저민 루시Benjamin Rush는 방법 차원에서 이러한 민주주의적 느슨함은 질병의 하나로 진단될 수 있어야 한다고 느꼈다. 그는 화폐에 대한 평가절하로 부채를 말소하자는 생각을 "식습관, 교우, 몸가짐의 변화가 가져오는 효과들에 대한 특별한 사고"로 보았다.

"자유에 대한 과다한 열정은 전쟁에서 이어져 온 쟁점들에 의해 타올랐고, 많은 이들 사이에서 만들어졌으며, 의견과 행동들은 이성에 의해 제거되지 못했고 정부에 의해 제한되지 않았다….
미국 시민 다수의 이해, 열정, 도덕에 대해 이러한 의견들이 가진 심각한 영향력은 광기로 이어졌다. 이것을 나는 '아나키아anarchia(아나키즘 상태)'라는 이름으로 구분할 것이다.[14]

여기서 '평가절하된 화폐'에 대한 언급은 중요하다. 연방주의자들이 첫

---

13 Jennifer Tolbert Roberts, Athens on Trial (Princeton: Princeton University Press, 19M), p. 183.

14 Benjamin Rush, Medical Inquiries and Observationst vol. 1 (Philadelphiar J. Conrad, 1805), pp. 292-93. 'Political Science Review' 6, no. 1 (2010): 3-4.

번째 장소에서 대륙회의를 소집하게 한 쟁점들 중 하나는 군사적으로 억누르는 경화 정책에 반대하는 폭동과 반란의 위협뿐만 아니라 '민주적' 세력들이 주 정부들을 장악하기 시작하고 그들의 통화를 인쇄할지 모른다는 공포였다. 미국에서 가장 부자인 조지 워싱턴과 토머스 제퍼슨은 이러한 계획들에 의해 사적으로 그들의 개인 재산의 상당히 큰 부분을 잃어버렸다. 그리고 이것은 펜실베이니아에서도 이미 일어난 일이었다. 펜실베이니아에서는 투표를 위해 재산을 검증하는 제도를 없애버렸고, 즉시 포퓰리스트들이 입법부를 만들었다. 1785년에 로버트 모리스가 중앙은행 인가증을 취소해버린 후 화폐의 가치를 점차 절하하려는 의도와 함께 공적자금 체제를 만들 계획을 시작했다. 이는 채권자들을 구하고 투기자들을 좌절시키기 위해서였다. 대중 당파의 지도자들중 한 명인 퀘이크 설교자 허먼 허스번드—러시 같은 사람들은 그를 '앨러게니의 미치광이'라고 불렀다—는 이런 방법들은 부의 크나큰 불균등으로 자유인으로 태어난 시민이 정치에 참여하는 것을 불가능하게 만들기 때문에 정당하지 않다고 공개적으로 주장했다.* 건국자들이 1787년 필라델피아에 모였을 때 모리스는 그들 중에 있었다. 그들은 병폐가 퍼져나가는 것을 막기로 결심했다.

---

* 허스번드는 자산 불평등이 민주적인 참여를 경감시키기 때문에 상대적으로 평등한 부동산의 분배를 요구했고, 대표자들이 그들의 선거구민들과 주기적으로 상담할 수 있어야 하기에 선거구역은 충분히 작아야 한다고 요구했다. 이것은 애덤스가 다수투표의 위험성에 대해 말한 데서 이렇게 생각하고 있었던 사람은 바로 허스번드인 것으로 보인다. 회의에서 벌어진 논쟁의 특색을 좀 더 알려면 버지니아 주지사였던 에드먼드 랜돌프(Edmund Randolph)의 공개적인 발언들을 고려하는 것이 좋을 것이다. 펜실베이니아 외부에서조차 주 헌법은 "민중에 의해 움직이는 정부"에 반대하는 충분한 보호수단을 포함하고 있지 않았다.

우리의 가장 중요한 위험은 우리 헌법의 민주적인 부분에서 온다. 내가 명백한 사실로 보는 최고치는 민중에 의해 움직이는 정부의 권력들은 다른 모든 것을 삼켜버릴 것이다. 어떤 지역도 민주주의를 막을 수 있는 충분한 점검을 제공하지 못한다. 버지니아의 허약한 상태는 유명무실하다. 메릴랜드 주에는 보다 강력한 상원이 있으나, 지난번 주 내에서의 분열은 아직도 충분한 힘이 없음을 알게 해주었다. 뉴욕과 매사추세츠에서 있었던 점검은 여전히 민주주의를 막는 강한 장벽이지만 모두 부족해 보인다.*

캐나다의 정치학자 프랜시스 뒤퓌데리Francis Dupuis-Deri는 18세기와 19세기에 미국, 프랑스, 캐나다에서 주요 정치가들에 의해 사용되는 '민주주의'라는 단어를 주의 깊게 매핑시켜보았다. 그가 발견한 것은 모든 경우에 동일한 경향을 보인다는 것이다. 1770년과 1800년 사이에 이 단어가 처음 통용되었을 때만 해도 거의 전적으로 불명예와 모욕을 가리키는 용어로 사용되었다. 프랑스 혁명가들은 '민주주의'를 거의 미국인만큼이나 경멸했다. 이는 아나키, 정부의 부재, 폭동에 대한 혼돈과 마찬가지 의미로 보였다. 시간이 지나면서 소수의 사람들은 이 용어를 도발하는 데 사용하기 시작했다. 로베스 피에르가 테러의 절정기에 있었을 때 스스로를 '민주주의 옹호자'로 부르기 시작했다. 1800년에 토머스 제퍼슨-초기의 글에서는 '민주주의'란 단어를 전혀 언급하지 않았으나,** 급진적이

---

* 이 구절은 윌리엄 호겔란드(William Hogeland)의 『위스키 혁명』을 여는 인용구로 만들어진 문서로 실제 민주주의를 조심스럽게 피하는 정도를 강조하고 있다.
** 제퍼슨의 12권짜리 전집에서 '민주주의'라는 단어는 단 한 번 등장한다. 그리고 이는 사무엘 본 푸펜도르프(Samuel von Pufendorf)에 의한 인용으로, 협약의 법적 준수에 관한 것이다! 물론 제퍼슨은 건국자들 사이에서 직접민주주의의 주창자에 가장 가깝다. 나라를 대중의 참여

며 부채 봉기의 조직가들에게 동정적이었고 중앙은행 계획에 강력하게 반대하던 이로서 애덤스에 대항했다-은 자신의 조직을 '민주공화파'라는 이름으로 바꾸기로 결정했다.

여전히 일반적으로 사용되기까지는 약간의 시간이 걸렸다.

1830년대와 1850년대 사이에 미국과 프랑스의 정치가들이 스스로를 민주주의 옹호자로 규정하고, 선거제도를 정착시키기 위해 민주주의를 사용하기 시작했다. 비록 헌법상의 변화나 의사결정과정의 변형이 이러한 변화를 명시하지는 않았더라도 그랬다. 미국에서 처음으로 이러한 의미의 전환이 있었다. 앤드루 잭슨Andrew Jackson은 스스로를 민주주의 옹호자로 드러낸 첫 번째 대통령 후보이다. 그가 사용한 민주주의라는 개념은 힘 있는 자들(워싱턴의 관료들과 정치가들 그리고 대도시의 상층계급)에 대항하여 소수의 사람들(특히 소규모의 미드웨스트 농부와 서부 대도시들의 노동자들)의 이해를 방어할 것이라는 의미에서 붙인 칭호였다.[15]

잭슨은 포퓰리스트로 활동하고 있었다. 그가 임시로 해산하려고 했던 중앙은행체제에 다시 한 번 반대했다. 뒤퓌데리가 알아차린 것은 다음과 같다.

"잭슨과 그의 무리는 민주주의란 말을 쓰는 것이 오늘날 정치 마케팅이라고 부르는 것과 가깝다는 것을 잘 알고 있었다."

이것은 기본적으로 냉소적인 사용이었다. 그러나 큰 성공을 거두었다.

가 가능할 수 있을 정도로 작은 수천 개의 구로 나누어서 시민이 혁명 기간에 보았던 대중 동원 같은 것을 유지하려고 했던 계획은 유명하다. 그러나 그는 이런 것들조차 '작은 공화제'라고 언급했다.

15 Francis Dupuis-Deri, "History of the Word 'Democracy' in Canadaand Quebec: A Political Analysis of Rhetorical Strategics, World

10년도 안 되어 모든 정당의 후보자들은 스스로를 '민주주의 옹호자'로 언급했다. 이 같은 일이 선거권이 광범위하게 충분해져서 일반 시민대중에게 투표가 허락되었고, 그 결과 '민주주의'라는 용어 자체도 모든 곳- 프랑스, 영국, 캐나다-에서 사용되었다. 건국자들이 민주주의의 위험들을 억누르려는 명백한 목적으로 만들었던 정교한 공화 체제는 '민주주의'로 다시 명명되었다. 이것이 오늘날 우리가 이 용어를 사용하게 된 배경이다.

민주주의에 관한 불편한 진실

명백하게 '민주주의'란 말은 평범한 프랑스인이나 영국인과 마찬가지로 평범한 미국인에게는 정치 엘리트들이 의미하는 것과는 뭔가 다른 것이었다. 질문은 정확히 민주주의가 무엇이냐이다. 우리가 가진 한정된 자료로-예를 들어 뉴욕 군중이 "생각하고 판단하기 시작"했지만 어떤 논쟁을 했는지 우리는 알 방법이 없다-사실상 추측할 수밖에 없다. 그러나 나는 약간의 광범위한 원칙들은 재구성할 수 있다고 생각한다.

무엇보다도 먼저 교육받은 계급의 사람들은 '민주주의'에 대해 이야기했다. 그들은 정부 체제를 생각했고, 이것은 특히 고대로 거슬러 올라갔다. 그에 반해 일반적인 미국인은 매우 광범위한 사회·경제 용어인 '민주주의'를 자유와 평등, 즉 일개 농부나 상인들이 존엄과 자기 존중을 가지고 '그들보다 나은 사람들'에게 말할 수 있는 능력이었다. 이윽고 폭넓은 민주적인 감성은 알렉시 드 토크빌(1805~1859. 프랑스의 정치가이자 정치사상가-역주) 같은 외국 관찰자들에게 깊은 인상을 주게 되어 그들은 2세대

후에 '미국의 민주주의'를 논한다. 18세기에 정치적 혁명을 가능하게 했던 많은 정치적 혁신의 진짜 뿌리와 마찬가지로 이러한 민주적 감성의 뿌리는 재구성하기 힘들다. 그러나 그것들은 우리가 그것들을 찾으려는 곳에 놓여 있는 것 같지는 않다.

우리가 찾은 이러한 민주적 감성의 역사를 재구성하기 아주 힘든 하나의 이유는 우리가 이야기를 매우 특별한 방식으로 하곤 했기 때문이다. 이는 오직 제1차 세계대전 직후에 형태를 갖춘 이야기이다. 미국 대학들과 유럽의 일부는 민주주의를 그들이 '서구문명'이라고 부르는 것의 본질적인 부분이라는 견해를 선전하기 시작했다. 그들이 '서구문명'이라고 부르는 어떤 것이 있다는 생각은 당시에는 상대적으로 새로운 것이었다. 그러한 표현은 워싱턴이나 제퍼슨 시대에는 의미 없는 것이었다. 미국 보수주의자들에게는 곧 복음이 되어버린 이러한 역사의 새로운 판본은 대부분 다른 이들에게도 아주 당연한 것으로 받아들여졌다. 이 판본에 따르면 민주주의는 실제로 제도적 구조의 합의이고, 투표에 기반을 두고 있으며, 고대 아테네에서 처음 '발명'되었고, 어찌된 이유에서인지 거대한 서구의 전통 안에서 내부화된 것으로 남아 있다. 그리스에서 로마로 그리고 중세 영국으로 갔고, 르네상스 이탈리아를 우회한 후 마지막에는 북대서양에 착륙했고, 지금은 미국이 특별한 집이 되었다는 것이다. 이 공식을 가지고 새뮤얼 헌팅턴 같은 과거의 냉전 전사들이 우리는 이미 '문명의 전쟁'을 치르고 있다고 주장하는 모양이다. 자유롭고 민주적인 서구는 헛되게 그 가치를 다른 모두에게도 부과하려고 한다. 역사적 주장으로서 '서구문명'은 명백히 특별한 변론의 사례이지만, 전체 이야기는 아무 내용이 없다. 우선 볼테르, 매디슨, 글래드스턴이 고대 그리스인과 실제로 공유한 오직 한 가지는 그들이 고대 그리스 책들을 읽으면서 성장했다는 것이다.

그러나 만약 서구문명이 단순히 지적 전통이라면 이를 민주주의적이라고 부르는 것이 어떻게 가능한가? 사실은 책이 남아 있는 어떠한 그리스 작가도 민주주의를 애호하지 않았다. 2,400년 동안 최소한 실제로 '서구문명'으로 확인된 모든 작가들은 명백하게 반민주적이라는 것이다. 누군가 이를 무모하게 지적하면 보수주의자들의 일반적 반응은 방향을 바꾸어 '서구'는 문화전통으로, 자유에 대한 독특한 사랑은 이미 마그나카르타(대헌장:1215년 영국왕 존이 귀족들의 강압에 따라 승인한 칙허장으로 영국 헌법의 기원이 됨-역주) 같은 중세 문헌들에서 볼 수 있었고 혁명 시대에서 분출되기를 기다려왔다고 말한다. 이는 좀 더 이해가 되기는 한다. 만약 보편적인 엘리트가 이 말을 승인하지 않는다면 미국과 프랑스 같은 나라에서 나타난 민주주의에 대한 대중적 열광을 민주주의로 설명할 것이다. 그러나 '서구'가 정말 깊은 문화 전통을 가지고 있다고 말하는 이런 식의 접근은 관습적인 이야기들의 다른 부분들을 '서구'의 우월성 뒤로 감춰 버린다. 한 예로 서구 전통이 그리스에서 시작되었다고 어떻게 말할 수 있는가? 결국, 우리가 문화적 범위에서 말하고 있다면 오늘날의 사람들이 고대 그리스인과 가장 닮은 것은 분명하게 근대의 그리스인이다. 그러나 '서구 전통'을 찬양하는 대부분의 사람들은 더 이상 현대 그리스를 서구의 일부로 생각조차 하지 않는다. 그리스는 서기 600년 전후에 기독교의 잘못된 변종(그리스 정교회-역주)을 선택함으로써 서구의 전통에 분명하게 변절했다.

사실 최근 들어 '서구'는 무엇이든 의미할 수 있다. 지적 전통, 문화적 전통, 정치 권력의 중심('서구의 중재')으로 언급할 수 있고, 인종적 용어("아프가니스탄에서 발견된 사체들은 서구인의 것으로 보인다")로도 가능하며, 거의 그때그때 필요에 따라 결정된다.

미국 보수주의자들이 '서구문명'의 우월성에 대한 어떠한 도전도 아주 폭력적으로 반응하는 것은 놀라운 일이 아니다. 서구문명은 본질적으로 그들이 만든 것이기 때문이다. 사실 아이러니하기는 해도 지금까지 그들이 만든 것 중 가장 강력한 무엇일 것이다. 민주주의의 진정한 역사를 이해하려고 하면 우리는 이를 제쳐두고 처음부터 새로 시작해야 한다. 만약 우리가 서구 유럽을 어떤 특별히 선택된 땅으로 보지 않는다면 16세기, 17세기, 18세기에 우리가 실제로 본 것은 무엇인가? 무엇보다도 먼저 거의 모든 경우에 정부의 형태는 대중적 참여의 초기 형태와 거리가 먼 중앙화된 절대주의 정부를 형성하고 있는 북대서양 왕국들을 보게 된다. 북유럽은 그때까지 낙후된 곳이었다는 것을 기억하자. 이 시기에 유럽사회는 세계 곳곳에 해외무역, 정복, 아시아·아프리카·미국을 식민지로 하는 프로젝트들로 세력만 확장하고 있었던 것이 아니라 새롭고 낯선 정치적 이념들이 뒤범벅이 되어 차고 넘칠 때였다. 이러한 이념들을 맞닥뜨린 대부분의 유럽 지식인들은 이를 보다 강력한 중앙집권화된 왕정을 만드는 데 사용하였다. 독일 학자인 라이프니츠는 중국의 사례인 문화적 일률성, 국가고시, 합리적인 행정에 고취되었다. 몽테스키외는 페르시아의 사례에서 동등하게 흥미를 가졌다. 다른 이들(존 로크나 다른 영국 정치철학자들은 건국의 아버지들에게 아주 많은 사랑을 받았다)은 유럽에서는 이전에 상상 가능했던 어떤 것보다 더 평등주의적면서도 개인주의적으로 드러나 보이는 북미사회의 발견에 매혹되었다.

유럽에서는 이러한 새로이 발견한 사회적 가능성에 대한 중요성, 정치적·도덕적 함의에 대한 소책자와 논쟁이 풍부했다. 미국 식민지에서 이것은 순수한 지적 반영의 문제가 아니었다. 북미의 첫 유럽 이주자들은 토착민들과 직접 접촉하는 상황에 처했을 뿐만 아니라 새로운 환경에서 살아남는 그들의 방법들을 배워야 했다. 역설적이게도 그들은 토착민을 쫓아내고 대부분은 멸종시켰다. 이 과정에서─최소한 초기 거주자 공동체 지도자들의 놀라운 설명에 따르면─그들과 특히 그들의 아이들은 점점 더 인디언처럼 행동하기 시작했다.

미국 민주주의에서 이를 만든 토착사회의 영향에 대한 논쟁은 매우 중요하다. 1980년대부터 이 주제에 대해 상당히 많은 생생한 논쟁이 있었다. 일반적으로 학술적 문헌들에서는 "영향력 논쟁"이라고 언급된다. 이를 시작한 학자들 중 역사학자 도널드 그린드Donald Grinde(그 자신이 원주민이다)와 브루스 요한슨Bruce Johansen은 좀 더 광범위한 주장을 했다. 그들이 제시한 '미국 헌법에는 어떤 요소들이 있는가?'라는 하나의 질문은 모든 논쟁을 빠르게 제쳐버렸다. 그들에 의하면 특히 애초에 연방 구조는 하우데노사우니Haudenosaunee와 이로쿼이Iroquois의 6개 부족연맹의 사례에서 영감을 받았다. 이 특별한 논쟁은 1977년에 시작되었다. 식민지들의 연방이라는 아이디어는 그린드가 1744년 란카스테 협약에 대한 협상 기간 중에 카나사테고Canassatego라는 이름의 오논다가Onondaga 대사에 의해 처음 제안되었다고 지적하였을 때였다. 6개의 각기 다른 식민지와 협상하느라 지친 그는 화살 하나를 잡아서 얼마나 쉽게 부러지는지를 보여준 후 6개의 화살 뭉치를 잡은 뒤 일동에게 똑같이 해보라고 했다(이 화살 뭉치는 미연방의 도장에 새겨져 있다. 숫자는 13개로 늘어났다). 협상을 담당했던 벤저민 프랭클린은 이후에 식민지들은 연방 체제를 채택해야 한다고 제안했다. 하지만 처음에는 아무런 수확도 거두지 못했다.

이로쿼이 연맹 제도가 아마도 미국 헌법에 어떤 영향을 미쳤을 것이라고 처음 제안한 것은 그린드가 아니었다. 유사한 생각들은 19세기에도 이따금 제안되었다. 그때는 누구도 이에 대해 특별히 위협적이거나 언급할 것을 발견하지 못했다. 그러다가 1980년대에 다시 제안되었을 때 선풍이 일어나기 시작했다. 국회는 하우데노사우니의 공헌을 인정하는 법안을 통과시켰고, 보수주의자들은 건국자들이 오직 '서구문명'의 전통에만 영향을 받았다고 주장하며 반기를 들었다. 대부분의 토착 미국인 집안의 학자들은 이 의견을 받아들였다. 그러나 그들 또한 이것은 토착민 사회들의 자유를 사랑하는 방식에 영향을 받은 거주자들이 밟은 과정의 단순한 한 예라고 강조했다. 한편 6개 부족을 연구한 비토착민 인류학자들과 미국 헌법 역사가들은 헌법이 배타적으로 만들어졌다고 주장했으나 그 주장은 바로 거부당했다. 이것이 의미하는 바는 건국자들의 다수가 하우데노사우니 연방과 협상에 참여했음에도 불구하고-그리고 이것은 그들이 직접 경험한 오직 하나의 연방 체제였음에도 불구하고-그들이 연방 체제를 스스로 어떻게 만들 것인가를 심사숙고할 때 협상의 경험이 아무런 역할을 하지 못했다는 것이다.

언뜻 보기에 이는 아주 비상식적인 주장 같다. 이러한 주장을 가능하게 만드는 이유는 연방주의에 관한 글들의 저자들이 공개적으로 연방 체제의 장점과 단점을 토론하였을 때 그들은 자신들의 경험이 아니라 오히려 성서의 사사기 시대의 조직, 그리스 아카이아 동맹, 스위스 연방, 네덜란드 연방에 대해 읽은 것을 언급했기 때문이다. 그들이 원주민을 언급할 때는 일상적으로 "미국 야만인들"이라고 했다. 원주민의 연맹 제도는 소규모 집단의 개인적 자유의 예일 뿐이지 정치적 경험과는 엄격하게 관련이 없다는 것이다. 예를 들면 존 애덤스는 원주민들을 고대 고트족에 비교했다. 고대 고트족은 특이한 사람들로, 폭력적인 불안정에 빠져들지 않고도 실제로 커다란 민주적 체제를 지지할 수 있었다. 이것은 미국 원주민들에게도 고트족에게도 가능했다. 그의 결론은 그들은 너무나 널리 흩어져 있고 중요한 자산을 축적하기에는 게을러서 재산을 보호하기 위해 고안된 제도가 필요하지 않았다는 것이다.

여전히 전체적인 헌법 논쟁은 부차적인 것이다. 이것은 모든 것을 교육받은 신사들의 독서 습관에 초점을 맞추는 관행이고, 그들이 고려한 논쟁과 암시는 공개적인 논쟁에서 사용하기 적합한 것이다. 예를 들면 건국자들은 카나사테고의 활의 은유에 대해 아주 잘 알고 있었고-결국 새로운 공화국의 도장에 이 이미지를 넣었다 그들이 발행한 문서, 연설, 논쟁 등에서 누구에게도 그다지 암시적인 것이 아니었다. 뉴욕 푸줏간 주인이나 짐차 제조인조차 신사들과 논쟁할 때 알고 있었다. 그래서 그들은 다른 많은 고전의 인용으로 이 논쟁을 장식해야 했다.

만약 우리가 민주적 감수성들의 기원과 민주주의가 실제로 어떤 것인지에 대한 우리의 감각에 영향을 미친 집단을 알고 싶다면 우리는 교육받은 신사들의 거실 너머를 들여다보아야 한다. 실제로 우리는 곧 스스로에 대해 소스라치게 놀라게 된다. 1999년 유럽 민주주의의 당대 역사가들 중 한 명인 존 마코프John Markoff는 "언제 어느 때 민주주의가 발명되었는가?"라는 비평을 발표한다. 여기에 다음과 같은 구절이 있다.

> 높은 권위에 의해 부여되는 것이 아니라 지도에 동의함으로써 나오는 지도력은 초창기 근대 대서양 세계의 해적선 선원들의 경험과 유사하다. 해적선 선원들은 그들의 선장들을 선출했을 뿐 아니라 (조타수와 선박협의회의 형태로) 권력에 대해 대항하는 것과 (약탈물에 대한 분배와 업무 중 상해에 대한 보상 비율을 명시한 서류 형태의) 개인-집단 간의 계약관계에 친숙했다.[16]

---

16 John Markoff, "Where and When Was Democracy Invented?," ComparativeStudies in Society and History, no. 41 (1999): 673.

그는 이러한 언급을 지나가는 말처럼 했지만 자주 언급했다. 이것은 아주 두드러진 예이다. 만약 기존의 선박 정관들을 기준으로 판단한다면 18세기 해적선들의 전형적인 조직들은 주목할 만큼 민주적이다.[17] 선장은 선거로만 선출되는 것이 아니다. 그들은 마치 미국 원주민전쟁 지휘관과 같았다. 추적과 전투 기간에 전권을 받지만 다른 때는 일반 선원들과 똑같이 여겨진다. 선장들이 강력한 권력을 가진 많은 배들은 선원들이 규칙을 어기면 언제라도 그들을 제거할 권리를 주장하였다. 그러나 이러한 문제를 포함한 사소한 문제들도 언제나 명백하게 다수결에 의해 해결했다.

이것은 해적들의 기원을 고려해보면 놀랄 일이 아니다. 해적들은 대부분 반역자들, 항구도시에서 그들의 의지에 반해 대서양에 동원되었다가 폭압적인 선장에 반대해서 반역을 일으킨 선원들이었고, "전 세계를 상대로 전쟁을 선포"했다. 그들은 자주 고전적인 사회적 무법자들이 되었고, 선원들을 해친 선장들에게 복수를 했으며, 별다른 죄가 없는 이들은 풀어주거나 보상도 해주었다. 선원의 구성은 일반적이지 않았으며 매우 이질적이었다. 마르쿠스 레디커Marcus Rediker의 『모든 국가의 악당들Villains of All Nations』에 따르면 1717년의 '블랙 샘 벨라미Black Sam Bellamy'의 선원들은 모든 나라의 '혼합'된 다중 국적으로 영국, 프랑스, 네덜란드, 스페인, 스웨덴, 미국 원주민, 아프리카계 미국인 그리고 노예선에서 자유의 몸이 된 20여 명이 넘는 아프리카인을 포함했다.[18] 다른 말로 하면, 우리는 직

---

17 As reconstructed by Marcus Rediker in Villains of All Nations: AtlanticPirates in the Golden Age (Boston: Beacon Press, 2004).

18 Ibid., p. 53.

접적인 민주주의 제도의 매우 광범위한 범위-스웨덴의 상황(협의회), 아프리카의 촌락회의, 토착민들에 의한 미국 연방구조-에서 민주적 절차의 지식이 최소화될 것 같은 곳에 있는 사람들의 집합을 다루고 있다. 어느 날 갑자기 그들은 다른 어느 곳에도 없는 자치정부의 어떤 양식을 만들어야 했다. 당시 대서양 세계에서는 새로운 민주적인 제도의 개발에 도움이 되는 근거가 될만한 것이 없었음에도 불구하고 말이다.

18세기 초기의 대서양 해적선에서 개발된 민주적인 실천들이 60년 또는 70년 후에 직접적이든지 간접적이든지 북대서양 세계의 민주적 헌법의 진화에 어떠한 영향을 주지 않았을까? 가능한 일이다. 전형적인 18세기 뉴욕의 숙련공이나 상인들은 부둣가 술집에서 맥주를 마시면서 해적선 이야기를 하는 데 많은 시간을 보냈다. 선정주의자들의 해적 이야기는 광범위하게 퍼졌는데, 매디슨이나 제퍼슨 같은 사람들도 최소한 아이 시절에 이러한 이야기를 읽었을 것이다. 그러나 이들이 이러한 이야기들에서 어떤 생각을 뽑아냈는지는 알 수 없다.

미국 혁명의 많은 이념들과 논쟁 뒤에 놓인 광범위한 민주적인 무의식의 존재에 대해 숙고하더라도 일반적인 시민조차 이러한 이념들의 기원을 듣는 것은 불편했을 것이다. 그것을 인정하면 그들이 아주 확고하게 야만인들과 범죄자들과 어울린 것이 되기 때문이다. 해적들은 확실한 예일 뿐이다. 북미 식민지들에게 더 중요한 것은 국경지방의 사회들이었다. 그러나 이러한 초기 식민지들은 우리가 생각하는 것보다 훨씬 해적선에 가까웠다. 국경의 공동체들은 해적선처럼 인구가 밀집되어 있지 않았지만 지속적인 협력의 즉각적인 필요가 있었다. 그 공동체들은 각 문화 간의 교류에 의해 즉흥성이 필요한 공간들이었고, 해적선들처럼 대개 어떠한 곳에도 소속되어 있지 않았다. 최근에야 역사가들이 기록하기 시작한 것은 정착자들이 인디언들의 곡물, 의복, 약품, 관습, 전쟁 방식을 차용함으로써 정착자들과 원주민들이 초창기에 어떻게 철저하게 얽히게 되었는 가이다.[19] 그들은 교역을 했고, 자주 같이 어울려 살았으며, 가끔은 상호 결혼도 하였다. 또 다른 이들은 몇 년간 인디언 공동체의 포로로 살면서 자신들의 집으로 돌아가기 전까지 원주민 언어, 습관 등 많은 것을 배웠다. 대부분 역사가들은 식민지 공동체와 군대 지도자들의 공포-그들의 하급자들이 인디언의 토마호크tomahawk(인디언 도끼-역주), 왐품wampum(인디언들이 통화처럼 쓰던 조가비 구슬-역주)을 사용하기 시작한 것과 같은 방식으로 인디언의 평등과 개인적 자유에 대한 태도를 흡수하기 시작한 것-에 대해 적었다.

그 결과는 정착자들의 삶의 많은 측면에 영향을 준 문화적 변형이었다. 예를 들면 청교도들은 아이들을 키우는 데 체벌은 절대적으로 필요하다고 여겼다. 회초리는 아이들에게 권위의 의미를 가르치고 그들의 (원죄에 의해 오염된) 의지를 꺾는 데 필요했는데, 이는 말이나 다른 동물을 길들이는 것과 같은 방식이었다. 같은 방식으로 성인이 되어서도 아내들과 하인들을 벌주기 위해 회초리를 들었다. 이와 대조적으로 대부분의 토착 미국인에게는 아이들은 어떤 상황에서도 맞아서는 안 되었다. 1690년대에 유명한 보스턴 캘빈파 목사였던 코튼 매더Cotton Mather는 해적을 인류가 받는 천벌이라고 공격하였다. 또한 그는 신세계의 편안한 풍토와 토착민들의 느슨한 태도에 의해 타락한 동료 정착자들이 '인디언화'-아이들에게 체벌을 하는 것을 거부해서 주인과 노예, 여성과 남성, 연장자와 연하자

---

[19] Colin Calloway, New Worlds for Al! (Baltimore : Johns Hopkins : University Press, 1997). (cf. Axtcll 1985)

사이의 관계를 다스리는 훈육, 위계, 의식의 원칙들이 무너지는 것-하는 것을 불평했다.

> 비록 이 나라 최초의 영국인 경작자들이 일상적으로 정부와 가족 내의 규율과
> 충분한 엄격함을 가지고 있었지만, 풍토가 우리에게 인디언화하라고 가르치고
> 있는 것 같았다. 지금은 이를 느슨하게 하여 전부 제쳐두고 아이들에 대한 어리
> 석은 방종이 유행병 같은 잘못이 되고 있다. 그리고 앞으로 많은 악마적인 결과
> 들이 있을 것이다.[20]

다른 말로 하면 개인주의적이고 관대하고 자유를 사랑하는 영혼이 처음에 식민지 주민들 사이에 있었던 것에 대해 초기의 청교도 성직자들은 분명하게 인디언에게 책임을 지웠다. 즉, 그들은 그 당시 원주민들을 '미국인'으로 불렀다. 정착자들이 그때는 여전히 스스로를 미국인이 아니라 영국인으로 간주하고 있었기 때문이다. '영향력 논쟁'에서 가장 역설적인 것 중 하나는 연방제에서 이로쿼이족의 영향력에 대한 논쟁의 소음과 격노다. 그린드와 요한슨이 실제로 강조하고자 한 것은 식민지에 정착했던 평범한 미국인과 영국인이 스스로를 인디언과 비슷하다고 보기 시작하면서부터 스스로를 새로운 종류의 자유를 사랑하는 사람들로서 '미국인'이라고 생각하기 시작했다는 것이다.

보스턴 같은 도시들에서는 국경지역, 특히 식민지 정부의 통제 밖에 있는 '인디언이 되어버린' 도망 노예와 하인들로 구성된 공동체,[21] 또 역사

---

20 Cotton Mather, Things for a Distress'd People to Think Upon (Boston, 1696).
21 Ron Sakolsky and James Koehnline, Gone to Croatan : Origins of North American

가들인 피터 라인보우와 마커스 레디커가 '애틀랜틱 프롤레타리아Atlantic Proletariat'라 불렸던 섬지역에서는 한결같이 더 진실이었다. 이들은 근대 인종주의가 등장하기 전에 북대서양 세계의 항구도시들을 개발했던 잡다한 집합-노예 신분에서 해방된 자유민들, 선원들, 배의 창녀들, 배교자들, 반율법주의자들, 반역자들-이었다. 미국혁명-그리고 다른 혁명-의 민주적 추동력의 많은 부분이 그들로부터 처음 나타났던 것으로 보인다.[22] 매더 같은 이들은 역시 여기에 동의했다. 그는 자주 국경지역 정착자들에 대한 인디언의 공격은 올바른 주인들을 버리고 인디언처럼 사는 이러한 사람들에 대한 신의 형벌이라고 적었다.

만약 역사가 진실하게 기록되었다면 내게는 민주적 영혼의 진짜 기원-보다 더 많은 민주적인 제도들-은 정확하게 바로 이러한 정부와 조직화된 교회의 통제 밖에 있는 즉흥성의 공간들에 있는 것으로 보인다. 여기에 하우데노사우니들도 포함해야 할 것 같다. 분쟁을 조정하고 평화를 조성하기 위한 방법을 만들기 위해 세네카Seneca, 오논다가Onondaga, 카유가Cayuga, 오네이다Oneida, 모호크Mohawk[여섯 번째 부족으로 나중에 투스카로라Tuscarora가 가입하였다] 사이에 원래 계약된 협의 같은 것으로 연맹-우리는 언제인지는 모른다-이 형성되었다. 그러나 이것은 17세기 팽창의 시기 동안 다른 토착 국가들의 포로들, 포로가 된 정착민들, 도망자들을 주민으로 받아들인 부분이 꽤 컸으며, 평범하지 않은 사람들의 범벅이 되어버렸다. 17세기의 비버 전쟁Beaver war(이로쿼이와 프랑스 간의 전쟁-역주)

Dropout Culture (Oakland: AK Press, 1993).

22 Mediker, Many-Headed Hydra (Boston: Beacon Press, 2001), 피터 라인보우·마커스 레디커 지음, 정남영·손지태 옮김(2008, 히드라 제국과 다중의 역사적 기원, 갈무리).

절정기에 한 예수회 전도사는 세네카 부족에게 그들의 언어로 설교하는 것은 불가능하다고 불평했다. 왜냐하면 아주 많은 이들이 그들의 언어가 유창하지 않았기 때문이다. 예를 들면 18세기에 처음으로 식민지 주민들에게 연방을 제안했던 카나사테고 영사는 오논다가족 부모 사이에 태어났고, 당시에 다른 주요 식민지 주민의 하우데노사우니 협상자인 스와타네swatane는 실제로 프랑스인이었다. 그는 퀘벡의 프랑스 부모 사이에 태어났다. 다른 모든 조직들처럼 연맹은 지속적으로 바뀌었고 진화했다. 이러한 협의회 구조의 조심스러운 구성과 엄숙한 존엄성은 바로 문화, 전통, 경험의 창조적인 혼합의 산물이었다.

∶

왜 보수파들은 그에 반대되는 압도적인 증거에도 불구하고 민주주의가 고대 그리스에서 발명되었고 그들이 '서구문명'이라 부르는 것 속에서 어느 정도 내려왔다고 주장하는가? 결국 이것은 부자와 권력자가 언제나 하는 방식으로 다른 이들의 노동의 열매를 소유하는 방식이며 재산을 주장하는 방식이다. 그리고 재산청구는 언제나 방어되어야 한다. 이것이 바로 아마르티아 센 같은 사람이 (최근에 그가 말했듯이) 민주주의는 아프리카 남부, 인도의 촌락평의회에서 언제나 쉽게 찾을 수 있다는 분명한 지적을 하면* 보수주의 저널과 웹 페이지에서는 그가 논점을 완전히 놓쳐버렸다는 식의 분노에 찬 응답이 즉시 물결을 친다.

---

* 역주: Amartya Sen, Democracy And Its Global Roots in The New Republic 04 October, 2003.

일반적으로 말해서 당신이 모두가 동의하는 개념-진리, 자유, 민주주의-을 찾을 수 있다면 좋은 일이지만, 당신이 누구든 정확하게 이러한 개념이 무엇인지에 관해 동의하지 못한다는 것을 확신할 수 있다. 왜 대부분의 미국인이나 일반적으로 대부분의 사람들이 민주주의 이념을 좋아하는지를 묻는 순간 관습적인 통념이 무너지는 것뿐만 아니라 완전히 우리가 알고 있는 사실과 관계 없는 것이 되어버린다.

민주주의는 고대 그리스에서 발명되지 않았다. 그러나 이를 인정해야 한다면 '민주주의'라는 단어는 대부분 그것 자체를 아주 좋아하지 않았던 사람들에 의해 발명되었다. 민주주의는 절대로 '발명'된 것이 아니다. 어떤 특별한 지적 전통에서 나온 것도 아니다. 그것은 실제로 정부의 양식도 아니다. 본질적으로 민주주의는 인간은 근본적으로 평등하고, 그들의 집단적인 결정들은 평등주의적 풍습에서 유지되는 것이 허락되어야 한다는 것이며, 무슨 방법을 쓰더라도 가장 도움이 되어야 한다는 것이다. 이러한 원칙들에 기반을 둔 조정들이 힘든 노고를 통해 현실화되는 것이다.

이러한 감각에서 민주주의는 역사 또는 인간의 지성만큼이나 오래된 것이다. 누구도 이를 소유하는 것은 가능하지 않다. 내 추측으로 지나치게 경도되면 누군가는 이것은 인간이 단지 타인을 괴롭히려는 것을 멈추고 공통의 문제를 해결하기 위한 커뮤니케이션 기술을 집단적으로 개발하는 순간에 나타난다고 주장할 수 있다. 그러나 이러한 숙고는 쓸데 없다. 요점은 민주적인 회의는 모든 시대와 장소에서 입증될 수 있다. 발리섬의 서카seka(발리인 사회에서 특정 목적으로 구성된 집단-역주), 볼리비안의 아일루Ayllu(잉카제국의 자급자족이 가능한 최소 공동체-역주)에서는 다양한 공식절차를 이용했다. 모든 이들이 동등한 발언권을 가진다는 원칙하에서 많은 사람들이 모여 집단 결정을 내릴 때 불쑥 의견을 제기할 수 있다.

민주주의의 역사에 대해 이야기할 때 정치학자들이 이러한 지역 협의 회들과 회의들을 무시하는 것이 쉬운 이유 중 하나는 대부분의 이러한 회의들에서 상황은 투표로 가지 않기 때문이다. 민주주의가 단순히 투표의 문제라는 생각―건국자들 또한 당연하다고 여긴―역시 이를 혁신이나 개념적으로 비약적 전진이라고 생각할 수 있다. 사람들에게 거수나 도자기 파편에 뭔가 적어 내기, 제안을 지지하기 위해 공공 광장에서 어느 한편에 서기를 요구하여 제안에 대한 지지를 검증하는 것은 이전 시대에서는 누구에게도 일어나지 않았던 것이다. 그러나 역사를 통해 사람들이 어떻게 계표하는지 알게 되었다면 거기에는 왜 계표가 그룹 결정에 도달하는 방법으로 회피되었는가에 대한 충분한 이유가 있다. 투표는 불화를 일으킨다. 만약 공동체가 그 성원들에게 집단결정을 따르도록 강요할 수단이 부족하다면 아마도 시도할 수 있는 가장 어리석은 일은 한쪽이 필연적으로 패배한 것으로 보일 일련의 공공 경쟁을 조장하는 것이다. 이것은 공동체의 49%가 강하게 반대하는 결정을 허락하지 않을 뿐만 아니라 반대에도 불구하고 같이 갈 것을 설득할 때 필요로 하는 공동체의 부분에서 악감정이 생길 가능성을 최대화한다. 합의를 찾는 과정은 상호 수용과 집단 결정에 도달하기 위한 협의이다. 이는 중앙집중화된 관료제가 없고, 그들 생각으로는 특히 분노한 소수가 어리석고 추악하고 불공정한 결정에 맞추라고 강요당하는 체계적인 강제수단도 없는 곳에서 결정을 내려야 하는 사람들이 있는 곳에 아주 적합하다.

역사적으로 이러한 양자를 찾는 것은 엄청나게 드문 경우이다. 대부분의 인간의 역사를 통해 평등주의적인 사회들은 민중이 원하지 않는 일을 하도록 강제하는 군대나 경찰 기구를 가지고 있지 않았다. (앞서 언급한 서

카와 아일루도 그러했다.) 강제 수단이 존재하는 곳에서는 평범한 사람들의 의견이 중요하다는 생각을 하지 않는다.

그렇다면 어디에서 투표를 발견할 수 있는가? 공적 경쟁이 일반적이라고 간주되는 고대 그리스 같은 사회들이다(고대 그리스는 무슨 일로도 경쟁하였다). 그러나 대부분의 상황에서는 회의에 참가하는 모든 이들은 무장을 했거나 최소한 무기 사용 훈련을 했던 사람들이다. 고대 그리스 세계에서 투표는 군대 내에서 일어났다. 아리스토텔레스는 이를 잘 알고 있었다. 그가 관찰한 바로는 그리스 국가의 구성은 대부분 그 군대의 주요 무기에 따라 결정된다. 만약 기병대라면 귀족정을 예상할 수 있다. 중무장한 보병이라면 투표권은 무기를 구할 수 있는 부유한 이들에게 있다. 만약 경기병, 궁수부대, 투석부대, 해군(아테네에 있었던)이 있다면 민주주의를 예상할 수 있다. 이와 유사하게 로마에서도 다수결에 의지하는 대중적인 회의는 '100인조'라고 불리는 100명의 군대 조직에 직접 기반을 둔 것이다. 만약 한 사람이 무장했으면 그의 의견은 고려되어야 한다. 고대 군대 단위는 다수결을 통해 그들의 지도자를 선출했다. 왜 다수결이 군대에서 의미가 있는지를 보는 것은 쉬운 일이었다. 만약 투표가 60:40이더라도 양쪽이 무장 상태이고 싸움이 벌어진다면 즉시 누가 이길 것인지는 알 수 있었다. 이러한 본보기가 역사 기록 속에서 대체로 광범위하게 적용된다. 예를 들어 1600년대에 6개의 부족평의회—주로 평화유지에 개입했다—는 합의에 의해 운영되었다. 그러나 전투를 하는 해적선에서는 다수결로 했다.

이 모든 것이 중요한 이유는 부유한 초기 애국자들이 가진 귀족적 공포—그들이 '민주주의'를 악몽으로 생각할 때는 무장한 평민이 다수결로 결정하는 것을 생각하는 것이다—는 전적으로 근거가 없다는 것을 보여주기 때문이다.

아나키즘의 역사

그렇다면 민주주의는 다수결에 의해 필연적으로 규정될 필요가 없다. 오히려 완전하고 공평한 집단 사고 과정이다. 결국 민주적인 창조성은 매우 다른 전통들에서 온 참가자들의 다양한 집단을 가질 때 오히려 가장 잘 발휘될 것이다. 그들의 일상사를 규제하기 위한 어떠한 수단들을 급히 마련해야 할 필요와 기존의 주요 권위로부터 벗어난 자유로움과 더불어서 말이다.

오늘날 대부분의 북미 아나키스트들은 일반적으로 어떠한 종류의 정부라도 반대하는 정치철학의 지지자들로, 이러한 정치적 제도를 개발하고 알리기 위해 활발히 노력하고 있다. 민주주의와 아나키스트의 동일시는 오래전으로 거슬러 올라간다. 1550년대, 심지어 1750년대에는 이 동일시가 모욕의 범주였고 험담꾼들은 자주 '민주주의'를 '아나키'로, '민주주의 지지자'를 '아나키스트'로 바꾸어서 불렀다. 이러한 각각의 상황에서 어떤 급진주의자들은 결국 이 용어를 스스로에 대해 반항적으로 묘사하기 위해 쓰기 시작했다. '민주주의'는 점차 모든 이들이 스스로 지지해야 할 무엇인가로 점점 느끼게 되었지만(누구도 그것이 무엇인지는 정확히 동의할 수는 없더라도), '아나키'는 반대의 길을 가서 폭력적 무질서와 거의 동어의가 되었다.

그렇다면 아나키즘이란 무엇인가?

실제로 이 용어는 단순히 '지배자 없이'라는 의미이다. 민주주의의 경우와 마찬가지로 아나키즘의 역사에 대해 설명하는 두 가지 방식이 있다. 한편으로는 '아나키즘'이란 단어의 역사를 볼 수 있는데, 이것은 피에르 조제프 프루동Pierre-Joseph Proudhon이 1840년대에 만든 용어로 19세기 후반 유럽의 정치적 운동에 의해 채택되었고 나머지 다른 세계로 퍼져나가기 전에는 특히 러시아, 이탈리아, 스페인에서 강하게 정립되었다. 다른 한편으로 우리는 아나키즘을 보다 넓은 정치적 감각으로 볼 수 있다.

어느 쪽으로라도 아나키즘을 설명할 수 있는 가장 쉬운 방법은 진정으로 자유로운 사회를 가져오는 것을 목표로 하는 정치적 운동이라고 말하는 것이다. '자유로운 사회'는 인간이 폭력의 지속적인 위협을 강요받지 않는 관계를 가지는 곳으로 규정된다. 역사가 보여준 것은 부의 심각한 불평등, 노예제, 부채노동, 임노동 같은 제도가 오직 군대, 감옥, 경찰에 의해 뒷받침될 때 존재한다는 것이다. 인종주의, 성차별 같은 더 깊은 구조적인 불평등도 궁극적으로는 폭력의 (좀 더 미묘하고 교활한) 위협에 기반을 두고 있다. 그렇기 때문에 아나키스트들은 평등과 연대에 기반을 둔 세상을 상상한다. 이곳에서 인류는 전망, 프로젝트들, 그들이 삶에서 가치 있다고 여기는 개념들의 끝없이 다양함을 추구하기 위해 다른 이와 자유롭게 어울리게 될 것이다. 사람들이 내게 아나키스트 사회에서는 어떤 종류의 조직이 존재할 수 있는지에 대해 질문하면 나는 언제나 이렇게 답한다.

"아마도 우리가 지금은 만들 수 없는 조직이지만, 우리가 함께 생각할 수 있는 어떠한 형태의 조직이다."

단, 하나의 전제조건이 있다. 이 조직들은 누구도, 어떤 이유에서라도 누군가 무장병력을 불러 보여주면서 "여기에 대해 당신이 무엇을 말해야 하는지 난 신경 쓰지 않는다. 입 다물고 내가 말한 것을 하라"고 말할 수 있는 능력을 가진 이가 없어야만 존재 가능하다는 것이다.

이러한 점에서 아나키스트들은 언제나 있었다. 그들 위의 어떤 권력이나 지배 체계와 충돌하는 사람들의 그룹이 이를 폭력적으로 반대하는 것은 어느 시대에도 있었기에 그들은 기존 권력이나 지배 체계에서 벗어나 자유롭게 서로를 대하는 방식을 상상하기 시작했을 것이다. 대부분의 이러한 프로젝트들은 역사에 남아 있지 않지만 그때나 지금이나 이런저런 증거들은 존재한다. 예를 들면 기원전 400년경 중국에서는 '농가農家, School of Tillers'로 알려진 철학적 운동이 있었다. 이 운동은 상인들과 정부 관리들을 쓸모없는 기생충으로 여겼고, 오직 솔선수범하고 평등한 공동체를 만들려는 시도를 했다. 경제는 큰 국가들 사이의 소유자가 없는 영토 내에서 민주적으로 규제하려고 했다. 명백하게 이 운동은 이러한 자유촌락으로 도망쳐온 지식인과 농민 사이의 연합에 의해 만들어졌다. 그들의 궁극적인 목표는 점차 주변의 왕국으로부터 망명자들을 받아들이는 것이었기에 그것이 주변 왕국들의 침략의 빌미가 되어 결국 그들이 붕괴하는 원인이 되었다. 이러한 종류의 대규모 망명을 장려하는 것은 고전적인 아나키스트들의 전략이다. 두말할 필요 없이 그들은 궁극적으로는 성공하지는 못했지만 그들의 이념은 후세대의 공식 철학에 심대한 영향을 주었다. 고대 아나키스트들의 이념은 개인은 어떠한 사회적 관습에 매여서는 안 되며 상상의 원시공동체로 돌아가기 위해 모든 기술은 거부해야 한다는 신념을 주었다. 이 경향은 역사 속에서만 반복되었다. 이러한 개인주의자들과 원시주의자들의 이상은 차례로 노자와 장자의 도교철학에 심대한 영향을 미쳤다.[23]

---

23 Angus Graham, The Inner Chapters (Indianapolis: Hackett Publishing Co., 2001).

얼마나 많은 유사한 운동들이 인류 역사 속에 있었는지 우리는 알 수 없다. (우리가 농가에 대해 알 수 있게 된 것은 그들 또한 농업 기술의 교본들을 아주 잘 편집했기 때문이다. 그 교본들은 수천 년 동안 읽히고 재제본되었기 때문이다.) 그러나 얼마 전 『동남 아시아의 아나키스트 역사』anarchist history of Southeast Asia』에서 제임스 스콧James Scott이 보여준 것은 몇백만의 사람들이 몇백 년간 해온 동남 아시아의 농가들이 해온 일이 중국의 농가와 같다는 것이다. 그들은 부근에 있는 왕국의 통제에서 도망 나와서 기존 국가가 대표하는 모든 것을 거부하는 것에 기반을 둔 사회 건설을 시도하고 다른 이들에게도 같은 것을 설득하였다.[24] 각기 다른 국가들에서 이런저런 자유 공간을 획득하려는 많은 운동들이 있었다. 요점은 이러한 발상들은 주류 역사 속에서는 잘 드러나지 않지만 언제나 있었다는 것이다. 대부분의 인간 역사에서 보이는 국가에 대한 거부는 당국자들과의 혁명적 충돌보다는 도망이나 망명의 형태로 취해졌고 새로운 공동체를 건설하는 것이었다. 물론 이 모든 것은 국가로부터 도망갈 수 있는 멀리 떨어진 언덕들이 있고, 국가가 영토의 확장을 통해 자신의 영향력을 확장하기 어려울 때 시도하기가 한층 더 쉽다. 산업혁명 이후에 급진적인 노동자들의 운동이 전 유럽에서 등장했을 때 프랑스와 스페인 같은 곳의 일부 공장 노동자들은 공개적으로 아나키스트 이념을 지지하기 시작했다. 하지만 고대의 방식은 더 이상 가능하지 않았다. 이 당시 아나키스트들은 대안의 경제적 기업(협동조합, 상호부조은행)에서부터 파업, 사보타주, 총파업, 온전한 폭동까지 다양한 전략들을 택했다.

---

24 James Scott, The Art of Not Being Governed: An Anarchist Historyof Upland Southeast Asia (New Haven: Yale University Press, 2010).

정치철학으로서의 마르크스주의는 이 시기에 등장했고, 초창기에는 아나키즘과 궁극으로는 동일한 목표인 자유로운 사회, 모든 형태의 불평등의 철폐, 공동 경영에 의한 작업장, 국가의 해체에 의해 고무되었다. 그러나 첫 번째 인터내셔널이 만들어질 무렵의 논쟁 이후부터 중요한 차이가 생겼다. 대부분의 마르크스주의자들-투표를 통해서건 아니면 다른 방법으로라도-은 국가 권력을 먼저 쟁취하고 사회를 이행시키기 위해 기구를 사용하는 것이 필수인데, 일반적으로 그들이 주장한 것은 이러한 기구가 궁극적으로 과다하고 단순히 아무것도 아닌 것이 될 때까지였다. 19세기로 돌아가서 보더라도 아나키스트들은 이것이 헛된 꿈이라고 지적했다. 아나키스트들이 주장한 것은 전쟁에 의한 평화, 상향식 명령에 의해 만들어지는 평등은 불가능하다는 것이다. 그러한 이유 때문에 대의를 위해 모든 개인적 자기 실현과 자기충족을 희생하는 무자비하고 무감각한 혁명가들이 되는 것으로는 인간의 행복은 불가능하다는 것이다. 아나키스트들은 목적이 수단을 정당화시킬 수 없다고 주장하였다. (물론 목적이 당연히 수단을 정당화시키지는 않지만.) 그렇기 때문에 한 유명한 아나키스트는 "구세계의 껍질 안에서 새로운 사회 건설"을 시작할 것을 요청했다. 위계가 없는 학교(스페인의 모던 스쿨이나 미국의 자유학교 운동), 급진적인 노동조합들(프랑스의 CGT, 북미의 IWW), 끝도 없이 다양한 공동체(1851년 뉴욕의 모던 타임스 콜렉티브에서부터 1971년 덴마크의 크리스타아니아, 이스라엘의 키부츠 운동. 키부츠 운동은 원래 아나키즘에 의해 고무된 것으로 이러한 경험들 중에서 가장 유명하고 성공적인 사례일 것이다)의 평등주의 경험과 더불어서 말이다.

19세기로 넘어갈 무렵 때때로 일부의 아나키스트들은 세계 지도자들과 도둑 남작들(그들은 당시 그렇게 불렸다)에 대해 암살이나 폭탄 공격을 직접 하곤 했다. 대략 1894년에서 1901년까지 특히 강렬했는데, 최소 10여명의 왕들, 왕자들, 비밀경찰청장, 기업가들 그리고 국가 수반뿐만 아니라 프랑스 대통령 1명, 스페인 수상 1명, 미국 대통령 윌리엄 매킨리William McKinley가 살해당했다.

이로 인해 이때부터 아나키스트들에게는 폭탄 투척자라는 악명 높은 이미지가 만들어졌고, 대중적인 이미지로 남게 되었다. 피터 크로포트킨과 엠마 골드만 같은 아나키스트 사상가들은 어떤 아나키스트 조합이나 협회에 전혀 속하지 않은 고립된 개인에 의해 수행되는 이러한 공격에 대한 비판들과 자주 싸웠다. 사실 아나키스트들은 무고한 사람들을 직접 겨냥하지 않는 테러리즘이더라도 정치전략으로서 효과가 없다는 것을 (점차적으로) 자각하게 된 최초의 근대적 정치운동이었다. 사실상 근 100년간 아나키즘은 그 주창자들이 누구도 날려버리지 않은 아주 드문 철학 중의 하나이다. (진실로 아나키스트 전통에서 이를 가장 많이 자행한 20세기 정치 지도자는 모한다스 K. 간디이다.) 그러나 세계가 지속적으로 서로 싸우거나 세계대전을 준비하고 있던 1914년에서 1989년까지의 시기에 정확하게 다음과 같은 이유로 아나키즘은 쇠퇴하기 시작했다. '현실적'으로 보이기 위해서는 이러한 폭력이 난무한 시대의 정치 운동은 탱크 무기들, 비행 수송선들, 탄도미사일 체제를 조직할 수 있어야 했다. 그것이 마르크스주의자들이 매우 뛰어났던 점이다. 그러나 아나키스트들-내 의견으로는 그들의 주장에 대한 신용을 지키기 위해-은 이를 하려고 하지 않았다. 1989년 직후 거대한 전쟁 동원의 시대가 끝이 난 것으로 보일 때 아나키스트의 원칙에 기반을 둔 세계혁명운동-세계정의운동-이 다시 나타났다.

아나키즘이 만들어가는 세상

아나키즘은 끝도 없는 다양성, 색깔들, 경향들이 있다. 나로서는 스스로를 '스몰-a' 아나키스트라고 부르는 것을 좋아한다. 나는 내가 어떤 종류의 아나키스트가 될 것인가에 관심이 거의 없고, 아나키스트 원칙에 따라 운영되는 광범위한 제휴에서 일하는 데 관심이 있다. 이것은 정부를 통하지 않고 정부가 되려고 하지 않는 운동, 무역 관련 기구나 자본주의 기업 같이 사실상의 정부의 제도 역할을 하는 데 흥미가 없는 운동이며 우리 관계를 우리 스스로가 창조해 바라는 세상의 선례로 만들기에 초점을 두는 그룹들이다. 다른 말로 하면 진정으로 자유로운 사회를 향해 일하는 사람들이다. 결국 어떤 종류의 아나키즘이 가장 맞는 것인지 생각해내기는 어렵다.

아주 많은 질문들은 오직 훗날 답할 수 있을 것이다. 진정으로 자유로운 사회에서도 시장의 역할이 있을까? 나는 알 수 없다. 내가 역사에 기반을 두고 나 스스로 확신하는 것은[25] 우리가 시장경제를 이러한 자유로운 사회에서도 유지한다면-즉, 계약을 강제하는 국가가 없기에 의무는 오직 신뢰에만 기반을 둔다-우리의 경제학적 관계는 우리가 '시장'이라고 생각해 온 것을 완전히 의식하지 못할 뿐만 아니라 그것을 모방하려고 하지도 않을 것이다. 나는 사람들이 서로 다른 조건이 없는 이러한 사회에서 임금을 위해 일하는 것을 상상할 수 없다. 그러나 내가 틀렸는지 누가 알겠는가? 나는 자유로운 사회의 세부 구조까지 그려내는 데는

---

[25] 여기에 대한 내 생각을 보완하는 많은 역사적 이유들은 내 책 『부채, 그 첫 5000년』(부글북스, 2011년)의 10~12장까지 윤곽이 그려졌다.

관심이 별로 없고 이를 우리가 가능하게 할 조건들을 만드는 데 관심이 있다.

만약 자유로운 민중이 집단 문제를 악화시키지 않고 실제로 이를 푸는 데 그들의 상상력을 사용한다면 어떤 종류의 조직, 그러한 이유, 기술이 나타날 것인지 우리는 모른다. 그러나 가장 우선되는 질문은 우리가 어떻게 해야 거기에 갈 것인가이다. 무엇이 우리의 정치경제체제가 집단문제를 푸는 양식이 아니라 지금처럼 집단 전쟁의 양식이 되게 했는가?

아나키스트들조차 이러한 문제 전반을 움켜쥐게 되기까지는 아주 많은 시간이 걸렸다. 예를 들어보자. 아나키즘이 광범위한 노동자들의 운동이 되었을 때, '민주주의'를 받아들이는 것은 다수의 결과를 소수에게 설득해서 같이 가는 연대를 호소하는 것에 기대는 로버트 토의 절차 규칙을 의미하는 것이었다. 연대를 호소하는 것은 혁명가들이 일반적으로 그런 것처럼 이런저런 죽느냐 사느냐의 충돌이 있을 때 매우 효율적이다. 스페인의 아나키스트 조합인 CNT가 1920년대와 1930년대에 현장에서 파업 투표를 할 때 파업에 반대한 사람은 결정을 따르지 않아도 되었다. 그 당시 파업은 준군사전이었음에도 투표 결과는 거의 변함 없이 100%의 협력이었다. 그러나 이러한 도시 작업장 공동체와는 달리 모든 곳의 지역 공동체처럼 지역의 농촌 공동체는 사실상 합의에 의지하는 경향이 있었다.

한편 미국에서는 명백하게 아나키스트들이 아닌 민초 조직가들에 의해 다수결보다는 합의가 자주 사용되었다. 시민권리운동의 수평 지부였던 SNCCStudent Nonviolent Coordinating Committeeg(학생비폭력조정위원회)는 합의에 의해 운영되었고, SDSStudents for a Democratic Society(민주사회를 위한 학생들)는 그들의 구성상 원칙들에서 의회 과정에 의해 운영된다고 하지만 사실상 실천에서는 합의에 의지하는 경향이 있었다. 이러한 모임에 참가한 이들 대부분은 그 당시에 사용하던 과정들이 즉흥적이고 가끔은 너무 혼란스럽다고 여겼다. 이렇게 된 것의 일부는 미국인이 그들의 민주주의적 영혼에도 불구하고 대개 민주적인 신중함에 대한 경험을 절대적으로 가지고 있지 않았기 때문이다. 다급한 상황에서 합의할 수 없을 때 활동가들의 소규모 그룹이 집단 결정을 내리기 위해 노력하는 것에 대한 시민권리운동에서 나온 유명한 이야기가 있다.

한순간 그들 중 한 명이 합의를 포기하고 총을 꺼내들고는 촉진자에게 정면으로 겨누며 말했다.

"우리를 위해 결정하시오. 그렇지 않으면 쏘겠소."

그러자 촉진자는 대답했다.

"당신이 나를 쏘겠군요."

이와 같이 민주주의 문화라고 부를 수 있는 것을 개발하는 데는 아주 오랜 시간이 걸린다. 그러나 그것은 전혀 예상치 못한 놀라운 방향에서 등장한다. 예를 들면 영적 전통, 퀘이커교, 페미니즘이다.

한 예로 미국친우회American Society of Friends, 즉 퀘이커는 영적 훈련으로써 자신들의 합의 결정 형태를 개발하는 데 몇백 년을 보냈다. 퀘이커는 노예제 폐지운동 이후부터 1970년대까지 대부분의 미국 풀뿌리 사회운동에서 활발하게 활동했다. 그들은 자신들의 기술을 다른 이들에게 가르치려고 하지 않았는데 그 이유는 영적인 문제, 즉 종교의 일부로 간주했기 때문이다. 유명한 퀘이커 평화운동 활동가인 조지 레이키George Lakey는 언젠가 이에 대해 "당신은 합의에 기대야 한다"고 말했다. 퀘이크교도들은 최소한 1950년대까지는 개종에 반대하였다. 그들은 서로 신학에 대한 이해를 나눴다. 그리고 신학은 민중에게 강요할 수 없는 것이라는 합의에 이르렀다.[26] 그런데 페미니스트 운동에서 단 한 번의 위기가 찾아왔다. 보통 12명 정도로 구성되는 작은 의식화 그룹에서 비공식인 합의를 시작하였는데, 규모가 커지자 파벌과 암묵적인 지도구조와 함께 모든 종류의 문제들이 생기고 있다는 것을 알았다. 이 때문에 결국 일부 반대 의견을 가진 퀘이커교도들(가장 유명했던 이는 레이키였다)도 협력하여 그들이 가진 기술의 일부를 전파하기 시작했다. 보다 크고 다양한 그룹들이 이러한 기술을 채택하였고 순서대로 페미니스트의 기질로 채워지며 변형이 되었다.[27]

이것은 현재 '아나키스트들의 과정'—이 모든 촉진과 합의 찾기에 대한 정교한 기술, 수신호 같은 것들—이라고 부르게 된 것이 급진적 페미니즘, 퀘이커, 심지어 미국 토착민 전통에서 어떻게 나타나게 되었는가에 대한 한 가지 예일 뿐이다. 사실 북미에서 채택된 특별한 다양성은 '아나키스트 과정'이라기보다는 진실로 '페미니스트 과정'이라고 불러야 한다. 이러한 방법들은 아나키즘과 정확하게 일체화되었는데, 아나키스트들은 누구도 자신들이 진지하게 반대한 결정에 따를 것을 물리적으로 강요받지 않는 자유로운 사회에서 채택할 수 있는 과정이 될 수 있는 것으로 인식했기 때문이다.*

---

26 Francesca Polletta, Freedom Is an Endless Meeting: Democracyin American Social Movements (Chicago: University ofChicago Press, 2004), p. 39.

27 나는 여기에서 무엇이 일어났는가에 대한 아주 짧은 요약만 제공한다. 왜냐하면 여기에 대해서는 이미 다른 곳에서 길게 적었기 때문이다. 나의 책 DirectAction: An Ethnography (Oakland: AK Press, 2009), pp. 228-37을 참조하라.

* 아주 극단적인 예들을 제외하고는 여기에서 나는 1970년대 말과 1980년대 초의 반핵운동에서 합의과정의 첫 번째 대중적 사용은 자주 꽤 험난했다는 것에 대해 적어야 한다. 부분적으로는 경험의 단순한 부족이었고, 부분적으로는 순수주의(이것은 보다 큰 그룹들이 합의과정을 변형

합의에 의한 민주주의

합의는 단지 기술의 집합이 아니다. 합의 과정에 대해 이야기할 때 우리가 실제로 이야기하고 있는 것은 민주주의 문화의 점진적인 창조이다. 이것은 우리의 민주주의가 무엇이라는 대부분의 기본적 가정을 재고하게 한다. 이 관점에서 우리가 애덤스나 매디슨 같은 이들, 심지어 제퍼슨의 글로 돌아가면 비록 그들이 엘리트주의자들이기는 하지만 그들의 민주주의에 대한 비판 중에서 일부는 심각하게 받아들여야 할 것이 있다. 무엇보다 그들이 주장한 것은 부의 불평등에 의해 깊게 나누어져 있는 사회에서 백인 남성의 다수가 지배하는 직접민주주의 체제의 제도화는 무질서, 불안정 그리고 결국에는 피를 부르는 결과, 선동가와 독재자들의 출현에 이르게 되리라는 것이다.

그들이 한 또 다른 주장은 자산을 가진 소신 있는 자들만이 투표를 하고 관직에 몸 담는 것이 허용되어야 한다는 것이었는데, 그 이유는 그들만이 충분히 독립적이기에 자기 이익에 구애받지 않고 공통선에 대해 생각할 수 있다는 것이었다. 여기서 후자는 중요한 주장이고, 일반적으로 생각되는 것보다 좀 더 많은 주의가 필요하다.

분명히 이런 틀로 이루어진 방식은 엘리트가 아니라면 아무것도 이루어지지 않는다는 것이다.

보통 사람들이 교육이나 합리성이 부족하다는 주장의 심각한 위선은

하여 보편적으로 사용하게 된 이후이다) 때문이었다. 이러한 경험을 한 많은 이들, 특히 가장 유명한 자유주의 사회주의자였고 공동체주의(communalism)의 이념을 알렸던 머리 북친(Murray Bookchin)은 합의에 강하게 반대했고 다수결에 찬성했다.

분명하게 구베르뇌르 모리스 같은 사람들의 글에서도 보인다. 구베르뇌르 모리스는 신사인 동료에게 보내는 사적인 편지에서 이러한 엘리트주의를 인정하려고 했는데, 완전히 다른 생각—평범한 사람들이 교육을 받았고 합리적인 주장이 가능하다—은 무엇보다도 그를 소름끼치게 했다.

그러나 보통 사람들은 '비합리적'이라는 이러한 주장의 진짜 문제는 무엇이 '합리성'을 구성하는가에 관한 기본적인 추정에 있다. 공화제에서 대중 통치에 반대하는 일반적인 주장은 "자산이 없는 800만에서 900만"은 합리적 판단이 불가능하다는 것인데, 애덤스가 말한 대로라면 그 이유는 그들만의 사업을 해본 적이 없기 때문이다. 여성과 노예는 제외하더라도 하인들과 임금노동자들은 지시를 받는 데 익숙하다는 것이다. 엘리트 중에서 일부는 이 주장을 고수했는데, 그 이유는 엘리트들은 지시하는 것 외에는 아무것도 할 수 없었기 때문이다. 일부는 이를 단순하게 대중의 관습적 환경의 산물로 보았다. 그러나 대부분이 동의한 것은 만약 보통 사람들이 투표를 하게 된다면 그들은 나라를 위해 무엇이 최선인가를 생각하지 않고 즉시 일부 지도자들에게 붙으리라는 거였다. 그 이유로는 그들을 어떠한 방식으로든지—부채 탕감이나 직접 지불해준다는 약속—매수하는 지도자가 있고, 그저 남을 따르는 것이 그들이 아는 전부이기 때문이다. 그러므로 과다한 자유는 민중이 오로지 카리스마 있는 지도자의 자비에 스스로를 맡겨 버리기 때문에 독재가 된다는 것이다. 그러나 국민을 대표하는 정당에 의해 지배되는 정치체제—거의 모든 건국자들은 정당 체제의 출현에 강력하게 반대했다—는 그들의 이해를 위해 싸우기 때문에 잘해보야 '분파주의'가 될 뿐이라는 것이다. 이 점에서 그들은 옳았다. 주요 계급전쟁은 일어나지 않았고—부분적으로는 국경에 있는 탈출구 때문이었다—분파주의와 정당은 1820년대와 1830년대에 즉시 지부의 확장이 일어났다.

그러나 엘리트들의 공포는 전적으로 잘못된 것이다. 오직 자산을 가진 이들만이 완전히 합리적이고 그렇지 못한 이들은 주로 남들을 따르는 것으로만 존재한다는 생각은 최소한 아테네까지 거슬러 올라간다. 아리스토텔레스는 명확하게 이 문제를 그의 『정치학』 서두에서 언급했다. 그는 오직 자유로운 성인 남자만이 완전하게 합리적인 존재이고 자기 몸을 통제하듯 여성, 아이들, 노예들을 통제할 수 있다고 했다.

여기에 건국자들이 물려준 '합리성'이라는 총체적인 전통 안에서의 진정한 결함이 있다. 이 전통에서 합리적이 되는 것은 명령을 내리는 것과 모두 관련이 있다. 그것은 상황과 떨어져서 보거나 거리를 두고 접근하거나 적절하게 계산을 하고 나서 다른 이들에게 무엇을 해야 할 것인지 말해주는 것이다.[28] 본질적으로 이것은 해결책을 찾을 때 자유로운 동등한 사람들이 다 함께 고민해서 해결책을 찾는 것이 아니라 입 다물고 그들이 하라는 대로 할 때만 오직 할 수 있는 계산이다. 이것은 명령의 습관일 뿐이다. 이것은 세계를 수학적 공식의 등가물로 여긴다. 이 공식은 실제

---

28 아리스토텔레스가 말한 바로는 "여기에 있는 영혼의 성향은 우리에게 보여주었다. 그 안에서 한쪽은 자연스럽게 지배하고 다른 쪽은 신민이다. 그리고 우리가 유지하는 지배자의 미덕은 신민의 것과는 다르다. 한쪽은 합리적인 것의 미덕이고 다른 쪽은 비합리적이다. 지금 명확한 것은 같은 원칙이 일반적으로 적용된다. 그렇기 때문에 거의 대부분의 상황이 지배하고 지배받는 것은 자연에 따르는 것이다. 그러나 지배의 종류는 다르다. 자유민은 노예를 지배한다. 남성이 여성을 지배하는 것과는 또 다른 방법이다. 또는 어른이 아이를 지배하는 것도 그러하다. 비록 영혼의 부분들은 어디에서라도 나타나지만 다른 수준에서 나타난다. 노예에게는 신중한 수완이 필요 없으나 여성을 대할 때는 그런 것이 필요하다. 그러나 권위는 필요없다. 그러나 아이에게는 권위가 필요하다. 그러나 이것은 미숙한 것이다(『정치학』 1.30). 나는 토머스 깁슨(Thomas Gibson)에게 감사를 드리는데, 그가 이러한 인간 본성에 대한 시각을 거의 대부분의 다른 농업사회와 비교하면 얼마나 이상한 것인지 지적해주었기 때문이다.

인간의 복합성에도 불구하고 어떠한 상황에나 적용 가능하다고 상상하는 것을 가능하게 한다.

이것이 인간은 합리적이거나 합리적이어야만 한다고 제안하는 것으로 시작하는 어떠한 철학이—신처럼 차갑고 계산적이며, 예외 없이 내리는 결론—우리의 생각과 다른 지점이다. 그 이유는 흄이 말해서 유명해진 '열정의 노예'라는 인간 본성의 개념인데, 그것은 인간은 언제나 그렇게 될 수밖에 없다는 것이다. 즉 우리는 쾌락을 추구한다. 그렇기 때문에 우리는 자산을 추구한다. 쾌락에 접근하는 것을 보장받기 위해서이다. 그러므로 우리는 권력을 추구한다. 자산에 대한 접근을 보장받기 위해서이다. 모든 경우에 만족스러운 끝은 없다. 우리는 언제나 더 많이, 좀 더 많이 추구할 것이다.

인간 본성에 대한 이러한 이론은 이미 고대 철학에도 있었다. (그리고 이것이 왜 민주주의는 파멸적일 수밖에 없는가에 대한 그들의 설명이었다.) 그리고 성 아우구스티누스의 기독교 전통에서 원죄를 가장하여 다시 나타났으며, 무신론자인 홉스에게서는 자연상태는 오직 난폭한 "만인의 만인에 대한 투쟁"일 뿐이라는 이론으로 나타났다. 당연히 민주주의는 필연적으로 재앙이라는 이유가 되었다. 18세기 공화정체의 창안자들도 이러한 가정을 공유했다. 그들이 보기에 인간이란 진실로 구제불능이었다. 그 때문에 고결한 언어로 표현한 이러한 철학자들의 대부분은 완전히 맹목적인 대중적인 열정과 엘리트들의 이해 사이에서 합리적인 계산으로 진실한 선택을 해야 한다는 것이다. 그러므로 이상적인 정치체제는 이러한 이해를 서로 점검하고 균형을 맞추도록 기획해야 한다는 것이다.

여기에는 진기한 함의가 있다. 한편으로 이것은 보편적으로 민주주의가 발언의 자유, 언론의 자유와 공개적이고 정치적인 토의와 논쟁과는 관계가 없다는 것과 동시에 자유민주주의의 대부분 이론가들-장 자크 루소에서 존 롤스까지-은 믿을 수 없을 정도로 제한된 범위에서 토의를 허용한다는 것이다. 이러한 생각은 그들이 정치 행위자들의 집합(정치가, 투표자, 이해그룹)을 상정하고 있기 때문이다. 정치 행위자들은 정치영역에서 나타나기 전에 무엇을 원하고 있는지 이미 알고 있다. 그들은 정치 측면에서 경쟁적인 가치의 균형을 어떻게 맞출 것인가를 결정하기보다는 가장 좋은 행위에 대해 결정한다. 이러한 정치 행위자들은 무엇을 생각하더라도 기존에 존재하는 자신들의 이해를 가장 잘 추구할 수 있는 것을 고려한다.[29]

이것은 우리에게 명령을 내리는 것에 익숙한 권력이 초연한 수학적 계산으로 합리성을 규정하는 '합리적인' 민주주의이기 때문에 필연적으로 괴물을 낳는 '합리성'을 남겨준다. 진정한 민주주의를 위한 기반을 닦는 데 이러한 조건들은 명백하게 재앙이다. 그렇다면 무엇이 대안인가? 이런 괴물 민주주의 대신에 평등한 사람들이 증명할 수 있는 민주주의 이론을 어떻게 세울 것인가? 이것이 어려웠던 이유는 이러한 증명은 단순한 수학적인 계산보다 실제로 더 복잡하고 정교하기 때문이다. 그러므로 정치학자들과 학술지원금 신청서를 평가하는 이들이 선호하는 정량화된 모델을 제시할 수 없다. 결국 누가 합리적인지에 대해 질문한다면 우리는 대답할 수 없다. 다만 우리는 그들의 기본적인 논리적 연결에 대해 묻고 있는 것이며, 실제로 그들이 미쳤거나 열정에 의한 맹목이라고 의심하지 않는 한 그들의 주장은 의미가 없다.

---

29 나의 이 의견은 프랑스 정치 철학자 버나드 마넹(Bernard Manin)의 뛰어난 글에 빚지고 있다.
 [국내 번역서로 버나드 마넹 지음, 곽준혁 번역(2004), 선거는 민주적인가, 후마니타스가 있다-역주]

그와 반대로 '판단할 수 있는지'를 묻는다면 무엇이 필요한가를 고려하라. 여기에서 이 기준은 더 높다. 판단력reasonableness은 다른 시각들, 가치들, 필요들—일반적으로 이들 중 어느 것도 수학적 공식으로 환산될 수 없다—간의 균형을 달성하는 더욱 교묘한 능력을 의미한다. 이것은 형식 논리에 따라 비교가 되지 않는 입장들 간의 타협으로 나타난다. 이것은 저녁으로 무엇을 먹을지 결정할 때 준비의 편의성, 건강·취향 등 여러 가지를 고려하는 것과 마찬가지로 공식적인 방법은 없다. 그럼에도 우리는 언제나 이러한 결정을 한다. 삶의 대부분—타인과 함께하는 특별한 삶—은 수학적 모델로 환산될 수 없는 판단력이 작용하는 타협으로 이루어져 있다.

또 다른 방법으로는 정치 이론가들이 행위자들을 여덟 살 된 아이의 지적 수준에서 행동하는 것으로 상정하는 경향에도 있다. 발달심리학자들은 아이들이 논리적 주장을 만들기 시작하는 것은 문제를 푸는 것에서 형성되는 것이 아니라 그들이 무엇을 생각하고 싶어 하는지에 대한 이유들을 찾는 데서 온다는 것을 관찰했다. 아이를 주기적으로 대하는 사람이라면 누구라도 이것이 진실이라는 것을 즉시 알 것이다. 반면에 대조되는 시각들을 비교하고 조율하는 능력은 나중에 오는데, 이것이 성숙한 지성의 본질이다. 이것은 명령을 내리는 데 익숙한 권력이 고려할 필요가 없는 것이다.

철학자 스티븐 툴민Stephen Toulmin은 도덕적 추론 모델로 유명하다. 그는 명령하는 권력이 아닌 절대적인 확실성에 의한 필요에서 이끌어내는 합리성에 기반을 둔 분석을 시작하여 1990년대에 지적인 화제를 불러일으켰다. 그는 합리성rationality과 판단reasonableness 사이에서 유사한 대조를 개발하려고 했다. 툴민이 제시한 것은 16세기 팽창하던 유럽에서 진리는 언제나 상황에 따른 것이라고 상정한 몽테뉴 같은 평론가의 너그러운 영혼과, 대조적으로 1세기 뒤에 유럽이 피비린내 나는 종교전쟁으로 빠져들던 때 순수하게 '합리적인' 기반 위에서 사회의 전망을 생각하던 르네 데카르트의 거의 편집증적 엄격함을 가지고, 구체적 인간 현실에 대해 추상적 합리성의 불가능한 표준을 적용하려는 시도에 의해 모든 정치적 사고가 시달렸다는 것이다. 그러나 이러한 식견을 처음 선보인 사람은 툴민이 아니다. 내가 이를 처음 만난 것은 영국 시인 로버트 그레이브즈Robert Graves가 1960년에 출판한 예측불허의 평론인 「크산티페의 사례The Case for Xanthippe」에서이다.

고전 교육이 부족했던 뉴욕의 초창기 도살꾼들이나 제빵사들에게 크산티페는 소크라테스의 아내로 징그러운 잔소리꾼으로 역사에 남아 있다. 일반적으로 소크라테스가 그녀를 참아내면서(무시하면서) 가진 평온함은 그의 성격이 고귀하다는 증거로 간주되었다. 그레이브즈는 왜 2천 년간 그 누구도 소크라테스와 결혼하는 것이 실제로 무엇을 의미하는지를 묻지 않았는지 지적한다. 가족을 전혀 부양하지 않고, 만나는 모든 사람들에게 모든 것에 관해 그들이 틀렸다는 것을 증명하는 데 시간을 다 보내며, 진정한 사랑은 오직 성인 남자와 미성년 아이들만 가능하다고 느끼는 남편과 산다고 상상해보라. 이런 남편에게 어떤 의견도 내지 않을 것인가? 소크라테스는 순수한 일관성을 가진 확실하고 흔들리지 않는 철학의 화신이자 사람들의 논리적 결론에 반론을 가해 논쟁하는 단호한 결단의 소유자로 여겨져 왔다. 이런 방법은 매우 쓸모 있기는 하지만 그는 결코 판단력 있는 사람은 아니었다. 그리고 그를 찬양하는 이들은 세계에 크나큰 해를 끼친 "기계적이고 무감각하고 비인간적이고 추상적인 합리성"을 생산하고 말았다. 그레이브즈는 이에 대해 시인으로서 적었는데,

소크라테스는 오직 스스로를 그리스 도시의 '합리적' 공간에서 배척당한 이로 여겼고, 크산티페는 논리를 배제하지 않은 판단으로(누구도 실제로는 논리에 반대하지 않는다) 이를 유머 감각, 실용성, 단순한 인간의 고상함과 결합시키는 여성으로 언급했다.

이를 통해 민주적인 과정-합의-의 새로운 형태들을 창조한 발상들은 대부분 페미니즘 전통에서 나왔음을 알게 된다. 페미니즘은 (무엇보다도) 역사적으로 명령하는 권력이 되지 않으려는 이들의 지적인 전통을 의미한다. 합의는 판단의 원칙 위에 세워진 정치를 창조하려는 시도이다. 페미니즘 철학자 데버러 하이케즈Deborah Heikes가 지적한 것은 문제 해결에 있어 오직 논리적 일관성만이 아닌 "훌륭한 판단 방법", 즉 자기비판, 사회적 교류 능력, 이유를 제공하고 고려하는 의지"를 요구한다고 했다.[30] 짧게 요약하면 진정한 고려이다. 촉진교사가 갖추어야 할 것은 각자 근본적으로 다른 시각들을 이해하기 위해 충분히 잘 듣는 능력이다. 그런 다음 대화자들을 완전하게 다른 시각으로 바꾸는 시도 없이 실용적인 공통의 근거를 찾는 것이다. 이것은 모든 인간이 민주주의에 대해 서로 다른 시각을 가지고 있다는 사실을 존중하는 사람들 사이에서의 공통의 문제 해결을 찾는 것을 의미한다.

이것은 어떻게 합의가 운영되어야 하는지를 추측하게 한다. 우선 어떤 공통의 목적에 대해 그룹이 동의해야 한다. 그리고 그룹이 해결해야 하는 공통의 문제를 결정하는 과정을 볼 수 있도록 해야 한다. 이 방식으로 보면 다양한 시각, 나아가 급진적인 시각도 어려움을 만들겠지만 풍부한 자

---

30 Deborah K. Heikes, Rationality and Feminist Philosophy (London: Continuum, 2010), p. 146.

원이 될 수도 있다. 결국 어떤 종류의 팀이 문제의 창조적 해결을 해내겠는가? 문제들이 어느 정도 다르다고 보는 사람들의 그룹이겠는가? 아니면 모든 상황이 정확히 같다고 보는 그룹이겠는가?

앞에서 이미 살펴보았듯이 민주적 창조성의 공간은 각기 다른 전통에서 온 매우 다른 부류의 사람들이 갑자기 즉각적으로 행동하기를 강요받는 장소에 나타난다. 그 이유는 이러한 상황에서 정치가 무엇인가에 대한 갈라진 상정들을 조정하기 때문이다. 1980년대에는 자칭 마오이스트 게릴라들이 멕시코의 도시 지역에서 멕시코 남서쪽 산악지역으로 이동했다. 그곳에서 그들은 혁명적인 네트워크를 건설했고, 가장 먼저 한 일은 여성들에게 글을 가르친 것이었다. 마침내 그들은 민족 해방의 자파티스타 군대가 되었고, 1994년에 짧은 봉기를 일으켰다. 국가는 이들을 타도하지 못했고 그들에게 해방구를 열어주었다. 그들은 이 해방구에서 토착 공동체, 새로운 형태의 민주주의를 경험할 수 있게 되었다. 유명한 부사령관 마르코스 같은 도시 지식인 출신들이 민주주의를 다수결과 선출제로 상정하는 것과 맘Mam, 촐티Cholti, 젤탈Tzeltal, 초찰Tzotzil 대변인들이 공동체의 회의를 언제나 합의로 운영하고 대표들을 선출하더라도 공동체가 더 이상 그들이 공동체의 의지를 관철하지 못한다고 느끼면 소환할 수 있는 것에 대한 차이는 처음부터 지속적으로 있었다. 마르코스는 회고에서 '민주주의'가 실제로 무엇을 의미하는지에 대한 동의가 없다는 것을 곧 발견하게 되었다고 했다.

공동체는 민주주의를 장려한다. 그러나 그 개념은 모호하게 보인다. 많은 종류의 민주주의가 있다. 그것이 내가 그들에게 말한 것이다. 나는 그들에게 설명하려고 노력했다. "우리는 공동체의 삶을 살고 있기 때문에 합의에 의해 운영할 수 있습니다." 회의장에 도착했을 때 그들은 서로 알고 있었다. 그들은 공동의 문제를 해결하려고 모였다. "그러나 다른 곳에서는 이렇지 않습니다." 나는 그들에게 말했다. "사람들은 따로 떨어져 살고, 그들은 회의를 다른 이유 때문에 할 뿐 문제를 풀기 위해서 하지 않습니다."

그러자 그들은 "아닙니다"라고 대답했다. 그러나 이것이 의미하는 바는 "예, 이 것은 우리를 위한 것입니다"이다. 이것은 진실로 그들을 위한 것이다. 그들은 문제를 해결한다. 그들은 국가와 세계를 위한 방법을 제안한다. 세계는 자체적으로 조직되어야 한다. 그리고 이에 반대하는 것이 아주 어려운 이유는 이것이 문제를 푸는 그들만의 방식이기 때문이다. [31]

이 제안을 진지하게 받아들여보자. 왜 민주주의가 문제를 해결하는 방식이 될 수 없는가? 우리는 인생이 궁극적으로 무엇인가에 대해 매우 다른 생각을 가질 수 있다. 그러나 너무나도 명확한 것은 이 행성에 사는 인류는 해결하기 위해 협력해야 할 많은 문제를 공유하고 있다는 것이다. (기후변화는 긴박한 것으로 쉽게 마음에 다가오지만, 실제로 더 많은 문제들이 있다.) 모두가 원칙적으로는 평등의 정신과 판단력 있는 숙고를 통해 이를 민주적으로 해결하는 것이 좋다는 것에 동의하는 것으로 보인다. 우리가 실제로 그렇게 살 수 있다는 생각이 유토피아의 헛된 꿈으로 보이는가?

아마도 무엇이 가장 좋은 정치체제인가에 대한 질문을 대신하여 우리가 받아야 하는 질문은 집단 문제를 해결하는 데 전념할 수 있는 진정한 참여 민주주의 체제를 가지기 위해서는 어떤 사회적 조정이 필요한가*이

---

31 Samuel Blixen and Carlos Fazio, "Interview with Marcos AboutNeoliberalism, the National State and Democracy," Struggle archive, Autumn 1995, http://www.struggle.

며, 나아가 우리가 우리의 사회질서를 지원할 수 있는가이다.

이것은 명백한 질문으로 보인다. 만약 우리가 이에 대해 질문해오지 않았다면 그 이유는 우리가 어린 시절부터 답 그 자체가 비합리적이라고 배웠기 때문이며, 그 답이 바로 아나키즘이기 때문이다.

사실은 건국자들이 맞다고 믿는 이유가 있다. 부가 심각하게 불평등하게 분배되고, 많은 인구가 전적으로 배제(초기 미국에서는 여성, 노예, 토착민들)되고, 대부분 사람들의 삶이 명령에 따르는 것을 중심으로 조직된 사회에서는 사회에 직접 참여하는 민주주의의 원칙에 기반을 둔 정치체제를 만들 수 없었기 때문이다. 1%의 인구가 42%의 부를 통제하는 사회에서는 불가능한 일이다.

만약 당신이 많은 평범한 이들에게 아나키즘의 이상을 제안하면 누군가는 거의 필연적으로 거부할 것이다. 물론 우리는 국가, 감옥, 경찰을 제거할 수 없다. 그렇게 하면 사람들은 단순히 서로 죽이는 것부터 시작할 것이다. 대부분 이는 단순한 상식이다. 이러한 예측에서 이상한 점은 경험적으로 시험할 수 있다는 것이다. 사실 자주 이것은 경험적으로 시험되었다. 그리고 이것은 참과 거짓으로 드러난다. 국가가 붕괴되고, 사람들은 피비린내 나는 내전의 한가운데에 있고, 내전이 일어나자 반군 지도자들이 즉각 서로 죽이는 것을 멈추지 않는 소말리아 같은 한두 가지 사례가

---

ws/mexico/ezln/inter_marcos_aut95.html.

＊ 엄격한 합의 체제에 기반을 두어야 하는 것은 아닐 것이다. 잠깐 생각해보면 전 지구적 규모를 제외하더라도 추상적 합의는 대규모 그룹에서는 비현실적이라는 것을 알게 될 것이다. 내가 말하고자 하는 것은 정치에 대한 접근에 있어 어떠한 특정 제도적 형태를 취하더라도 유사하게 기존의 이해관계들 간의 투쟁이 있게 마련이지만 이보다는 문제 해결로서의 정치적 고려를 해야 한다는 것이다.

있다. (비록 모든 면에서 최악의 가정인 소말리아에서조차 교육, 건강과 다른 사회적 지표들이 실제적으로 중앙정부가 소멸한 이후 20년간 점차 나아졌다.)[32] 물론 우리는 소말리아 같은 사례는 폭력이 이어지고 있다는 바로 그 이유 때문에 알게 된다. 그러나 대부분의 경우 예컨대 마다가스카르Madagascar 농촌에서 내가 관찰한 바로는 이러한 일들이 거의 일어나지 않는다.*

명확하게 통계는 불가능한데, 일반적으로 국가의 부재가 의미하는 것은 통계를 모으는 사람의 부재를 의미하기 때문이다. 그럼에도 불구하고 나는 많은 인류학자들과 대화를 나눴는데, 그런 장소에 있었던 이들의 설명은 놀랄 만큼 유사하다. 경찰은 사라지고 세금납부를 멈추었지만 그들은 이전에 자신들이 해오던 것을 잘해나간다. 확실히 그들은 홉스식의 "만인의 만인에 대한 투쟁"으로 빠져들지 않았기 때문이다.

하지만 우리 대부분은 이러한 장소들에 대해 거의 듣지 못했다. 1990년에 나는 아리보니맘Arivonimam에 살면서 시골을 돌아다녔다. 처음에는 내가 국가통제가 효과적으로 사라진 영역에 있다는 생각조차 하지 못했다. (이런 감정이 든 이유 중 일부는 그들 모두가 마치 국가제도가 여전히 기능하고 있는 것처럼 말하고 행동했는데, 그 누구도 이를 알아채지 못하기를 바랐기 때문이라고 생각한다.) 2010년에 다시 가보니 경찰도 돌아왔고 세금도 다시 징수되었다. 그

---

32 이에 대한 증거는 최근 경제학자 피터 리슨(Peter Leeson)의 조사보고서에서 찾아볼 수 있다. 그가 내린 결론은 "국가 발전의 단계가 낮지만 18개의 주요 지표들 대부분을 국가 이전과 국가 이후를 비교하면 소말리아는 아나키 상태에 있는 것이 정부 지배하에 있을 때보다 낫다"이다. 다음 글을 보라. Leeson, "Better Off Stateless: Somalia Before and After Government Collapse,"Journal of Comparative Economics, vol. 35, no. 4, 2007. 글 전문은 다음 사이트에서 볼 수 있다. www.peterleeson.com/Better_off_Stateless.pdf.

* David Graeber(2007), Lost People. Magic and the Legacy of Slavery in Madagascar, Indiana University Press

러나 모두 폭력범죄가 극적으로 증가했다고 느꼈다.

그래서 우리가 제기해야 할 질문은 이렇다. 감옥과 경찰의 위협에 의해 지배되는 사회에서 불평등의 모든 형태와 이를 가능하게 하는 소외, 이러한 조건에서 명백하게 보이지는 않지만 실제로는 존재하지 않는 것 같으면서도 존재하는 것, 즉 국가에서의 삶의 경험은 무엇인가?

이에 대한 아나키스트의 답변은 단순하다. 만약 사람들을 아이로 다룬다면 사람들은 아이처럼 행동하려고 할 것이다. 다른 이들을 성인처럼 행동하도록 격려하기 위한 유일한 성공적인 방법은 그들이 이미 성인인 것처럼 다루는 것이다. 절대적인 것은 없다. 그러나 다른 접근은 성공할 기회도 없다. 그리고 위기의 상황에서 실제로 일어난 역사적 경험은 참여 민주주의 문화에서 성장하지 않은 이들조차 총이나 변호사를 부를 능력을 없애면 갑자기 극단적으로 판단력을 갖추게 된다는 것을 보여준다.[33] 이것이 아나키스트들이 진실로 제안하고 있는 모든 것이다.

---

33 레베카 솔닛(Rebecca Solnit)은 아주 훌륭한 책인 『지옥에서 건설된 천국[A ParadiseBuilt in Hell; The Extraordinary Communities That Arise in Disaster(New York, Viking Books, 2009)]』을 썼다. 이 책은 자연 재해에서 실제로 무슨 일이 일어나는지를 적었다. 사람들은 예외 없이 자연발생적인 협동의 형태를 창안하고, 일상적인 삶에서 행동하는 것과는 극적으로 대조되는 민주적 의사 결정을 한다.

04
어떻게 변화를 만들 것인가?
—민주주의를 위한 실천 방안

앞의 장은 장기적인 철학적 전망으로 끝났다. 이것은 보다 실용적인 목표를 위한 것이다. 비폭력 봉기, 근대의 급진주의자들을 위한 규칙들을 어떻게 조언할 것인지에 대해 기술하는 것은 불가능할 것이다. 시민의 저항에 언제나 적용할 수 있는 하나의 규칙이 있다면 엄격한 규칙들은 없다는 것이다. 운동은 특정한 상황에 잘 맞추어졌을 때에만 최고로 움직인다. 최고의 민주적인 과정은 참가한 공동체의 본성, 문화와 정치적 전통, 담당한 사람들의 숫자, 참여자들의 경험 수준, 그리고 물론 무엇보다 다른 긴박한 실천적 관심 중에서도 그들이 무엇을 성취하고자 하는가에 기대야 한다. 전술은 유연하게 남아야 한다. 만약 운동이 스스로를 지속적으로 발전시킬 수 없다면 곧 움츠러들고 사망하게 된다.

명확하지만 자주 오해하는 사실은 하나의 공동체에 적합한 전술은 다른 곳에서는 완전하게 적합하지 않을 수 있다는 것이다. 주코티 공원의 캠프 철거 이후 맹렬한 논쟁이 있었다. 앞에서 언급한 블랙 블록에 관한 것이다. 블랙 블록은 주로 아나키스트나 반전체주의자들로 구성된 형성체로 마스크와 통일된 검은 후드를 입고 행동하는데, 이는 혁명적 연대를 보여주기 위한 것도 있지만 전투적인 행동에 참여하려는 자신들의 출현을 알리기 위한 것이다. 미국에서 그들은 스스로를 비폭력적이라고 여기지만 '폭력'은 살아남기 위한 희생이라고 규정한다. 그들은 때때로 기업자산에 상징적인 공격을 한다. 그리고 때때로 경찰의 직접적인 공격에는 제한된 방법으로 맞서 싸우기조차 한다. 그러나 그들의 일반적인 '전투적 전술'은 스프레이로 슬로건을 적어 어깨동무를 하거나 상대적으로 약한 저항자들을 경찰로부터 지키기 위해 방어벽을 형성하는 정도일 뿐이다.

앞에서 언급한 것처럼 블랙 블록의 출현은 자유주의 논평가들에게는 자주 그 자체가 폭력의 형태로 취급받는다. 일반적인 주장은 이러한 형성체들의 출현에 의해 보다 큰 운동으로 발전할 수 있는 노동계급 공동체의 참여를 배제시키고, 경찰에게 비폭력 저항자들을 공격할 구실을 준다는 것이다. 그러나 진실은 점거자들의 90%는 그 누구도 블랙 블록 전술을 채택하지 않았고, 가장 큰 블록-오클랜드 점거-은 그 자체의 특별한 지역적 이유들이 있었다. 오클랜드는 수십 년간 극단적인 경찰 폭력과 빈민, 특히 아프리카계 미국 공동체(블랙 팬더스도 결국 오클랜드에서 나왔다)의 전투적인 저항이 있는 곳으로 알려져 있다. 대부분의 도시에서는 블랙 블록 전술이 쉽게 노동계급 공동체에서 온 보다 큰 운동을 소외시키지만, 오클랜드에서의 전투적인 전술은 노동계급 연대의 상징으로 보여진다.

2000년 세계정의운동에서 배운 전술에 관련된 가열된 논쟁은 종종 전략에 관한 논쟁을 가장한 것이었다. 예를 들면 1999년 시애틀에서 WTO에 대한 저항이 있고 나서 우리 모두가 논쟁을 벌인 질문은 "창문을 깨는 것이 괜찮은가?"였다. 그러나 숨겨진 주장은 미국의 세계정의운동에 진짜 사람들이 동원될 수 있는가와 어떤 목적인가였다. 공정무역 정책을 지지할 수 있는 교육받은 중산계급의 소비자들—폭력의 징조로부터 타협할 사람들—인지, 체제가 폭력적이고 부패했다는 것을 설득할 필요는 없으나 성공적으로 타격하는 것이 가능하다는 것을 설득할 필요가 있는 잠재적이고 혁명적인 요소들—창문을 깨거나 깨진 창문을 찾을 수 있는 사람들인지 혹은 둘 다—인지였다. 논쟁에 대한 결론은 없었고, 이러한 전략적 질문들 역시 여기에서 논할 문제는 아닌 것 같다. 최소한 어떤 사람들이 동원되어야 하는가에 대해 개입하는 것은 내 역할이 아니었다. 내가 말하고자 하는 것은 그들 공동체에서의 이러한 모든 조직화는 그들이 누구이건 99%에 속한 다른 소속원들과의 연대정신에서 어떻게 행동할까에 대해 생각해야 한다는 것이었다.

이 장에서 나는 수십 년의 수평선 조직화와 점거운동에서의 직접적 경험에서 나온 실용적인 사고와 제안들에 집중할 것이다.

합의

합의가 큰 그룹에서 가능한가 아닌가는 아주 중요한 논쟁이다. 합의에 기반을 둔 큰 그룹들은 투표에 의지하게 되고, 특히 어떤 목적이 있을 때 그러하다. 그러나 이러한 논쟁들은 합의가 실제로 무엇을 의미하는가에 대한 혼란으로 특징지어진다. 예를 들어 많은 이들은 고집스럽게도 합의 과정을 단순히 만장일치의 투표제로 상정한다. 그리고 나서 아마도 모든 결정이 다수결의 형태를 취하는 시스템과 반대로 그러한 만장일치 시스템이 '잘 돌아가는지' 여부를 논쟁한다. 최소한 내가 보기에 그러한 논쟁에는 논점이 결여되어 있다. 합의과정의 핵심은 모든 사람이 의사결정에 있어 동등하게 발언할 수 있어야 하며, 누구도 자신이 거부하는 의사결정에 의해 구속되지 말아야 한다는 것뿐이다. 실질적으로 이는 네 가지 원칙으로 요약해서 말할 수 있다.

- 어떤 제안에 대해 관련된 언급을 하고자 하는 모든 사람들은 자신의 관점을 신중하게 고려해야 한다.
- 강경한 우려 및 반대 의견을 가진 모든 사람들의 우려와 반대가 논의될 수 있도록 해야 하며, 가능하다면 제안의 최종 형식에 따라 언급되도록 해야 한다.
- 누구라도 어떤 제안이 그 집단이 공유하는 근본적인 원칙을 위배했다고 생각된다면 그 제안을 거부['블록block']할 기회를 가질 수 있어야 한다.
- 어떤 사람도 자신이 동의하지 않는 의사결정에 따르도록 강제되어서는 안 된다.

지난 몇 년 동안 다양한 개인 및 그룹들이 이러한 목표가 보장되는 공식 합의과정의 시스템들을 개발해왔다. 여기에는 수많은 형태가 있을 수 있다. 하지만 반드시 공식 과정이 필요한 것은 아니다. 그것은 때로는 도움이 되지만 때로는 그렇지 않을 때도 있다. 규모가 더 작은 그룹들은 공식 절차가 전혀 없이 운영되기도 한다. 사실, 앞선 네 가지 원칙을 살려서 결정할 수 있는 방법은 수없이 다양하다. 심지어 자주 논의되는 문제로는 제안을 고려하는 과정이 공식적인 거수 같은 것을 통한 투표가 될 것인지, 아니면 다른 합의의 승인인지도 부차적이다. 중요한 것은 결정으로 가는 과정이다. 투표로 끝나게 되면 문제가 될 수 있는 이유는 본질적으로 거수방식에 문제가 있어서가 아니라 그로 인해 모든 관점을 완전히 고려할 수 없게 되기 때문이다. 하지만 투표로 결론이 나더라도 모든 관점이 충분히 언급되는 과정이 만들어진다면, 거기에는 실질적으로 잘못된 것이 없다.

여기서 내가 말하고자 하는 것의 실제적인 예를 몇 가지 들어보겠다.

신생 그룹이 직면하는 일반적인 문제 중 하나는 어떤 의사결정과정을 가지고 시작할 것인지를 선택하는 것이다. 이는 닭이 먼저인지 달걀이 먼저인지의 문제처럼 보일 수 있다. 합의에 따라 운영하기 위해 표결방식을 택해야 할 것인지, 아니면 다수결에 의해 운영되어야 한다는 합의를 요구해야 할 것인지이다. 무엇이 먼저인가?

이를 알아내기 위해서는 되돌아가서 그룹 자체의 본질에 대해 생각해 볼 필요가 있다. 우리는 그룹이란 일종의 정회원 자격을 가진 사람들의 집단으로 생각하는 데 익숙하다. 이미 일련의 규칙-이를테면 노동조합 혹은 아마추어 소프트볼 리그 등-을 가지고 있는 상태에서 그룹에 가입하기로 한다면, 가입한다는 행위 자체에 의해 그 규칙들을 따르기로 동의하는 것이다. 그 그룹이 다수결로 운영된다면, 당신은 다수의 결정을 따르는 것에 동의한 셈이다. 그 그룹이 지도구조를 가진 수직적 단체라면, 당신은 그 단체의 대표가 하라는 대로 하겠다고 동의했음을 의미한다. 선택할 여지는 여전히 남아 있다. 당신이 만약 어떤 결정에 반대한다면 그룹을 탈퇴하거나 그 결정에 따르기를 거부할 수 있다. 그리고 그 결과로 그룹이 그 결정을 다시 고려하게 될 수도 있지만, 아마도 당신은 어떻게든 제재를 받거나 축출될 확률이 높다. 핵심은 거기에 어떤 식으로도 제재 조치가 있다는 사실이다. 그룹은 처벌하겠다고 위협을 가함으로써 행동을 강제할 수 있다.

그러나 정회원으로 구성된 단체가 아닌 활동가 회의나 대중집회의 경우라면, 이 중 어떤 것도 해당되지 않는다. 대중적인 모임에서는 누구도 어떤 것에 대해 동의한 적이 없다. 그들은 그저 한 방에 모여 앉아 있는(혹은 공공 광장에 서 있는) 한 무리의 사람들일 뿐이다. 그들 모두가 동의하지 않는 한 그들은 다수의 결정에 따를 필요가 없다. 그리고 동의한다 하더라도 추후 반대할 만한 결정이 나온다면 의사를 바꿀 수 있으며, 그에 대해 그 그룹이 취할 수 있는 조치는 별로 없다. 사실상 누구도 다른 사람에게 무엇을 하도록 강제할 수 있는 위치에 있지 않다. 또한 그것이 수평적이거나 아나키스트 성격의 그룹이라면, 그런 위치에 서고자 하는 사람도 없다.

그렇다면 그러한 그룹은 단체운영을 다수결로 할지 아니면 다른 형태의 합의를 통해 할 것인지를 어떻게 결정할까? 우선 모두가 그에 대해 동의해야 한다. 그런 동의가 없는 경우라면 "모두가 동등하게 말할 권리가 있고, 누구도 자신이 강하게 반대하는 것을 강요받지 말아야 한다"고 말하는 것이 맞다. 그것이 바로 모든 의사결정에서의 일반적인 원칙이 된다.

이것은 다수결을 절대 요구해서는 안 된다는 말이 아니다. 분명히 다수결은 "우리가 월요일 오후 1시에 행사를 연다면, 몇 명이나 올 수 있지?" 등의 중요한 정보를 알아내는 데 최선의 방식일 때가 많다. 마찬가지로 원칙이 문제가 되지 않는 명확히 기술적인 문제일 경우에도("지금은 이 논의를 보류해야 할까?" 혹은 "화요일에 만날까, 수요일에 만날까?") 촉진자는 그저 모든 사람들이 그 문제에 관해 다수의 결정에 따를 것인지를 묻고 그렇게 하면 된다. 하지만 대개는 촉진자가 "구속력 없는 의사 타진" 혹은 "분위기 확인"만을 위해, 즉 방 안에 있는 사람들이 어떻게 느끼는지 감을 잡기 위해 거수를 요청할 것이다. 이는 단순히 거수를 통해서도 할 수 있으며, 혹은 다들 찬성하면 손을 위로 들고, 반대하면 아래로 내리고, 잘 모르겠으면 앞으로 뻗는 등 좀 더 세밀한 방법으로 할 수도 있다. 구속력이 없더라도 그런 검증으로 보통 알고자 하는 모든 정보를 알 수 있다. 사람들의 정서가 어떤 제안에 완강히 반대하고 있다면 그것을 제안한 사람은 그때 철회할 수 있다.

하지만 사소하지 않은 문제를 다룰 경우에는 앞선 네 가지 원칙이 더욱 중요해진다. 그렇다면 더욱 복잡한 사안들에 대해서는 어떻게 합의점을 찾을 것인가? 모두가 받아들일 수 있을 만한 형태가 나올 때까지 절충과 창의성의 정신을 가지고 제안들을 계속 개선할 수 있도록 하기 위해 최근 몇 년간 상당히 표준화된 4단계 절차가 개발되어왔다. 하지만 이에 대해 맹신할 필요는 전혀 없으며 상당히 많은 변형도 있다. 또한 회의에 참석하는 사람들이 기본 원칙에 동의했을 것이라고 가정할지라도 그들은 그 절차의 어떤 세부적인 공식 규칙들에 동의하지 않았을 수도 있다. 그래서 절차들은 그룹이 원하는 바에 맞춰져야 한다는 사실을 기억해야 한다. 일반적으로는 다음과 같다.

1. 누군가가 특정한 행동방침에 대한 제안을 낸다.
2. 촉진자는 내용을 확인하는 질문들을 요청함으로써 모두가 제안 내용을 정확하게 이해하도록 한다.
3. 촉진자는 우려사항들을 물어본다.
   a. 논의 도중에 우려를 품은 사람들은 그 제안에 대한 개정을 제안할 수 있으며, 최초에 그 제안을 낸 사람은 이를 받아들이거나 받아들이지 않을 수 있다.
   b. 그 제안이나 개정 또는 우려의 심각성에 대해 분위기를 확인하거나 하지 않을 수 있다.
   c. 이 과정에서 그 제안은 폐기되거나, 재배열되거나, 다른 제안들과 합쳐지

거나, 해체되거나, 추후 논의로 보류될 수 있다.

4. 촉진자는 다음을 통해 합의를 점검할 수 있다.

　a. 방관자가 있는지 물어보기. 방관함으로써 그 사람은 "난 이 제안이 마음에 들지 않고 행동에 참여할 생각도 없지만, 그렇다고 다른 사람들이 그러겠다는 걸 막고 싶지는 않아"라고 말하고 있는 셈이다. 방관하고 있는 모든 사람들이 왜 그러는지 설명할 기회를 주는 것은 항상 중요하다.

　b. 블록이 있는지 물어보기. 블록은 '반대'표가 아니라 거부권veto에 좀 더 가깝다. 그것은 단체의 누구라도 잠시 연방대법원 판사의 가운을 걸치고 위헌적이라고 간주되는, 혹은 이 경우에는 단결의 근본 원칙이나 단체 결성의 목적을 위반한다고 보이는 법안을 폐기해버릴 수 있도록 해주는 것이라고 생각하면 가장 좋을 것 같다.*

　블록에 대처하는 데는 여러 가지 방법이 있다. 가장 쉬운 것은 단순히 그 제안을 포기하는 것이다. 촉진자는 블록을 제기한 사람blocker과 제안자들을 만나게 하고, 예를 들면 관련된 워킹그룹에 참여하도록 해서 그들이 어떤 합리적인 타협을 찾을 수 있는지를 확인할 수 있다. 때로는 다른 사람들이 블록이 정당하지 않다고 생각하는 경우(예를 들어 "금요일이 유대교 휴일이긴 하지만, 나는 다음 회의를 금요일에 하는 것이 반유대주의적이라고 생각하지 않아. 우리 대부분은 유대인이고 우리가 괜찮다는데!"**), 이를테면 그 그룹에

---

* 월가 점거의 일반적인 용어로써 블록이란 "그 운동을 그만두자는 제안은 그것을 계속할 때 더 심각한 도덕적, 윤리적 혹은 안전 우려"가 발생할 수 있다는 가능성에 근거를 두어야 한다는 것이다.

** 독자가 이것이 특정한 경우를 가리키는 것이라고 의심한 것처럼 직접행동네트워크 회의에 처음 나온 정통 유대교 신자 하나가 제안된 날짜 중 몇 개가 유대교 휴일이라는 점을 들어 우리

서 최소한 두 명의 회원이 이를 지지하는지 묻는다거나[우리는 간혹 그러한 상황을 가리켜 "한 명 빼고 합의consensus minus one" 혹은 "두 명 빼고 합의consensus minus two"라고 한다] 하는 식으로 블록에 이의를 제기하는 과정이 있을 수 있다. 혹은 그룹이 클 경우에는 대안책을 가지고 있는 것도 좋은 방법이다. 블록이 있어도 대부분의 사람들이 계속 진행하고자 하는 정서가 강하다면, 압도적 다수결을 이용할 수 있다. 월가 점거를 위한 8월 2일의 첫 번째 회의를 예로 들자면, 우리는 진행이 막히는 경우 2/3가 다수결을 할 수 있다는 내용의 '한정된 합의' 형태를 결정했으나, 이후 실제 점거가 이루어진 뒤 며칠이 지나 열린 총회에서는 운동이 아주 빠르게 성장함에 따라 이전의 체제로는 수백 명 혹은 심지어 수천 명의 참가자들이 반대하는 제안들이 통과될 수 있다는 것을 근거로 90% 다수결로 결정하는 것으로 바꾸었다. 중요한 것은 자동적으로 압도적 다수결로 넘어가서는 안 된다는 것이다. 누군가 블록을 하는 가장 타당한 이유는 과정의 실패 때문인데, 즉 정당한 우려가 제기되었으나 언급되지 않았다는 것이다. 이런 경우에 그룹은 다시 돌아가서 그 제안을 재검토하는 편이 낫다. 특히 아주 규모가 큰 그룹의 경우에도 간혹 그러한 방편들로 돌아가야 할 때가 있을 것이다.

여기서 나는 문제나 혼란을 일으키곤 하는 합의과정의 영역을 몇 가지 밝히려고 한다.

하나는 어떤 그룹이 실제로 단결의 원칙을 가지고 있지 않은 경우, 그

계획에 반대했는데, 이에 대해 몇몇 사람이 분개했으며-아주 긴 회의 끝에 단지 12명만 남아 있었다-한 아프리카계 미국인 활동가가 그날 회의를 여는 것은 종교에 기반을 둔 차별이 될 수도 있다면서 블록을 감행할 의사를 비쳤다. 마침내 누군가가 조용히 사실 자신이 그 방에 남아 있는 단 한 명의 비유대교인이라고 설명해야 했다.

그룹의 단결 원칙을 근거로 블록을 할 수는 없다는 것이다. 그러므로 그 그룹이 왜 존재하며 무엇을 이루고자 하는지에 대해 가능한 빨리 어느 정도 합의하는 것이 필수적이다. 이런 단결의 원칙들은 간단하게 해두는 것이 가장 좋다. 또한 그 원칙들을 세워갈 때, 어떤 활동가 단체라도 무언가를 하고, 어떤 식으로든 세상을 바꾸려고 존재한다는 사실을 기억하는 것 역시 중요하다. 그러므로 그 단체가 무엇을 이루고자 하는지와 그것을 이루려는 데 있어서 어떤 방식을 취할 것인지가 둘 다 그 원칙들에 반영될 수 있어야 한다. 그리고 그 둘(목표와 수단)은 가능한 한 서로 조화를 이룰 수 있어야 한다. 하지만 그룹을 정의할 때는 간단히 하는 것이 가장 현명하다. 예를 들어, "우리는 모든 형태의 사회적 계급과 억압에 반대한다"라고 쓰는 편이 존재한다고 생각되는 모든 종류의 사회적 계급과 억압을 나열하려고 하는 것보다 훨씬 간단하다.

단결의 원칙이 있어서 좋은 점 중 하나는 그것이 블록을 명확하게 할 뿐만 아니라, 선의를 가진 참가자들이 거기 모인 이유를 모두에게 주기적으로 환기시킬 수 있기 때문이다. 이는 갈등을 해결하는 데 상상 이상으로 도움이 되는데, 열띤 충돌의 순간에 사람들은 애초에 왜 거기 모였는지를 놀라울 만큼 잘 잊어버리기 때문이다. 이로부터 그다음 지점을 도출할 수 있다. 사람들이 자신들이 거기에 왜 나와 있는지를 기억하기만 한다면, 갈등이 있다는 사실은 문제가 되지 않는다는 것이다. 이것은 합의에 대해 오해하기 쉬운 또 다른 부분이다. "하지만 갈등은 정치의 핵심이다"라는 말을 들어보았을 것이다. "그것을 없애려면 어떻게 해야 할까?" 물론 없앨 수 없다. 그러려고 해서도 안 된다. (많은 다른 나라들과 달리) 미국의 활동가들이 퀘이커교의 전통을 통해 합의란 걸 처음 접했다는 사실로부터 논란의 일부가 나온다. 이는 대부분의 활동가들에게 있어서 합의에 대한 첫 경험이 점잖은, 대놓고 말하자면 부르주아적인 감성에 기인하고 있다는 말이다. 모든 사람들이 최소한 겉으로만이라도 매우 점잖게 굴도록 종용받는다. 1960년대 후반 의자 위로 뛰어올라가서 주먹을 휘둘러대는 게 정상적인 행동방식으로 여겨지던 급진주의의 마초 놀음 이후 퀘이커교도와 페미니스트적 성격의 합의는 교정법으로 유용했다. 하지만 오래지 않아 간절한 필요에 의해 페미니스트들이 강조한 상호 경청, 존중 그리고 비폭력 대화는 중산층이 칵테일파티 스타일로 예의를 차려 돌려 말하고, 불편한 감정은 어떻게든 드러내지 않으려 하는 것을 강조하는 데 명백한 영향을 미쳤다. 이는 그 나름대로, 특히 스스로 중산층 출신이 아니라고 생각하는 사람들에게는 이전의 마초 스타일만큼이나 억압적인 것이다.

부르주아 스타일이 잠잠해질 기미는 거의 없었지만, 최근에는 거기에 약간의 변화가 일어났다. 예를 들어, 촉진 훈련가들은 사실대로 말하는 편이 낫다는 사실을 깨달았다. 맞다. 우리는 열정적인 사람들이고, 관심이 깊고 감정이 강해서 여기 모인 것이며, 분노와 좌절을 표현하는 것은 유머나 사랑을 표현하는 것만큼이나 중요하다(또한 정당하다). 그 모든 것들을 억누르려고 하기보다는 그룹이 목표를 성취하려면 동지나 아군과의 충돌은 장려되어야 한다는 것을 이해해야 한다. 모든 사람들이 그것이 결국 사랑싸움이라는 사실을 기억한다는 것을 전제로 해서 말이다. 이것이 현실적으로 무슨 말인가 하면, 회의에서 다른 사람의 말이나 행동이 현명한지를 의심하거나 그 말과 행동에 분노를 표시하는 것이 완벽히 정당하지만, 그와 동시에 정직과 선의를 의심의 대가로 그들에게 주어야 한다는 것이다. 이것은 보통 매우 어려울 수 있다. 대개는 상대가 정직하게 굴고 있지 않고 좋은 의도를 가지지 않았다고 의심할 만한 이유가 수없이 많이 있었을 것이다. 그들이 비밀경찰이라고까지 의심할 수도 있다. 하지만 그게 잘못됐을 수도 있다. 또 사람들이 어린아이처럼 행동하도록 만드는 가장 확실한 방법은 그들을 어린아이처럼 취급하는 것이며, 사람들이 회의 도중 책임감 없이 행동하기 시작하게 만드는 가장 확실한 방법은 그들이 이미 그랬다는 것처럼 대하는 것이다. 그러므로 어려울 수는 있지만 모두가 그린 식의 행동이 있는지를 살피고, 있다면 즉시 멈추게 해야 한다. 누군가에게 멍청하다고 말하는 것은 진심으로 그렇게 생각한다면 괜찮다. 하지만 그들이 의도적으로 운동을 망치려고 하고 있다고 말하는 건 괜찮지 않다.

그들이 의도적으로 운동을 망치려고 한다는 것이 밝혀진다면, 거기에 대처할 방법은 많이 있다. 누군가가 경찰이나 나치로 밝혀진다거나, 그룹이 목표를 달성하는 것을 적극적으로 막으려 하는 등의 정상이 아닌 언행이 있는 경우에는 그들을 배제시킬 방법들이 있어야 한다. 대개 이런 일은 회의장 밖에서 일어나야 하지만 말이다. 뉴욕에서 우리의 문제는 사람들이 자신은 회의를 방해하러 온 거라고 대놓고 말했을 때조차 대개는 그들을 참여시켰다는 것이다. 우리는 마침내 그런 사람들을 상대할 때는 피하는 것이 가장 좋은 방법임을 알게 됐다. 그들이 무슨 소리를 하든, 무슨 짓을 하든 그저 반응하지 않는 것이다. 그런 접근법은 민중의 마이크를 사용하면서 상당히 자연적으로 발전했다. 누군가 다른 사람들이 듣기에 공격적인 말을 하면 모두가 그저 따라하기를 멈추었고, 결국 그 사람이 계속 그런 불쾌한 맥락으로 말하면 어느 누구도 전혀 듣지 못한다는 것을 알게 되었다.

일반적으로 통용되든 혹은 아니든 간에 항상 경계는 있다. 드러나 있지 않던 경계라면 누군가 그걸 깨는 순간 보이게 된다. '전술의 다양성'이라고 할 때 그 누구도 자동차 폭탄이나 로켓추진식 수류탄을 들고 데모에 나타나지는 않을 거라는 암묵적 추정을 바탕으로 하고 있듯이, 어떤 활동가도 회의에서 추방되어서는 안 된다고 주장할 때도 어떤 한계가 있다는 것을 가정한다. 최근 뉴욕의 대변인협의회에 참석했는데, '공동체 협약community agreement'과 누구든 그 협약을 위반하면 자발적으로 떠나도록 요청받게 된다는 공유된 원칙이 있어야 하는지를 두고 다 같이 긴 토론을 했다. 그런데 그 제안이 일치된 반대에 부딪치고 있었는데, 누군가가 대표자 중 한 사람이 "아리안 정체성의 노동 단체"라고 적힌 팻말을 들고 있는 것을 본 것이다. 그는 즉시 사람들-많은 사람이 방금 전에 큰 소리로 그런 규칙은 억압적이라고 주장했던-에 둘러싸였고 그들은 성공적으로 그를 내쫓았다.

∙

이것은 활동가 단체들 사이에서 지난 몇 년간 합의과정이 원활하게 돌아가게 하기 위해 발전시켜온 다양한 도구 중 하나일 뿐이다. 다른 도구들도 많이 있는데 예컨대 아이스 브레이커스ice breakers(회의 시작 전에 어색한 분위기를 돋우기 위해 하는 가벼운 오락 류의 활동-역주), 고라운드go-rounds(돌아가면서 각자 하나씩 발언이나 행동을 하는 것-역주), 팝콘popcorn(개개인의 아이디어와 의견을 내놓고, 그 자극작용에 의해 보다 나은 아이디어나 결론을 이끌어내는 회의-역주), 피시볼fishbowls(개인적 문제나 약점까지 허심탄회하게 털어놓는 회의-역주) 등과 어떻게 이를 사용할 것인지에 대한 구체적인 리소스도 있다(간단히 구글 검색을 함으로써 온라인상에서 쉽게 찾아볼 수 있다). 촉진과정에 대한 가이드 중 개인적으로 내가 가장 좋아하는 것은 활동가이자 작가인 스타호크Starhawk가 만든 것인데, 각자 기호에 따라 선택할 수 있는 것이 많이 있다. 조직 모델들 또한 다양하게 있으며(예를 들어 총회나 대변인협의회), 각각 저마다의 장점을 가지고 있다. 직접민주주의를 기반으로 사회 모두를 조직하기 위해 이 모델들을 어떻게 평가할지를 결정하는 단 하나의 올바른 방법이나 로드맵은 없다. 합의과정의 백미는 그것이 아주 다양하며 유연하다는 데 있다. 그래서 여기에서 합의의 기본 원칙들에 대한 몇 가지 실용적인 고려사항과 일반적인 오해들을 살펴보려고 한다. 이를 통해 관심 있는 독자들이 직접 그러한 것들을 알아내는 과정에 참가할 수 있는 계기가 되었으면 한다.

합의에 대해 자주 나오는 질문(FAQ)

문: 하지만 이러한 '합의과정'이 결국에는 전부 암묵적이거나 드러나지 않은 지도부에 의해 놀아나게 되는 거 아닌가요?

답: 아무런 규칙도 없이 합의에 따라 운영한다면 그렇죠. 당연하게 암묵적인 리더십이 등장할 겁니다. 최소한 그룹 내 인원이 8, 9명 이상이 되는 순간에요. 작가이자 활동가인 조 프리먼Jo Freeman이 1970년대 페미니스트 운동 초기에 이 점을 지적했습니다. 지금 우리가 '합의과정'이라고 부르는 것은 대개 프리먼이 쓴 비평의 결과로 이 문제를 다루기 위해 만들어진 겁니다.

촉진자의 역할이 그 완벽한 예입니다. 당신이 처리하고 있는 과정이 잘못된 것인지 아닌지를 가장 쉽게 파악하려면, 회의 운영과 제안을 누가 하고 있는지를 보면 됩니다. 모든 수평적 그룹들은 촉진자 스스로 어떤 제안도 하지 않는다는 명확한 이해가 깔려 있습니다. 그는 그저 그곳에 있으면서 이야기를 듣고 그 그룹이 생각할 수 있는 매개체가 됩니다. 사실 보통은 촉진자의 역할이 몇몇 사람에게 분산되어 있기도 합니다. 한 사람은 실제로 회의를 운영하고, 다른 사람은 스택(발언하려는 사람들의 수)을 집계하고, 또 다른 사람은 시간을 확인하고, 또 다른 사람은 분위기가 처지거나 누구라도 배제되지 않도록 확인하는 분위기 감시자 역할을 하는 겁니다. 이렇게 하면 촉진자 한 사람이 무심코라도 토론을 조작하기가 훨씬 어려워집니다. 촉진자 역할은 돌아가면서 맡는데, 그럼으로써 그룹은 스택에서나 촉진자들 사이에서나 균형을 계속 유지할 수 있게 됩니다.

이는 특히 큰 규모의 그룹에서 파벌이 일어나지 않을 거라거나, 어떤 사람이 남들보다 더 영향력 있게 되지 않을 거라는 말이 아닙니다. 단 하나의 진정한 해결책은 그룹 자체 내에서 파벌이 형성되는 것을 계속해서 경계하는 겁니다.

문: 하지만 그런 영향력 있는 파벌이 나타날 수 있다고 했는데요. 실제로 지도자들이 있고 공식적인 지도구조를 갖는 것이 최소한 아무도 모르게 비밀스럽고 책임도 지지 않는 리더십보다는 낫지 않을까요?

답: 사실은 낫지 않습니다. 지도구조를 갖는다는 것은 특정한 사람이 특권적인 정보를 더 많이 가진다는 얘깁니다. 이게 진짜 문제입니다. 모든 평등주의적 그룹에서 정보는 제한된 자원이 되기 쉽습니다. 계층구조들이 발달한다는 것은 어떤 사람들이 무슨 일이 일어나고 있는지를 알아낼 수 있는, 다른 사람들은 모르는 방법을 가지고 있다는 겁니다. 정보에 대한 특권적 접근을 가진 사람들을 '리더'라고 선언하고 이를 공식화해버리면 문제가 개선되는 게 아니라 악화될 뿐입니다. 이 그룹이 실제로 의도하지 않은 경우일지라도 자신의 의지를 남에게

강요하기 시작한 게 아니라는 걸 확실하게 할 단 하나의 방법은 정보가 가능한 한 많은 사람들에게 열려 있게 하는 메커니즘을 만들고, 지속적으로 모든 활동가 구성원들에게 공식적인 지도구조는 없으며, 누구도 자신의 의지를 강요할 수 없다는 사실을 지속적으로 상기시키는 것뿐입니다.

비슷한 얘기로, 권력이 없는 비공식적인 지도부의 구성원들을 '조정위원회'의 구성원으로 선언하더라도 그들 외에 모든 이들이 6개월 정도마다 그들을 재임명할지를 결정할 수 있게 한다고 해서 종종 거론되는 것처럼(모든 경험과는 반대로) 그들이 '더 책임감 있게' 되지는 않습니다. 확실히 그들은 책임감이 더 없어집니다. 왜 그 반대로는 생각해보지 않는지 물어보는 게 좋을 것 같네요.*

문: 모두가 서로에 대해 잘 아는 작은 그룹이나 동네, 공동체에서는 합의가 충분히 잘 돌아간다는 건 인정하겠어요. 하지만 초반의 신뢰 기반이 없는 서로 모르는 사람들이 모인 큰 규모의 그룹에서는 어떻게 돌아가나요?

답: 우리는 공동체를 이상화시켜서는 안 됩니다. 예를 들어 평생을 시골 마을에서 함께 모여 산 사람들은 인격성이 배제된 거대한 대도시에서 사는 사람들보

---

* 사실 그 이유는 자유주의 정치 이론에서 유래한 것으로, '자의적 권력'으로 보이는 모든 것에 대해 반대하는 널리 퍼져 있는 편견을 상기시킨다. 최소한 1세기 동안 정부가 자국 국민을 향해 무력을 사용하는 것을 합리화하는 가장 흔한 방식은 그것이 명백하고 제대로 발표된 규칙들을 따르지 않는 경우에만 권력남용에 해당한다고 하는 것이다. 이 말은 권력을 행사하는 어떤 방식이라도—그것이 어떤 영향에 의한 것일지라도—공식적으로 인정받지 않았고 그 권력이 명확하게 설명되지 않았다면 그것은 받아들일 수 없다는 뜻이다. 그 결과, 비공식적 권력(그것이 비폭력적일지라도)은 심지어 폭력 그 자체보다 인간의 자유에 더 위협적인 것으로 간주되었다. 물론, 결국 이것은 일종의 유토피아니즘이다. 사실 모든 정치적 활동을 망라하는 확실하고 분명한 규칙들이란 존재하기 어렵다.

다 관점을 공유하기가 더 쉬운 건 사실입니다. 하지만 시골 사람들은 서로 물고 뜯기가 더 쉽습니다. 그럼에도 불구하고 그들이 합의에 이를 수 있는 것은 공동선을 위해 증오를 넘어설 수 있는 인간의 능력을 가지고 있기 때문입니다.

낯선 사람들끼리의 회의에 대해 말하자면, 만약 길에서 무작위로 사람들을 데려와서 모아두고는 그들의 의지와는 상관없이 회의에 참석하라고 했다면, 아마도 처음에 그들은 서로 간에 공통 기반을 찾지 못할 겁니다(탈출 계획을 세울 때 외에는). 회의에서 뭔가 얻고자 하는 것, 거기 모인 모두가 이루고자 하는 공동의 목표가 없는데도 제 발로 회의에 나오는 사람은 없습니다. 하지만 그들이 딴 데로 새지 않고 공동의 목표를 찾아 자신들이 거기에 모인 이유를 계속 마음에 새긴다면, 대개는 어려움을 극복할 수 있게 됩니다.

문: 만약 더 큰 규모의 회의에서 66% 혹은 75%, 심지어 90% 다수결을 이용하게 될 때, 왜 이것을 '제한적 합의'라고 부르나요? 그냥 압도적 다수결 체제 아닌가요? 왜 그냥 있는 그대로 그렇게 부르지 않는 겁니까?

답: 사실 그건 같은 게 아닙니다. 합의에 있어 가장 중요한 것은 통합의 과정, 즉 가능한 한 가장 많은 비율의 참가자들이 만족하고 가장 적은 참가자들이 반대하는 방향으로 제안들을 재작업하는 과정입니다. 그렇다고 하더라도 때로 큰 규모의 단체들에서는 누군가 블록을 하면, 그 블록이 단체의 기본 원칙들에 대한 진정한 표현인지에 대해 의견들이 근본적으로 불일치할 수 있습니다. 그럴 때 투표로 갈 것인지의 선택권이 생깁니다. 하지만 이를테면 2/3 다수결에 기반을 둔 회의에서 내내 자리를 지킨 사람은 누구나 할 수 있는 식으로 그저 투표로 바로 넘어가게 되면 그 역동성 전체가 달라질 겁니다. 모든 사람의 관점은 동등하게 가치가 있다는 전제가 전혀 깔려 있지 않기 때문입니다. 회의에 온 사람

들의 1/3 미만을 대변한다고 보이는 관점들은 간단히 무시될 수 있습니다.

문: 사람들이 체제를 오용하면 어떻게 해야 하나요?

답: 어떤 이유에서든지 간에 민주적인 집회에 참여하기에는 정상이 아니거나 문제가 있는 사람들이 있습니다. 또 어떤 사람들은 참여는 할 수 있는데 방해가 되거나 까다롭고 계속 주의를 요구해서 그런 사람들을 만족시키려면 그들의 생각이나 기분에 맞추는 시간이 단체 안의 다른 사람들보다 훨씬 더 많이 들고, 그래서 모두의 생각과 감정이 똑같이 중요하다는 원칙을 깎아먹게 되기도 합니다. 만약 어떤 사람이 계속해서 지장을 준다면, 그 사람을 나가게 할 수 있는 방법이 있어야 합니다. 그들이 거부하는 경우, 그다음 단계는 보통 그 사람의 지인이나 지지자들에게 그를 설득하도록 하는 것입니다. 그게 불가능하다면, 최선의 방법은 집단적 결정을 통해 그런 사람들을 조직적으로 무시하는 겁니다.

문: 합의를 고집하면 창의성이나 개성을 억누르게 되지 않나요? 합의가 단조롭게 순응하는 것을 조장하지 않나요?

답: 제대로 안 되면 그렇죠. 어떤 일이라도 제대로 안 될 수 있습니다. 합의과정은 정말 제대로 안 될 때가 종종 있습니다. 하지만 이는 대개 우리 중 너무 많은 사람들이 아직 합의를 잘 모르기 때문입니다. 우리는 바닥에서부터 민주주의 문화를 효과적으로 잘 만들어냈습니다. 제대로만 된다면 개성과 창의성을 이보다 더 잘 받쳐줄 수 있는 과정도 없습니다. 왜냐하면 합의는 누구도 다른 사람들을 자기의 관점에 맞게 완전히 바꾸려고 시도조차 하면 안 되며, 공동목표를 추구하는 데 있어서 우리가 서로 다르다는 것이 장애가 되는 것이 아니라 높이

평가받아야 할 공통 자원이라는 원칙에 기반을 두고 있기 때문입니다.

여기서 진짜 문제는 이미 분명히 불평등한 권력관계를 바탕으로 하고 있거나 (그것을 인지하고 있든지 아니든지 간에), 이미 순응주의 문화를 가진 단체들이 합의를 결정 과정으로 마무리할 때입니다. 극단적인 예로 일본 기업이나 심지어 할리데이비슨 같은 미국 기업 내에서 합의가 실행되는 방식입니다. 이런 경우들에서 사용되는 합의라는 용어는 우리가 흔히 말하는 합의가 아니라 오히려 강요된 만장일치에 더 가깝습니다. 이런 경우는 '합의'를 요구하면 이 모든 것이 오히려 더 악화될 것이 뻔합니다. 이런 민주적인 절차들은 급진적인 가능성을 망가뜨리는 가장 효과적인 방법으로 사람들이 실제로는 합의한 것이 아니면서 마치 그 절차들을 이용해 합의한 것처럼 굴게 만듭니다.

문: 사람들이 14시간씩 계속해서 회의하기를 기대하는 게 합리적인가요?

답: 아뇨, 그런 걸 기대하는 건 말이 안 되죠. 분명히 어느 누구도 원하지 않는 회의에 참여하도록 강요되어서는 안 됩니다. 도덕적 압박에 의해서일지라도 말입니다. 하지만 그렇다고 해서 우리는 단체가 장시간 회의에 참여할 만한 시간이 있는 지도자 계층과 주요 결정에는 결코 관여하지 않을 추종자 계층으로 나눠지는 것도 원하지 않습니다. 수세기 동안 합의를 실행해온 전통사회에서의 일반적인 해결방법은 회의를 재미있게 만드는 겁니다. 유머, 음악, 시 등을 도입하여 사람들이 실제로 미묘한 수사학 게임과 참가자 드라마를 보면서 즐길 수 있도록 하는 것이었습니다. (다시 한 번 내가 가장 좋아하는 예인 마다가스카르를 소개한다. 그곳에서는 회의에서 쓰는 수사법들이 제대로 인정받아서, 특히 기교가 좋은 연설자들이 음악 축제에서 록 밴드들 사이에 나와 오락의 한 형태로 연설하는 것을 본 적도 있다.) 물론 이런 사회의 사람들은 대부분 시간적 여유가 많은(물론 산만하게

하는 TV나 사회적 미디어가 없는) 사람들입니다. 이 시대의 도시적 맥락에서는 참여한다는 것 자체에 모두가 신이 나 있을 때도 별 감흥이 없는 사람에게 최선의 해결책이란 그냥 14시간짜리 회의는 하지 않는 겁니다. 이 사안을 논의하는 데 10분, 저것에 5분, 각 발언자에게 최대 30초까지 시간을 할당하는 등 시간 제한에 신경 쓰세요. 발언자가 다른 사람이 한 말은 반복하지 말도록 끊임없이 상기시키세요. 하지만 가장 중요한 것은 확실한 이유가 있는 게 아니라면 큰 그룹에는 제안을 들고 오지 말라는 겁니다. 이는 절대적으로 필수적입니다. 사실 이것이 너무 중요해서 나는 다음 섹션 전체에서 이것만 다루려고 합니다.

그래야 할 확실한 이유가 없다면 합의해야 할 제안을 내지 말 것

합의과정은 급진적인 탈중심화의 원칙과 함께 갈 때만 제대로 이루어질 수 있다.

이것은 아무리 강조해도 충분하지 않다. 공식 합의과정의 어려운 본질에 그나마 어떤 희망이라도 있다면, 바로 이것이다. 그것이 실제로 모두에게 긴급하고 중요한 제안의 경우가 아니라면 총회나 대변인협의회, 기타 다른 대규모 그룹에는 제안을 내지 않는 것이 좋다. 가능하면 워킹그룹, 동호회, 모임 등 더 작은 그룹 범위에서 결정을 내리는 것이 항상 더 낫다. 발의는 아래로부터 일어나야 한다. 제안을 내지 않아서 더 큰 피해를 입게 되는 경우가 아닌 이상 말이다. 심지어 (모두를 가리키는) 총회를 포함한 다른 누구로부터도 권위와 승인을 받아야 한다고 생각해서는 안 된다.

예를 들어보자.

톰킨스 스퀘어 공원Tompkins Square Park에 모여 있었고 실제 점거는 시작되지 않았을 무렵, 대외활동 그룹이 총동원에서 거의 그만둘 뻔한 적이 있었다. 그들이 플라이어에 사용하겠다며 월가 점거 단체의 성격과 목적을 두 줄로 써달라고 제안했으나 총회에서 블록을 당했던 것이다. 그 당시 아웃리치Outreach의 중심 인물이었던 여성은 분노를 숨기지 못했고, 마침내 나를 찾아와서는-나를 과정 전문가라고 생각하고-중재할 방법이 있는지를 물었다. 나는 잠시 동안 생각하다가 물었다.

"글쎄요. 애초에 그 문건을 그룹에 왜 상정한 건가요?"

"자신들이 외부에 어떻게 소개될지를 모두가 아는 편이 낫다고 생각했거든요. 하지만 우리가 무슨 소리를 쓰든지, 얼마나 간단히 쓰든지 상관없이 누군가는 반대할 것 같아서요. 그러니까 그건 진짜로 우리가 생각해낸 받아들일 만한 문구였다고요!"

"당신이 그 안을 대외활동 그룹에서 결정해 가져왔다는 사실 그 자체에 대해서 그들이 믿지 못하는 건 아닌가요?"

"왜 그러겠어요?"

"그럼, 좋아요. 이런 식으로 생각해보죠. 당신들은 대외활동 그룹이에요. 당신들은 총회로부터 대외활동의 권한을 받아 일하는 그룹이죠. 그렇다면 제 생각에 당신들이 대외활동을 할 권한을 받았다면 대외활동에 필요한 일들을 할 권한도 받은 거잖아요. 마찬가지로 말하자면, 그룹을 설명하는 방법을 생각하는 문제도 그래요. 제 말은 당신들이 그룹의 승인을 요청해야 될 실질적인 이유가 없다고 보는 겁니다. 엄청나게 논란거리인 부분이 있어서 여러분이 확인하고 싶었던 게 아니라면요. 저는 거기 없었기 때문에 그러는데, 그 내용이 논란의 소지가 있었나요?"

"아니요. 문제가 있다면 사실 너무 밋밋해서라고 생각했어요."

이것이 바로 무엇을 할 때마다 승인이 필요하다고 생각할 때 일어날 수 있는 일이다.

대화가 끝난 후 나는 블록을 건 사람을 찾아내어 그가 내 평가에 완전하게 동의한다는 사실을 들었다. 그가 블록한 이유는 워킹그룹들이 그런 문제들은 알아서 결정해야 한다는 것을 자리잡게 하고 싶었기 때문이다. (그러면 주된 문제는 과정에 대한 차이가 아니었던 것이 된다. 블록을 건 사람이 제대로 설명을 하지 않았던 게 문제였던 것이다.)

·
·

일반적인 경험 규칙에 따르면 결정은 가능한 한 가장 작은 규모에서 가장 낮은 수준으로 이루어져야 한다.* 긴급한 필요가 없다면 위쪽의 승인을 요청하지 말라. 하지만 언제가 긴급하게 필요한 때일까? 그리고 누가 긴급한 문제에 관여해 승인을 결정하는 걸까?

이렇게 보면 많은 급진 사상의 역사-특히 급진적 민주주의 사상의 역사-가 바로 이 질문에 달려 있다. 누가 결정을 하게 되며, 왜 그런가? 이는 대체로 두 가지 원칙 간의 논쟁의 형태를 취한다. 하나는 대개 '노동자 자주조직' 또는 단순히 '노동자 자주관리'라고 말하는 것이고, 다른 하나는 그냥 '직접민주주의'라고 부르는 것이다.

노동자 자주관리의 개념은 그 이름에서 알 수 있듯이 과거에는 작업장의 조직에 가장 많이 적용되었으나, 기본 원칙으로서 어디에나 쓰일 수

---

* EU 내에서는 이 원칙이 끔찍한 용어인 '보충성 원리(subsidiarity)'로 불린다. 내가 알기로 그보다 나은 말은 없지만, 차마 그 용어는 사용하지 못하겠다.

있다. 기본 원칙의 본질은 어떤 프로젝트에 적극적으로 참가하는 누구라도 그 프로젝트가 진행되는 방식에 대해 동등한 발언권을 가질 수 있어야 한다는 아이디어로 요약될 수 있다. 이를테면 이것은 이론가 마이클 앨버트Michael Albert가 제안한 참여경제 체제[즉, 파레콘parecon]에 깔려 있는 원칙이며, 어떤 형식의 작업장 조직이 진짜 민주적인 작업장을 만들 것인지의 질문에 대한 대답이다. 그의 대답은 "균형 잡힌 노동 분담 체계", 즉 그 안에서 모두가 일정 분량의 육체적, 정신적 그리고 행정적 노동을 해야 하는 조직이다. 노동자 자주관리의 기본 아이디어는 만약 당신이 프로젝트에 참여하고 있다면 당신은 그것이 어떻게 운영되는지에 있어서 동등한 목소리를 내야 한다는 것이다.

두 번째 원칙은 직접민주주의의 원칙으로, 어떤 활동 프로젝트에서 영향권 안에 있는 모든 사람들은 그것이 실행되는 방식에 대해 발언권을 가져야 한다는 것이다. 분명히 여기서는 함축하는 바가 꽤 다르다. 만약 그런 생각이 공식화됐더라면, 그 결과 일종의 민주적인 공동집회들이 있어서 그 프로젝트에 이익관계가 있는 모든 사람들의 의견을 모으려고 했을 것이다. 하지만 뭐든 그렇게 공식화되어야 하는 것은 아니다. 많은 경우에 공식화되지 않는 편이 중요할 수도 있다. 마다가스카르에서는 사람들이 아주 오랫동안 합의로 운영해왔는데, '포콘올로나fokonʼolona' 원칙이라는 것이 있다. 이 말은 번역하기가 어려운데, '대중집회'라고 번역되지만 때로는 그냥 '모두'를 뜻하기 때문이다. 프랑스 식민주의자들은 포콘올로나가 현지 정부 기관들이어서 프랑스 행정부의 연장선으로 만들 수 있을 거라고 생각했다. 후에 마다가스카르 정부는 종종 포콘올로나를 지역 민주주의의 풀뿌리 세포조직으로 만들려고 시도했다. 이런 시도들은 결코 통하지 않았다. 주된 이유는 포콘올로나는 공식적인 단체가 아니라 분쟁 해결, 관개 농수 배분, 도로 건설 여부 결정 등 어떤 특정 문제가 있을 때 소집되며, 거기서 일어날 결정에 자기 삶이 영향을 받을 수 있는 누구라도 모이는 집회이기 때문이다.

이런 직접민주주의와 노동자 자주관리라는 두 가지 원칙을 대조적인 선택의 문제로 나타내려는 사람들도 있지만, 진정한 민주주의 사회라면 이 둘의 결합에 의존해야 할 것이다. 작은 마을에 제지공장이 있다면, 그 공장에 어떻게든 영향을 받는 모든 사람들이 그 공장의 휴가 정책에 관여해야 하고, 또 그렇게 하고 싶어 하지 않을 이유가 없다. 또 마을 사람들은 그 공장에서 지역의 강에 무엇을 흘려보내는지 알고 싶어 할 이유도 충분하다.

활동가 그룹의 경우에 이런 문제를 물어본다는 것은 실제 워킹그룹들의 역할을 묻고 있는 것이다. 모든 점거 총회에는 이러한 워킹그룹들이 있다. 2011년 11월, 뉴욕 총회New York City General Assembly에는 이미 30개가 넘는 워킹그룹이 있었다. 어떤 것들은 언론, 촉진, 주거, 회계, 직접행동 워킹그룹과 같이 지속성을 갖은 분야 중심이었고, 또 다른 어떤 것들은 대안은행, 생태, 트랜스젠더 사안 같이 지속성을 지닌 주제 중심적이었다. 저당잡힌 집 점거Occupy Foreclosed Homes와 오클랜드 연대 행진Oakland Solidarity March처럼 어떤 것들은 특정한 행동이나 캠페인이 있을 때 조직되어 지속적일 수도 일시적일 수도 있었다. 활동가 워킹그룹들은 그 자체 내에 언론, 대외활동, 교통 등 구조적인 워킹그룹을 가질 수도 있다.

워킹그룹은 특정한 임무를 이루거나 어떤 종류의 실무를 수행하기 위해 총회나 더 큰 그룹에 의해 만들어지게 된다. 조사, 교육 등 그게 무엇이 되었든 말이다. 때로는 일반적으로 인식되는 필요에 의해 생기기도 하고("캠프의 위생 문제를 맡을 사람 있나요?"), 때로는 일단의 사람들에게 아이디어가 있어서 생기기도 한다("우리 몇몇이서 평등주의적 사회에서 위생 체제가 어떻게 돌아가야 하는지에 대해 생각해볼 그룹을 만들려고 합니다."). 뉴욕 총회는 누구라도 워킹그룹을 만들고자 한다면 최소 다섯 명의 초기 구성원을 모으고 총회에 요청해야 한다는 원칙을 가지고 있다. 어떤 요청의 경우에는 블록되었다.

누구라도 마음껏 회의실에서 모이거나 원하는 것을 토론할 수 있다. 총회가 워킹그룹을 승인하면서 그 워킹그룹이 총회의 이름으로 활동할 수 있는 권한을 자동으로 부여받는 것이다. 이는 기본적으로 각 워킹그룹이 대표성을 지닌 대표자의 한 형태이다. 이러한 형태가 수직적인 계층구조를 만들지 않는 것은 워킹그룹이 누구에게나 열려 있기 때문이다. 다시 말해 총회나 행동기획회의가 회의 도중에 워킹그룹들로 쪼개지는 것은 동시에 하나 이상의 워킹그룹에 참가하는 것이 물리적으로 불가능하기 때문에 누구도 지나치게 많은 영향력을 갖지 않도록 하기 위한 실제적인 방법이 되기 때문이다. 원칙적으로, 워킹그룹에 소속되면 연락 담당에 자원한 주요 인물의 경우라도 교대가 이루어져야 한다. 대변인협의회에서는 각 워킹그룹에서 한 명의 '대변인'만이 공식 토론에 참여할 수 있으며(다른 구성원들은 회의에 참석해서 그 사람의 귀에 대고 속삭이거나 조용히 상담할 수 있다), 누구도 같은 워킹그룹을 대표해서 연속으로 '두 번 발언할 수 없다. 하지만 일단 업무가 분담되고 나면, 혹은 기존 그룹이 어떤 프로젝트를 추진하도록 인가를 받고 나면 얼마나 자주 다시 만나서 점검해야 하는지 등의 승인이 필요한 문제가 생긴다. 이 문제에 대한 일반 원칙은 확인해야 하는 미심쩍은 어떤 이유가 있고 다른 조처를 하지 않으면 잘못될 것이라는 게 분명할 때만 한다. 그러나 확인하지 않고 그저 앞만 보고 간다면 아마도 확인하지 못할 것이다.

직접행동, 시민 불복종 그리고 캠핑

월가 점거의 진정한 영감은 단순한 직접민주주의가 아니라 바로 직접행동의 전통이었다. 아나키스트 관점에서 보면 직접민주주의와 직접행동은 동일한 것의 두 가지 측면이다. 또는 그래야만 한다. 우리의 행동을 형성하는 아이디어는 그 자체가 모델을 제공하거나 자유로운 사람들이 스스로를 어떻게 조직하는지에 대한 최소한의 단서를 보여줄 수 있어야 하고, 그래서 자유사회가 어떤 것인지를 보여줄 수 있어야 한다. 이것은 20세기 초반에는 "낡은 껍질 안에서 새로운 사회를 건설하는 것"이라고 불렀고, 1980년대와 1990년대에는 "예시적 정치"로 알려졌다. 그리고 그리스 아나키스트들이 "우리는 미래로부터 온 메시지이다"라고 선언하거나 미국 아나키스트들이 '반란 문명insurgent civilization'을 만들자고 주장할 때, 이들은 사실 같은 것을 여러 방식들로 말하고 있는 것뿐이다. 우리는 행동 그 자체가 예언이 되는 그런 영역에 대해 말하고 있는 것이다.

월가 점거의 오리지널 개념에는 이러한 아나키스트 감성이 몇 가지 다른 방식으로 반영됐다. 우리가 어떠한 제안도 요구하지 않은 것은 그러한 제안을 요구하는 기존 정치 질서의 정당성에 대해 상당히 의식적으로 거부한다는 것을 나타내기 위해서다. 아나키스트들은 대개 이것이 시민 불복종과 직접행동의 차이라는 것을 인지하고 있다. 아무리 호전적이라고 할지라도 시민 불복종은 권력을 향해 대고 다르게 행동해달라는 호소이다. 반면 직접행동은 그것이 공동체가 대안 교육 시스템을 설립하는 것이든, 법에 대항하여 소금을 만드는 것이든(간디의 유명한 소금 행진에서 나온 예이다), 회의를 결렬시키거나 공장을 점거하려는 것이든 간에 만약 기존의 권력구조가 존재하지 않았더라면 했을 것처럼 행동하는 것이다. 궁극적으로 직접행동은 개인이 항상 자유로운 것처럼 행동하기를 도전적으로 주장한다. (모든 사람은 권력구조가 존재한다는 것을 완벽하게 잘 알고 있다. 하지만 이런 식으로 행동함으로써 어떤 도덕적 권위라도 필연적인, 대개는 폭력적인 반응으로 가는 것을 거부하는 것이다.)

집회의 허가를 요청하는 것을 거부하는 것도 같은 정신에서 나온 것이다. 톰킨스 스퀘어 공원의 집회 초반에 우리가 서로 지적했듯이, 뉴욕의 규정은 너무 제한적이어서 12명 이상의 사람들이 대중 공원에서 허가받지 않고 모이는 어떤 집회도 사실상 불법이었다. (정치적 활동가들을 상대할 때 말고는 실제로 강제도 되지 않는 그런 법안 중 하나이다.). 우리의 집회는 최소한의 시민 불복종이었다.

이는 시민 불복종과 직접행동 사이의 또 다른 중요한 차이를 만든다. 이 둘의 차이는 종종 투쟁성이 다를 뿐이라고 잘못 알고 있다. (시민 불복종은 뭔가를 막는 것이고, 직접행동은 뭔가를 날려버리는 거라고 알고 있다.) 시민 불복종은 부당한 법이나 법적으로 유효하지만 정당하지 않은 명령에 따르기를 거부하는 것을 의미한다. 그런 의미에서 시민 불복종은 직접행동이 될 수도 있다. 예를 들어 누군가 자유사회에서는 징병카드를 받지 않는다는 원칙에 기반을 두어 자신의 징병카드를 태우거나 인종차별적인 식당에서 주문받을 권리를 주장하는 것 등이 그 예이다. 하지만 시민 불복종 행동이 모두 직접행동인 것은 아니며, 시민 불복종의 통상적인 행동은 법적 질서 그 자체가 아닌 단지 어떤 특정한 법이나 정책만 문제 삼는다. 그래서 시민 불복종 운동에 참여한 사람들은 대개 기꺼이 체포된다. 그럼으로써 그들은 그 법이나 정책에 법적으로 혹은 여론의 법정에서 도전할 수 있는 장을 갖게 된다.

이것을 묘사하는 데 도움이 될 만한 잘 알려지지 않은 역사가 있다.

1999년 시애틀에서 열린 세계무역기구총회WTO에 대항하기 위한 행동으로 이어진 동원에 영감을 주었던 것 중 하나가 'KRSS'라고 불리는 인도의 카르나타카 주를 기반으로 하는 어떤 간디주의 농부 단체였다[약어는 카르나타카 주 농부협회Karnataka State Farmers' Association를 가리킨다]. 1995년에 이 단체는 수백 명의 농부들이 현지 KFC 프랜차이즈를 인도의 농업을 파괴하려 하는 싸구려 생명공학 불량식품이 침입한 첫 물결로 간주하고서 철거를 위해 조직적으로 행동한 것으로 잘 알려져 있다. 이 사례에서 볼 수 있듯이, 그들은 기물파손을 완벽히 정당한 비폭력적 저항 수단으로 생각했다. 1990년대 말 이 단체의 회장인 나준다스와미M. D. Najundaswamy는 유럽과 미국에 대규모 비폭력 시민 불복종을 퍼뜨리는 캠페인을 시작했고 초창기 세계정의운동과 함께 일하는 데 많은 시간을 쏟았다. KFC에 대한 KRSS 운동은 후에 유럽적 행동의 일반적 특징이 되었고, 마침내 시애틀의 스타벅스와 다른 체인점에 대한 공격으로 이어진 "맥도날드에 대한 의식적 파괴ritual trashing"라고 알려진 운동에 영향을 주었다. 하지만 스와미(활동가들 사이에서 일반적으로 그렇게 불렸다)는 그러한 전술들에 강하게 반대하는 입장을 취했다. 상점 건물을 공격하는 것이 일종의 폭력이라고 생각해서가 아니었다. 당연히 아니다. 그는 그것이 KFC 운동과 마찬가지로 간디주의 전통과 완벽하게 일치한다고 느꼈다. 그가 반대했던 것은 건물을 파손하는 활동가들이 경찰이 도착할 때까지 거기 있다가 자발적으로 체포되지 않았다는 사실이다. 스와미는 "여러분은 부당한 법에 맞서야 합니다!"라고 말했다. 하지만 유럽과 미국에서 패스트푸드 지점들을 공격한 사람들은 아나키스트들이었고, 그들은 패스트푸드를 생태적·사회적 파괴를 일으키는, 국가가 지원하는 동력으로 보고 무역협정들의 법적 기구 전체와 '자유 무역' 입법화가 그것들의 존재를 가능하게 만들었다는 KRSS의 비판에는 완전히 동감했지만, 이 문제나 다른 어떤 식의 정의를 법 체제 안에서 제기하는 것이 가능할 것이라고는 결코 생각하지 않았다.

원래 점거는 직접행동이자 시민 불복종 행동이었다. 어쨌든 우리는 우리가 위반하는 집회에 관한 규정들이 위헌적이라는 좋은 사례가 만들어질 수 있다는 것을 잘 알고 있었다. 권리장전은 대중집회를 금지하는 등의 법안을 만들었지만, 이러한 이전 영국 식민지적 악습에 대한 대중적 반발과, 정치적 활동을 보장받고 싶다는 대중적 압력을 통해 우유부단한 제헌회의에 본질적으로 수정법안이 강제되었다. 그래서 수정헌법 제1조에는 꽤나 명백하게 표현하고 있다.

"의회는 언론과 출판의 자유, 국민이 평화롭게 집회할 수 있는 권리, 정부에 대해 탄원할 수 있는 권리를 제한하는 … 어떤 법안도 만들어서는 안 된다."

경찰에 발언 허가를 요청해야 한다는 것은 언론의 자유가 없다는 것의 정의이고, 경찰에게 뭔가 발간할 허가를 구해야 한다는 것은 출판의 자유가 없다는 것의 정의이기 때문에 집회를 하기 위해서는 경찰에게 허가를 얻어야 한다는 법이 집회의 자유를 침해하지 않는다는 논리적 주장을 하는 건 쉬운 일이 아니다.* 미국 역사 대부분에서 그런 말을 하려

---

* 특히 교통 흐름에 방해받지 않을 자유에 상응하는 권리들은 헌법에 포함되어 있지 않기 때문에 보통 집회의 자유를 축소하는 것에 대한 정당화로 이용되는 원칙들이다. 법정에서 경찰에 의한 제한을 합리화할 때 사용되는 그 유명한 "시간, 장소 그리고 방법"에 관한 조건들 말이다. 수정헌법 제1조는 의회를 가리키지만, 그것은 1925년 기트로 대 뉴욕 주 판례(Gitlow v. New York: 사회주의자 기트로는 연대파업을 통해 사회주의국가를 건립하자는 좌익선언을 배포하다가 체포되어 폭력적 국가 전복을 옹호한다는 죄로 처벌을 받았다. 구체적인 행동을 선동한 것이 아니라 단지 글로만 표현한 것도 유죄판결을 한 것이다. 뉴욕법원은 폭력혁명의 원칙을 옹호하는 것은 법을 어긴 것이라고 결정했

는 시도조차 없었다. 허가법은 1880년대 말 현대 기업자본주의가 도래하던 바로 그때까지도 명백한 위헌으로 간주되었고, 노동운동의 탄생을 억누르기 위한 분명한 목적으로 만들어진 것이다. 그것은 판사들이 수정헌법 제1조에 대한 입장을 바꿨기 때문이 아니다. 그들은 그저 그것을 더이상 신경 쓰지 않기로 했던 것이다. 허가법들은 1960년대나 1970년대의 반전 모임과 같은 것이 다시는 일어나지 않게 하려고 1980년대와 1990년대에 더욱 엄격해졌다.

아나키스트가 동의할 수 있는 어떤 법적 권리가 있다고 한다면, 그것은 자기조직화된 정치적 활동을 하기 위한 공간을 허락하라는 요구일 것이다. 결국 그것은 국가에게 우리를 내버려두라고 요구하는 말이기 때문이다. 우리가 가설로 요구 목록에 무엇을 올릴지를 처음 브레인스토밍할 때 골수 아나키스트인 조지아 사그리Georgia Sagri마저 그것을 써넣고 싶어 했다.

공공 장소를 점거한다는 아이디어는 아테네의 신타그마 광장이나 바르셀로나와 마드리드 같은 스페인 도시들에서 되찾은 공공 장소들뿐 아니라 중동의 혁명—가장 유명하게는 타흐리르 광장—에서 직접적인 영감을 받았다. 그 모델은 전략적으로도 완벽했다. 왜냐하면 그 모델은 체제를 민주화시키고자 하는 시민 불복종 전통에서 활동해온 여러 자유주의자들과 완전히 체제 밖의 공간을 만들려고 하는 아나키스트들, 그리고 다른 반권위주의자들 사이에 공통 기반을 제공했기 때문이다. 우리는 모두 법에 앞서는 도덕적 질서를 근거로 그 행동이 정당하다는 데 동의할 수 있었다. 시민 불복종을 실천하는 사람들은 법 자체의 근거이자 법 위

다. 모든 표현의 자유를 옹호하는 것은 위험하다고 본 것이다-역주) 이래로 미국의 모든 입법기관과 조례들에 적용되었다.

에 놓인 보편적인 정의의 원칙에 입각한다고 느꼈고, 아나키스트들은 그 법 자체가 모두 정당성이 결여되어 있다고 생각했기 때문이다. 특이점은 우선적인 도덕 질서의 본질-그것을 근거로 어떤 법 혹은 모든 법이 부당하다고 선언되는-이 모든 참가자들에게 있어 대개는 불분명하다는 것이다. 누구도 그것을 일련의 제안서로 풀어 쓸 수 없었다. 이것을 자신의 주장이 가진 정당성을 약화시키는 것으로 단정 짓는 사람도 있겠지만, 실제로는 법체제를 지키려는 사람들 역시 동일한 문제에 직면하며, 여러 면에서 훨씬 더 복잡한 문제를 가지게 된다. 대부분의 법이론에 따르면, 체제 전체의 적법성은 매우 불분명한 정의 우선 개념에서 생겨났을 뿐만 아니라, 체제 전복을 위해 일어난 무장 반란으로도 생길 수 있기 때문이다. 이는 바로 그러한 기반 위에 세워진 현대국가의 근본적인 모순이다. 이것은 때때로 '통치권의 역설paradox of sovereignty'로 불린다. 이를테면 기본적으로 이런 식이다. 경찰은 절차에 따라 구성된 법을 집행하고 있는 것이기 때문에 시민을 공원에서 쫓아내기 위해 폭력을 사용할 수 있다. 법은 헌법으로부터 정당성을 얻는다. 헌법은 '국민people'이라고 불리는 것으로부터 정당성을 얻는다. 하지만 어떻게 '그 국민the people'이 이러한 정당성을 헌법에 부여했던가? 미국과 프랑스혁명에서 확실히 볼 수 있듯이, 기본적으로 불법적인 폭력행동을 통해서였다. (워싱턴과 제퍼슨은 둘 다 자신들이 성장해온 시기의 법에 따르면 명백한 반역죄가 성립된다.) 그러면 경찰들이 자신들에게 처음 폭력을 사용할 권리를 부여해준 바로 그것-민중 봉기-을 억압하기 위해 폭력을 사용할 권리는 어디서 나오는 것인가?

아나키스트들에게 있어 그 대답은 간단하다. 없다. 이것이 바로 그들이 무력을 독점하는 국가를 바탕으로 한 민주국가라는 개념이 말이 안 된다고 하는 이유이다. 자유주의자들에게는 국가가 무력을 독점한다는 아이디어에서 진짜 문제가 나온다. 초보자들에게 이것은 실질적인 문제다. 만약 우리가 '국민'에게 부당한 폭력을 행사하는 권력에 저항할 권리가 있다는 것을 인정한다면, (이것은 대영제국에 저항해 미국이 독립한 방법이다), 우리는 어떻게 '그 국민'을 폭도 무리와 구별할 수 있을까? 역사적으로 봤을 때, 그 대답은 이런 식이다.

"소급해서 누가 이겼는지에 달렸다."

하지만 이것을 계속 적용한다면, 만약 공원에서 쫓겨난 사람들이 자동 화기를 들고 와서 경찰에 제대로 대항해 이긴다면, 그들은 그렇게 하지 않았을 때보다 더 많은 권리를 갖게 될 수도 있다는 말이 된다(최소한 그렇게 해서 국가적 봉기를 일으켰다면). 이는 수정헌법 제2조 순수주의자들에게 통할 만한 표현이지만, 힘이 곧 정의라는 그들의 의미는 대부분의 자유주의자들에게는 거의 먹히지 않을 것이다. 당연히 그들은 그 반대의 입장을 취한다.

하지만 이로 인해 또 다른 도덕적 문제가 생겨난다. 자유주의자들은 도덕적 근거를 대면서 어떤 상황에서라도 폭도 무리처럼 보이기만 하면 무조건 반대하는 경향이 있다. 그러면 어떻게 국민이 당위적이고 필연적으로 우리 모두가 동의하는 부당한 권력에 대한 저항을 할 수 있는가? 누구에게나 떠오르는 최선의 해결책은 만약 '국민'이 비폭력 시민 불복종을 통해 법에 대항할 권리를 가지고 있다는 것을 이해한다면 폭력적인 혁명은 피할 수 있다고(즉, 폭력적인 군중은 적법하게 억압될 수 있다고) 말하는 것이다. 양심의 문제에 관해 법 질서에 맞설 용기를 가진 사람들은 그래서 '국민'이 된다. 브루스 애커먼Bruce Ackerman 같은 자유주의 헌법학자들이 지적했다시피 근본적인 개헌은 미국에서 보통 이런 식으로 법을 기꺼이 어기는 사회운동들을 통해 일어난다. 아마 다른 자유주의 민주국가에서도 마찬가지일 것이다. 또는 이것을 아나키스트 용어로 말해보자면 이렇다. 어떤 정부도 그것이 통치하는 대상에게 새로운 자유를 합의대로 준적이 없다. 지금까지 얻어진 새로운 자유들은 항상 자신들이 법과 적법하게 구성된 권력에 대한 존중을 넘어선 원칙들에 의거해서 움직인다고 생각하는 사람들에 의해 얻어진 것이다.

●

이런 관점으로부터 왜 점거 전략이 그런 의도치 않은 집단적 행동이 되었는지 이해할 수 있다. 그것은 자유주의자부터 아나키스트까지 누구에게라도 통할 저항행동이었다. 세계정의운동이 보여준 엄청난 결집성처럼─시애틀, 프라하, 워싱턴, 퀘벡에서─그것은 최근 민주주의인양 행세하려 드는 추잡한 권력 체제(예전에는 누구도 알아서도 안 되었던 세계 무역 관료주의였던 것)에 맞선 진정한 민주주의의 이미지를 나열하고자 했다. 하지만 거기에는 중대한 차이점이 있다. 1999~2001년의 대집결들은 본질적으로 축제였다. 어쨌든 그것이 대집결들을 표현하는frame 방식이었다. 그때의 대집결들은 '자본주의에 대항하는 축제들'이었고 '저항의 축제들'이었다. 시애틀의 블랙 블록이 스타벅스의 창문을 깨부수는 드라마틱한 이미지들에도 불구하고 대부분의 사람들이 그 운동에서 기억하는 것은 광대와 악단, 이교도 여사제들, 급진적 치어리더, 발레복 차림에 깃털 먼지털이를 들고서 경찰들을 간지럽히는 '핑크 블록Pink Blocs'과 고무 갑옷을 입고 뒤뚱거리다가 바리케이드에 걸려 넘어지는 코믹 오페라의 로마 병사들을 동반하고 온 거대한 꼭두각시였다. 그들의 목적은 소비주의의 '주문'을 깨고 더 멋진 무언가가 있다는 것을 알려주기 위해 모든 종류의 현실적인 통념에 대한 엘리트들의 주장을 조롱하는 것이었다. 최근에 일어나는 집결mobilization과 비교하면, 그것은 더욱 전투적이었고 기발했다. 반면 월가 점거는 축제가 아니라 공동체였다. 그리고 재미가 아니라, 혹은 재미 위주가 아니라 돌봄이었다.

각각의 캠프는 몇몇 중심 기관을 빠르게 발전시켰다. 규모가 어느 정도만 되면 최소한 무료 주방, 의료 텐트, 도서관, 활동가들이 랩톱을 가지고 모여드는 언론/소통센터, 그리고 방문자나 새로 온 사람들을 위한 정보센터가 마련되어 있었다. 포괄적인 논의는 오후 3시마다, 그 캠프에 한정된 기술적인 문제들은 오후 9시마다 식으로 정해진 시간에 총회들이 소집되었다. 또한 모든 종류의 회의와 운영에는 항상 워킹그룹들이 있었다. 오락예술 워킹그룹, 위생 워킹그룹, 안전 워킹그룹 등. 조직화 과정에서 나온 사안들은 한없이 복잡해서 이 주제만 가지고도 책 한 권을 쓸 수 있을 정도다(그리고 언젠가 쓰는 사람들이 있을 거라고 본다).

하지만 중요한 점은 모든 것의 중심에는 보통 두 가지 기관이 있었다는 것이다. 바로 주방과 도서관이다. 주방은 많은 주목을 받았다. 그 이유 중 하나는 몇 달 전 위스콘신 주 의사당을 점거한 동료 조합 활동가들에게 피자를 보낸 이집트 노동조합의 사례에서 영감을 받은 북미와 기타 지역의 수백 명의 사람들이 신용카드를 집어들고는 피자를 주문해댔기 때문이다. (3주째가 되자 한 현지 피자가게는 특히 우리를 위해 파이 메뉴를 개발했는데, 'Occu-pie'라는 그 파이는 그들의 말로는 "99%의 치즈와 1%의 돼지고기"로 만들어졌다고 한다.) 음식 대부분은 덤스터-다이브드dumpster-dived(버려진 음식들을 찾아내서 먹거나 먹을 수 있게 다시 만든 것)였는데, 전부 무료로 제공되었다. 하지만 특히 학자금 대출을 받은 학생 비중이 큰 집단에서는 사방에서 등장한 도서관들이 훨씬 더 강력한 상징이었다. 도서관들은 매우 실용적이면서도 완벽하게 상징적이었다. 도서관에서는 대출료나 수수료를 받지 않고 무료로 대출을 해주었다. 그리고 거기서 빌려주는 것의 가치, 다시 말해 언어, 이미지, 그리고 무엇보다 아이디어의 가치는 제한된 가치limited good(인류학에서 땅이나 돈 등의 양은 정해져 있어 누군가가 이익을 취하면 누군가는 잃는다는 개념—역주)라는 개념에 근거하지 않았고, 실제로 도서관이 퍼져가면서 그 가치도 증가하였다.

새롭고 대안적인 문명을 만들기는 어려운 일이다. 병든 사람들, 집 없는 사람들, 정신적으로 피폐해진 사람들로 가득한 미국 주요 도시들의 가장 차갑고도 인색한 거리 한가운데서, 그것도 당신이 그곳에 있기를 원하지 않는다는 걸 충분히 잘 보여주는 수천 명의 무장 경찰을 끼고 있는 정치적·경제적 엘리트들과 맞서는 상황에서는 특히 더 그렇다. 순식간에 골치 아픈 문제들이 수도 없이 생겨났다. 공공 공간 대 사적인 공간에 대한 문제들이 있었다. 공원에 개인 텐트들이 모여들다 보면, 보통 공공 공간들은 사라지게 된다. 물론 안전 문제도 있었지만, 범죄 집단의 위험요소들이 공동체 안에 자리잡게 하는 혹은 공동체를 노리게 만드는 뻔한 당국의 전략들을 어떻게 상대할 것인가의 문제도 있다. 그리고 나면 그런 해방된 공간이 주변 공동체들과 어떻게 관계를 맺고 어떻게 그것들을 기반으로 삼아 정치행동 프로젝트들을 더욱 확산시킬 것인가의 문제가 있다. 이러한 다양한 문제들은 각각의 경우마다 바뀌므로 이 책에서는 어떤 식으로든 항상 불거질 수 있는 문제들에 초점을 맞추는 게 가장 좋을 것 같다.

그래서 나는 미국의 삶 어디에서나 보이는 특징 중 하나인 경찰에서 시작하려고 한다.

전술: 경찰 다루는 법

해병한테 말하라.*

점거 계획을 짜던 초반에 우리가 내린 주요 결정들 중 하나가 공식적인 경찰 연락책 혹은 연락팀을 두지 말자는 것이었다. 이 결정은 우리의 직접 행동 전략에 실제로 자리를 잡아서 그 이후 이어지는 모든 행동에 대한 기본 틀이 되었다. 다른 점거에서는 반대의 행보를 취했고, 연락담당자를 두었다. 내가 알기로는 어떤 경우에라도 그렇게 하는 것은 재앙이었다.

왜 그럴까? 특히 비폭력을 내세우는 운동에서는 소통에 제한을 둘 이유가 없다고 생각할 수도 있다. 하지만 실제로는 자율적인 공간을 만들어 내기 위해-그리고 이것은 캠프들처럼 지속적인 공간뿐 아니라 사람들이 자신이 원하는 질서를 만들고자 하는 어떤 공간에나 해당한다-어떤 한계는 명확이 그어져야 한다.

반대의 주장을 하는 사람들은 보통 "경찰들도 99%의 일원이다"라는 주장으로 시작한다. 그래서 우리가 모두를 대변한다고 주장하면서 미국 노동계급의 특정 영역인 경찰과 상대하기를 거부하는 것은 위선이라는 것이다. 맞는 말이다. 순수한 사회경제적 관점에서만 본다면 거의 모든 경찰관들은 사실 '99%의 일원'이 맞다. 가장 부패한 고위급 경찰조차 1년

---

* 역주: 미국 격언으로, 본래 존 데이비스(John Davis)의 소설에서 등장한 문구로서 이후 월터 스콧 경(Sir Walter Scott) 등의 소설에서도 인용되었다. 원래 의미는 "뱃사람들은 믿지 못하니 순진한 해병에게나 가서 얘기하라"는 뜻으로, 상대에게 '거짓말하지 마' 혹은 '됐어'라는 의미로 사용되었다. 해병은 순해빠져서 그냥 믿는다는 암시가 있었으나, 이후 미국에서 1917년 제임스 몽고메리 플래그(James Montgomery Flagg)가 만든 해병 모집 포스터에서 "해병에게 말하면 그들이 뭔가를 해줄 것이다"라는 새로운 의미의 캐치프레이즈로 쓰이기 시작했다.

에 34만 달러 이상을 받기 힘들다. 또한 그들 대부분이 미국 노동인구의 대략 15% 정도인 조합원에 해당한다는 사실 역시 중요하다. 경찰관들이 어떤 피켓이나 거리행동이 노동운동의 일환으로 보이면 다른 종류의 시위를 대할 때와는 상당히 다른 태도를 보이는 것을 종종 보아왔다. 나는 오랫동안 아나키스트 조합인 IWW 활동을 활발하게 해왔는데, 세계화 반대시위 때는 마스크를 쓰고 나타나면 즉시 공격을 당하고 우선적으로 체포되었을 바로 그 젊은이들이 점거 때는 피켓라인에서 심지어 그때와 거의 동일한 옷차림으로 훨씬 더 전투적인 행동을 하고 있을 때조차 살살 다뤄지는 것을 볼 때마다 항상 놀라곤 한다. 확실히 기억나는 사건 하나는 미국 한 도시의 창고 지역에서이다. 우리가 트럭 몇 대를 부순 후에 한 경찰관이 IWW 피켓라인으로 걸어와서는 우리 중 한 명에게 이렇게 말하는 것을 들었다.

"이봐요. 당신들 중 한 명이 자기 차를 망가뜨렸다고 창고주인이 그러던데, 누군지는 못 봤답니다. 당신들이 그냥 한 30분 쉬다가 다시 오면 어때요? 그러면 그가 이제 누가 그랬는지 알겠다고 하면 내가 '아까는 모른다고 하더니 지금은 누군지 어떻게 압니까?' 이렇게 말하면 되잖아요." [아이러니한 점은 이때 피켓시위자 대부분이 다들 블랙 블록 복장을 한 베테랑들이었고, 몇몇은 실제로 아나르코 생디칼리스트anarcho-syndicalist(노동조합주의자) 깃발을 흔들고 있었다는 것이다. 하지만 그 다음날 그 창고주인이 경찰 지휘관에게 돈을 먹였고, 그의 부하들이 경찰봉을 가지고 우리 모두를 완벽히 합법적인 피켓에서 몰아냈으며, 그 결과 몇몇이 부상을 당했다.]

뉴헤이븐New Haven 같은 기업도시에서는 학생 활동가들마저 지역 대학에 대항한 시위를 할 때면 살살 다뤄지는데, 그들이 조합에서 일할 거라고 생각되었기 때문이다.

하지만 이는 시위자들이 개별 경찰관만 대할 때나, 아니면 계급이 낮은 지휘관이 부하 몇 명만 데리고 있을 때처럼 경찰에게 재량권이 있을 때나 볼 수 있는 일이다. 뉴욕의 점거자들은 경찰 내부에도 명확한 계급 구분이 있다는 것을 알았다. 많은 현장 경찰관들은 블루셔츠들이며, 많은 이들이 우리에게 공감과 지지를 표현했다. 화이트셔츠들, 즉 지휘관들은 꽤나 다르다. 사실 그들 중 많은 수가 월스트리트 기업들에게 직접 뇌물을 받고 있었다. 하지만 여기서도 요점은 빠져 있다. 그것은 바로 결정적인 순간에는 화이트셔츠들조차 그저 명령에 따를 뿐이라는 것이다.

　"경찰을 상대한다"는 것은 개별적으로 경찰관과 수다 떠는 걸 말하는 게 아니다. 몇몇 시위자들, 점거자들, 심지어 블랙 블록 아나키스트들조차도 항상 경찰과 수다를 떨 것이고, 수다를 막을 방법도 없고 막으려 할 이유도 사실 없다. 하지만 '경찰'은 자신들의 개인적인 감정과 판단 혹은 도덕적 가치판단에 따라 행동하는 개인들의 집합이 아니다. 그들은 공무원 집단으로, 자기의 개인적 의견과 감정을 배제하고-최소한 직접 명령을 받는 상황에서라면-시키는 대로 하겠다는 것이 고용 조건 중 하나이다. 그들은 상의하달식으로 내려오는 명령체계로 되어 있는 행정관료 체제의 일부이며, 가장 많은 재량권을 가졌다는 최고위급 경찰관들조차 그저 복종해야 할 대상인 정치세력들의 명령을 수행하기 위해서만 존재하는 것이다. 이런 상황에서 그들의 개인적 감정은 전혀 중요하지 않다. 시애틀의 WTO 시위에서 평화로운 젊은 이상주의자들로만 보이는 사람들을 공격하라는 명령을 받고서 너무 화가 난 나머지 헬멧 속에서 눈물을 흘리는 기동경찰을 봤다는 많은 활동가들에게 나는 이렇게 말해왔다.

　"그들은 어쨌든 공격한다. 특별히 제대로 공격하지 않는 때가 많더라도 명령을 거부하는 경우는 없다."

이런 상황에 대처하도록 훈련되고 심사받은 경찰뿐 아니라, 기존의 정치경제체제 전체가 이러한 명령 체계에 기대고 있다. 독자들은 내가 아나키스트 형태의 조직에 대해 뭐라고 썼는지 기억할 것이다. 시험대에 올랐을 때 사람들을 불러 모아놓고 "닥치고 시키는 대로 해"라고 말하는 능력에 의존할 필요가 없는 그런 형태의 조직들 말이다. 경찰이 바로 그런 무기를 가진 사람들이다. 그들은 본질적으로 무장한 관리자, 총을 가진 관료다. 기존의 제도적 배치, 특히 자산 배치를 옹호하고, 도전하지 못할 명령을 내릴 수 있는 누군가의 능력을 옹호하는 이러한 역할은 결과적으로 어떤 공공 질서나 심지어 공공 안전에 대해 품는 우려보다 훨씬 더 위험하다. 그렇게 보이지 않을 수도 있겠지만, 제도적 질서가 어떤 식의 직접적인 위협에 놓이게 되면 이는 분명해진다. 대규모 시위나 시민 불복종 행동 등 체제에 대한 정치적인 도전이 있을 때, 경찰의 점점 더 극단적인 행동들을 볼 수 있다. 예를 들어 시위대를 체포할 수 있도록 경찰을 공격하도록 부추기며, 심지어 폭발물을 구해서 다리를 날려버리라고 제안하는 첩자를 심고, 혼란과 갈등을 조장하도록 경찰을 움직이고, 대중 안에서 한두 명의 개인이 불법 주차 수준의 몇몇 불법적인 행동을 저질렀을 때 집단 전체에 대규모로 폭력적인 모욕을 가하고, 당연히 지나가는 무고한 시민까지 쓸어버리는 집단검거를 하고, 공공 장소에서 최루탄이나 다른 화학물질을 사용하는 것 등이다. 이 모든 것에서 볼 수 있는 것은 시위가 진짜 효과적이 되기 시작하면 경찰은 심지어 대중에게 심각한 위험, 부상 혹은 정신적 충격을 주는 한이 있더라도 정치적 반대파를 억누르기 위해서라면 정치적 세력으로서 행동하라는 명령을 분명히 받게 될 것이다.

그러므로 개인으로서의 경찰관이 99%의 일원일지라도 제도적 구조로서 그들은 1%의 부와 권력을 가능하게 하는 제도적 권력구조 전체의 근간이 되는 기반이다. 그렇다고 해서 경찰들을 개인으로서 친절하고 존중하며 대하지 말라는 것이 아니다. 분명히 그건 옳은 일이다. 모두를 친절하게 대하고 존중하는 것이 좋은 일이어서만이 아니라, 전략적인 관점에서도 그렇다. 정권이 무너지고 혁명가들이 진실로 이길 때는 항상 그들을 쏘라고 보낸 군인들과 경찰들이 그러기를 거부하기 때문이다. 하지만 그것은 최종단계endgame의 얘기란 걸 기억해야 한다. 그전까지는 우리가 제도적 구조로서의 경찰과 관계를 맺고 그들로 대표되는 전체 권력구조 내에 우리 스스로가 머문다면, 그 최종단계의 근처에도 가지 못하리라는 것을 알아야 한다.

내가 '법 구조'가 아니라 '권력구조'라고 말하는 것에 유의하라. 이런 사안들에 있어서 적법성은 대개 의미가 없다. 결국 우리 삶의 거의 모든 측면은 법과 규율들에 의해 지배받는데, 그중 상당수는 우리가 제대로 알지도 못하는 것들이다. 미국의 거의 모든 사람이 하루에도 그런 것을 10~20개는 위반하면서 산다. 만약 경찰관이 진정으로 아무 시민이나 때려잡고, 사타구니를 걷어차고, 이빨이나 손가락 같은 것을 부러뜨리고 싶어 한다면, 거의 어떤 경우에라도 그것을 합리화해주는 명분을 찾을 수 있을 것이다. (국가적 스캔들이 되었을 때 일어날 수 있는 최악의 경우라도 몇 주치 감봉으로 끝날 것이다.) 이러한 명분은 경찰이 백인에게는 집행하지 않는 규칙들을 '가면 안 되는 동네에 간 흑인을 공격하는 것'과 같은 암묵적인 인종차별 관행을 집행해도 대개 아주 합법적으로 할 수 있는 이유를 제공한다. 활동가들에게도 비슷하다.

그룹의 회원들이 경찰 담당 연락책을 임명하거나 협상을 시작함으로써 제도적 구조로서의 경찰을 상대하기로 결정하는 바로 그 순간, 법은 우리의 문제와 거의 관계가 없다는 것이 명백해진다. 만약 이것이 양쪽다 법 안에서 행동하는 문제라면, 협상할 게 뭐가 있겠는가? 그저 법적 규칙들이 무엇이며 점거자나 행진대열이 뭘 하려는 건지에 대한 정보를 교환하고, 그러고 나서 시위를 하려는 대중을 경찰이 보호하게만 하면 되는 일이다. 하지만 현실에서는 결코 이렇게 돌아가지 않는다. 사실 경찰 지휘관들이 할 첫 번째 일은 자신의 온전한 권력(그들은 당신을 때릴 수 있지만 당신은 그들을 때려서는 안 되며, 그들은 당신을 체포할 수 있지만 당신은 그들을 체포할 수 없다)을 이용하여 집회의 권력구조를 파악해 즉석에서 자신만의 규칙들을 만들어내는 것이다.

아주 명확한 예를 하나 들도록 하겠다. 뉴욕에서는 경찰이 쇠장벽metal barriers을 사용해서 좁은 우리pen를 만들고는 거기에 피켓을 든 사람들과 시위자들을 몰아넣으려는 게 관례이다. 이는 시위자들 입장에서는 아주 비도덕적인 일이다. 또한 아주 명백히 위헌적이다. 게다가 그 사실을 경찰 지휘관들도 알고 있는 것 같다. 최소한 내가 알기로는 그 우리에 들어가기를 거부했다고 해서 체포된 적은 없다(우리에 들어가기를 거부한 시위자들은 보통 다른 지어낸 혐의로 체포되기는 하지만). 시위 진행요원들이 있다면 처음에 경찰이 먼저 그들에게 가서 시위자들이 직접 우리에 들어가야만 하는 건 아니지만, 모든 사람들이 그 안에 들어가게 하는 건 집행부의 책임으로 간주한다고 말한다. 만약 권력구조가 있는 단체의 경우라면, 경찰은 즉시 즉석에서 만들어낸 특별한 혜택을 인심이라도 쓰는 듯 그들에게 제공한다고 말하면서 그들을 자기 권력의 연장선 안으로 끌어드리려고 한다. 시위 진행요원에 자원했을 때 나는 이 일을 직접 겪었다. 다른 시위자들더러 우리 안으로 들어가 달라고 빌거나 협박하지 않는다면, 즉시 "일 좀 똑바로 해!"라는 말이 날아온다. 마치 진행요원이 되기로 한 것이 경찰 업무에 실질적으로 자원이라도 한 것처럼 말이다.

만약 권력구조가 없는 단체라면, 담당 경찰 책임자는 다음 수순으로 경찰 연락책을 만들어낼 방법을 찾는다. 경찰 연락책들에게는 특별한 혜택이 주어질 것이고, 지휘관들은 그들이 일을 잘해주기를 기대한다면서―가능하면 명예가 걸려 있다고 느끼게 만들면서―비공식적이고 법 외적인 협의를 하려 든다. 그러면 실질적인 지휘부 역할을 하고 있는 다른 사람들은 경찰에게 포섭된 연락책을 중요하게 여길 것이며, 점차 공식적인 상의하달식 구조가 생기게 될 것이라는 걸 그들은 잘 알고 있다. 여기 내가 직접 겪은 일이 또 있다. 이번에는 점거 때에 있었던 일이다. 오스틴 점거Occupy Austin 초반에 한 활동가(나는 그를 명상을 곧잘 하던 드레드락 머리를 한 자유주의 히피로 기억하며, 그는 촉진팀의 주요 멤버들 대부분과 가까운 듯 보였다)가 총회 초반에 경찰 혹은 그의 말대로 '평화 사무관들peace officers'의 연락책으로 일하겠다고 자원했다. 그 제안은 승인되지 않았지만 어쨌든간에 그는 그 역할을 하기로 마음먹었다. 점거자들이 시청 앞에 자리를 잡고 나서 맨 처음 나온 사안이 텐트에 관한 것이었다. 우리가 캠프를 만들어도 될까? 적법성이 불분명했다. 몇몇 점거자들이 즉시 시도에 나섰고, 경찰이 위협적으로 등장했다. 우리 대부분은 텐트를 둘러싸고 비폭력 시민 불복종 태세를 취했다. 자가임명된 우리의 연락책이 행동에 나섰고, 지휘관을 찾으러 가더니 잠시 후에 다시 나타나서는 자기가 협상을 했다고 말했다. 우리가 텐트를 더 치지 않는다면 텐트 하나는 상징적으로 남겨둘 수 있다는 거였다.

점거자 중 다수―감히 말하건대 대부분―가 그것은 그냥 체면치레하는 것일 뿐이라고 받아들였다. 경찰은 우리가 저항할 거라는 걸 감지하고 있었기 때문에 첫날부터 평화로운 캠프족들을 공격하고 싶지 않은 게 분명했다. 그래서 그 다음날 이 결정에 의문을 품은 소규모의 좀 더 경험

많은 활동가들이 최대한 대치를 줄이는 방식으로 해방된 우리의 영역을 천천히 확장해가야 한다고 결정했고, 그래서 신중하게 다른 작은 텐트를 그 옆에 세웠다. 하나씩 텐트를 늘리면서 경계까지 밀고 나간다는 것은 주코티 공원에서도 취해진 접근법이었고 거기서는 성공적이었다. 하지만 이곳에서는 텐트를 친 활동가들이 연락책을 자처하는 이들을 지지하는 시위자들에게 둘러싸였고, 그들은 이것이 그 전날 경찰 지휘관과 이뤄낸 신뢰를 배신하는 일이라고 주장했다. 총회의 분위기 감지인vibes watcher이 민중의 마이크를 사용해서 우리가 텐트를 철수해야 한다고 집단적으로 요구했고, 한 여성은 우리를 체포하라며 경찰을 (그들 자신은 막상 텐트에 별 관심이 없는) 부르려 했으며, 다른 남성은 "난 전투 베테랑이다. 이 텐트를 부셔버리겠어!"라고 선언하며 그 텐트를 친 활동가를 밀치며 달려들었고(그 활동가는 그때 수동적인 저항으로 어깨동무를 하고 있었다), 텐트 안에 있던 어린아이가 위험에 처했다. 캠프의 안전팀이 마침내 그 심각해진 갈등을 완화하긴 했지만, 결국 텐트는 철거되었고 다른 텐트를 치려는 시도도 더 이상 없었다. 비폭력적인 동료 점거자들이 폭력이나 체포의 위협을 받지 말아야 한다는 원칙을 최소한 수립하려는 추후의 노력들도 촉진팀에 의해 흐지부지되었다(심지어 그들이 아이를 위험에 빠뜨려 경찰들이 더 공격하기 쉬운 상황을 만들었고, 그래서 그들이 더 폭력적인 거라는 반대 의견까지 나왔다!). 일단 경찰과 시의회가 캠프의 통합이 깨졌으며 시민 불복종에 충실했던 사람들이 와해되었다는 것을 알고 나자, 그들은 다시 한 번 주도권을 잡고서 테이블, 음식 제공, 밤샘하는 것에 온갖 종류의 규제를 부과하기 시작했다. 결국 몇 주 만에 시청 앞 점거는 완전히 끝장났다.

　이런 우울한 이야기를 길게 하는 이유는 양측의 대치 상황은 법 질서의 문제가 아니라 정치적 힘의 균형에 대한 문제라는 것을 보여주기 위해서이다. 거기서 양측은 게임의 상태를 살피고 언제라도 빠져나갈 구석을 찾으면서 기본적으로 즉흥연기를 하고 있는 것이다. 거의 명확하지 않은 법 문구에 호소하는 것은 대중에게(언론을 통해서나 직접적으로), 무력의 위협에(경찰의 경우에는 경찰봉, 수갑, 화학무기, 점거자들의 경우에는 봉쇄 등의 시민 불복종), 다양한 정치적 연합에, 혹은 심지어 양심에 호소하는 것처럼 각자가 취할 수 있는 많은 무기들 중 하나일 뿐이다.

경찰의 전략은 처음부터 명백히 정치적이었으며, 추정컨대 상부에서 내려온 지시를 바탕으로 하고 있었다. 그들은 캠프로 인한 어떤 혼란도 최소화하고 가능한 한 빨리 그것을 없애는 것을 목표로 했다. [나중에 들은 얘기로는 캠프에 보내진 비밀경찰이 점거자들이 록박스lockbox를 이용한 봉쇄 등 더욱 호전적인 전술들에 참여하도록 설득하려 했다는 것이 드러났다. 텍사스에서 최근 록박스를 사용하는 누구든지 중범죄 처벌을 받기 쉽게 하는 법안이 통과되었다는 것을 알았기 때문이다.] 하나의 전략적인 양보(텐트 하나를 허용한 것)를 하고 그것을 쐐기로 이용하는 것은 완벽한 전략이었다. 그것이 지휘부로 하여금 결국 경찰 권력의 연장선으로 기꺼이 행동하게 하여 단순한 물리적 위협("경찰이 우리를 공격할 거야!")을 도덕적 권위("우리가 약속했잖아!")로 만들게 했고, 결국 점거를 통제하고 쉽게 무너뜨릴 수 있었기 때문이다. 이렇게 폭력의 위협을 도덕으로 이행시켜서는 안 된다는 것은 절대적이다. 물리적 폭력에 맞서는 유일한 방법은 도덕적 힘이고, 도덕적 힘은 무엇보다도 연대에 기반을 두어야 한다. 행동에 참가한 몇몇 사람들이 자신들을 공격하려는 자들에게 다른 활동가에게 갖는 것보다 더욱 도덕적 의무감을 갖고 있다고 느끼는 순간, 게임은 사실상 끝이다.

∙
∙
∙

사실 모든 점거나 거리행동을 일종의 전쟁으로 보는 게 제일 좋다. 이 말이 극단적으로 들릴 것이라는 건 알지만, 몇 년간 생각하고 경험한 결과, 나는 일어나고 있는 일을 그보다 더 적절하게 묘사할 수는 없다는 결론에 이르렀다. 강조하건대 이것은 절대 폭력을 요구하는 것이 아니다. 피할 수만 있다면 가급적 다른 사람을 해치지 않는 것이 항상 최선이고, 지금 미국에서는 폭력만이 선택지인 경우는 거의 없다.* 하지만 어떤 충돌에도 양측이 존재하며, 그중 한쪽은 어떤 거리행동에서도 무기를 들고, SWAT팀의 지원을 받고, 헬리콥터와 무장 차량에, 초반부터 정치적 목적을 이루기 위해 폭력을 쓸 준비가 되어 있다는 것을 보여주면서 전쟁을 할 태세로 등장한다. 보통은 그 무력이 실제로 쓰일지 여부가 승인되지 않은 행진을 통제하는 사람에게 달려 있는 것도 아니다. 시위자들이 차량을 부수고 불을 지르기 시작한다면 경찰은 분명히 사람들을 벽에다 내던지고 수갑을 채울 게 거의 확실하다. 대개는 어쨌든 그렇게 한다. 사실 행진하는 사람들이 어떤 종류의 저항도 전혀 하지 않을 것 같은 쪽보다 아직 폭력이 일어나지 않았지만 경찰이 보기에 폭력이 벌어질 수 있다고 판단하는 행진에서 그런 일이 더 자주 일어난다. 모든 것은 시위자들, 공동체, 언론 그리고 주요 기관들이 보일 만한 반응을 다 계산한 결과에 달려 있다. 점거자들과 경찰 간의 교전 규칙은 계속해서 거듭 협상되고 있다.

주코티 공원의 몇 가지 사례들이 이를 잘 보여줄 것이다.

---

* 한 번은 퀘벡에서 폭력과 비폭력에 대한 활동가 토론회에 갔는데, 완전히 전투적인 한 사람이 끼어들면서 "왜 선택할 수 있다면 항상 비폭력이 폭력보다 낫다고 생각하는 겁니까?" 하고 물었다. 나는 대답했다. "다리가 없는 채로 움직이려고 애쓰면서 평생을 보내는 건 무지하게 힘들잖아요." 그리고 그것은 폭격이 시작된다면 거의 절대적으로 나오는 결과다.

- 월가 점거 초반에 많은 경찰과 시공무원을 인터뷰한 어떤 저널리스트에 따르면, 현장 경찰들에게 명령을 내리는 자들의 주된 우려는 주코티 공원에 가이포크스 가면을 쓴 익명의 해커들 집단의 존재였다고 한다. 그가 말하기를, 그들 대부분이 만약 캠프를 공격해서 시위자들을 몰아낸다면 익명의 해커들이 자기들 은행과 신용카드 계정을 해킹할까 봐 걱정했으며 이 같은 불안 때문에 캠프에 대한 공격 결정을 내리지 않았다는 것이다.

- 뉴욕 시장인 블룸버그가 2011년 10월 14일, 최근 개명된 리버티공원에서 점거자들을 쫓아내려고 처음 시도했던 것은 창피한 실패로 드러났다. 그가 '청소'를 하겠다며 그 장소를 비우려는 계획을 발표한 후, 활동가들은 동시에 가능한 모든 전선에 집결했다. 수천 명이 비폭력 시민 불복종을 통해 캠프를 지키려고 모여들었고, 동시에 법률팀들은 법원 명령을 준비했으며, 공감할 것으로 보이는 언론인들이 소집되었고, 조합과 기타 동맹이 시의회 내의 정치적 동맹을 동원했다. 마침내 시장이 물러섰다. 어떤 하나의 접근법이 아니라 서로 다른 많은 접근법들의 영향력을 결합하여 마침내 그렇게 만든 것이다.

- 2011년 11월 12일 새벽 1시에 점거를 퇴거시킨 급습은 국가적인 차원의 정치적 결정에 의한 것으로 보이며, 이는 압도적인 물리력을 동원하고 모든 언론을 현장에서 차단시킨 상태로 갑작스러운 기습을 하는 것으로 계획되었다. 그것은 또한 법적 권위를 그냥 무시해버렸다. 새벽 2시에 점거자들의 법률팀에 대한 적법성이 확인될 때까지 퇴거를 중지하라는 법원 명령을 확보했지만, 블룸버그는 자기 입맛에 맞게 판결할 만한 판사를 찾아낼 때까지 명령을 무시했다. 말하자면, 리버티공원이 포위당하고 계획적으로 파괴된 것은 사실상 불법적인 기습 기간 동안이었다.

이 사례들은 우리가 상대하고 있는 것이 법과는 거의 상관없는 정치적 힘의 균형임을 확실하게 보여준다. 오스틴에서 그랬듯이 경찰은 할 수만 있다면 무력 위협의 지원을 업고서 어떤 법이나 규정에서도 벗어난 협상을 한다. 뉴욕에서처럼 그럴 수 없는 경우에 그들이 취하는 첫 번째 방법은 그들이 불법적 체포를 할 수 있고 기꺼이 할 것이라는 것을 모두가 알게 하는 것이다. 위에서 나온 익명의 해커들 사례 또한 마찬가진데, 세력 간의 싸움은 상상 속에서부터 존재한다는 것을 보여준다. 해커들은 영화에서 나오는 것 같은 일을 실제로는 거의 하지 못한다. 그러나 정치게임은 대개 허세와 거짓의 심리전임과 동시에 심지어 도덕적 충돌이라는 것을 보여준다. 그리고 마지막 사례에서는 같은 종류의 힘을 국가적 혹은 심지어 국제적 수준으로 결집시키지 못한다면 현장의 승리는 오래갈 수 없다는 것을 보여준다.

운동 내부의 논쟁들은 사실 비폭력으로 할 것인지 아닌지의 문제가 아니라, 어떤 형태의 비폭력을 사용할 것인지에 대해서다. [신앙 공동체 내에서 이런 논쟁들은 대개 재산에 대한 피해를 삼가려는 간디/마틴 루터 킹의 비폭력 전통과 국가나 기업 재산에 대한 특정 유형의 파괴는 더 큰 해악을 막는 적법한 방식이라고 주장하는 대니얼 베리건Daniel Berrigan (예수회 사제였으며 활동가이자 시인으로, 1960년대에 징병서류를 불태우고 체포되기를 거부했으며, 1980년에는 핵미사일 시설에 잠입하여 기물 훼손을 하는 등 급진적인 직접행동으로 유명하다–역주), 즉 플로쉐어 에잇 Plowshares Eight(대니얼 베리건과 그의 동생이자 역시 예수회 사제인 필립 베리건Philip Berrigan 등 8명이 시작한 운동으로 반핵 직접행동을 했다–역주) 전통 사이의 차이점이다.] 내가 제안하고 싶은 것은 전술을 짤 때 생각해야 할 몇 가지 원칙들이다.

첫째, 더 넓은 범위에서 고려해야 할 원칙들이 있다. 어떤 사회적 장치가 있어야 진정한 민주주의 사회를 만들 수 있을지 생각해야 하는 것처럼 운동의 민주적인 성격을 지키기 위해 어떤 종류의 전술을 쓸 것인지에 대해서도 생각해야 한다. 이 문제가 명시된 적은 거의 없지만, 해야 할 부분이다. 이를 꽤 명확하게 고려했던 사회운동의 한 예가 멕시코의 와하카에서 일어난 2006년 민중봉기로, 이때의 결론은 무장봉기 전략이거나 아니면 완전히 간디주의 비폭력으로 하는 것이었는데, 여기에서는 필연적으로 카리스마 있는 지도자와 군대식 원칙들이 필요했으며, 이는 결국 어떤 진정한 참여민주주의라도 손상을 입게 될 수밖에 없었다. 반대로, 티파티 같은 우익 정치운동들은 상명하복식 권력 형태에 전혀 불만이 없기 때문에 적법성에 대한 꼼꼼한 주의와 명백한 무장 반란의 위협을 결합시킬 수 있는 것이다.

두 번째는 실질적인 부분이다. 실제적인 봉기와 제식화된 간디주의 비폭력 사이의 중간 지점에도 극도의 창의성과 즉흥성이 있는 영역이 존재하며, 이것은 우리에게 완전히 유리하다. 이는 세계정의운동 동안 광대와 나선형 춤 의식(스타호크가 쓴 이름이자 그녀가 이끈 여성 영성 집단이 신이교도 운동의 의미로 시작한 연례 축제의 중심이 되는 춤-역주)과 깃털 먼지털이로 무장한 발레복 차림의 여성들이 너무도 효과적이었기 때문이다. 경찰(다시 말하지만 개별 경찰관들이 아닌 기관으로서의 경찰)은 그다지 똑똑하지 않다. 그들이 집단적으로 진압 장비를 입고 대열을 갖추고 있을 때 특히 그렇다. 그런 상황에서 경찰을 상대하는 가장 효과적인 방법은 항상 그들이 반응하도록 훈련받지 못한 일들을 하는 것이다. 그렇지 않으면 착한 인간들로 하여금 곤봉으로 비폭력 시위자들을 패게 만드는 그런 군사적 규율들이 집행된다. 시키는 대로 할 수 있으려면 시키는 것만 하겠다고 동의해야 한다. 진압 경찰의 훈련을 맡은 자들이 활동가들에게 심리적으로 폭력을 사용할 수 있으려면 활동가들이 결코 사용하지 않는 극단적인 폭력 형태에 반응하는 법을 가르칠 것이 아니라 경찰들이 실제로 마주칠 수 있는 활동가들의 전략에 대응하는 훈련을 해야 한다. 예를 들어 시애틀 시위 이후 경찰 훈련관 부대들은 미 전역을 돌면서 무역회담을 준비 중인 도시마다 화염병, 인분 그리고 산이나 암모니아가 가득 찬 전구를 던지거나, 새총으로 볼베어링을 쏘거나, 표백제나 오줌이 든 물총으로 무장한 활동가들을 어떻게 상대할지를 경찰들에게 가르쳤다. 사실 시애틀이나 그 이후의 어떤 회담에서도 그런 짓을 한 활동가들은 없었다. 하지만 지휘관들은 경찰들이 실제 마주하게 될 전략에 대해 준비시키기보다는 경찰들이 활동가들을 제임스 본드 영화의 악당 같은 존재로 생각하는 게 더 중요하다고 판단했던 것 같다. 결과적으로 많은 경찰들이 실제 경험에서는 엄청나게 혼란스러워했고, 그래서 계속해서 명령을 내려달라는 무전을 쳐대야 했다. 나는 이 시기에 경찰저지선이 높다란 자전거를 탄 광대들이나 극단과 마주친 후 일시적 혼동에 빠졌을 때 포위된 활동가들 무리가 탈출하는 것을 여러 번 목격했다. 다른 경우들에서는 대치하고 있는 앞줄의 활동가들을 조직적으로 패고 있던 앞 줄의 집압경찰들이 그 활동가들이 동시에 모두 앉았을 뿐인데 로봇들이 그렇듯이 갑자기 얼어붙어버리는 것도 보았다.

세 번째로, 권력의 정치적 문제, 즉 내가 설명한 정치적인 힘의 균형 문제는 그러한 창의적인 비폭력 행동이 가능한 공간을 어떻게 만드는지의 일환으로 가장 잘 설명될 수 있다. 최근 멕시코의 또 다른 사례 하나가 그걸 말해준다. 1994년 치아파스에서 일어난 자파티스타 봉기이다. 수세기 동안 토착 주민은 정치적으로 결집할 때마다 그 조직자들이 체포되거나 고문받거나 암살당하는 것을 또다시 봐야 했던 시기였다. 1994년 1월, 대부분이 토착민으로 구성된 반란저항세력이 지방 수도를 포위하고는

12일 동안 멕시코군에 맞서 총격전을 벌였다. 이 전쟁은 휴전으로 끝났는데, 그 이후로 저항세력들은 정글에 무기를 숨기고 자주적인 자치 공동체를 조직하는 캠페인에 착수했으며, 멕시코 주와 지역 엘리트들에 맞선 직접행동 전략을 수행해왔다. 다시 말해서 그들은 더 이상 폭력을 사용하지 않아도 되는 위치에 서기 위해 해야 할 만큼 분명한 폭력을 정확하게 사용했다. 그러나 폭력은 그 결과로 나타나는 더 분명한 불리함을 빼고라도 뻔하고 예측 가능한 불리함을 초래한다. 할리우드 영화들이나 그 비슷한 오락거리들은 우리에게 사실과 정반대의 모습을 주입시키지만, 실제로는 그게 사실이다. 그러나 역사적으로 항상 어리석은 자들이 선호해온 전술이 폭력이다. 폭력은 기본적으로 어리석음의 적극적인 형태이며, 자신에게 박수갈채를 보내면서 합리적이기를 거부하는 방식이다. 바로 이런 이유로 폭력은 국가가 자신의 적법성에 대한 모든 종류의 도전을 차단할 때 선호하는 무대이다. 하지만 한쪽이 힘의 경계선을 바꿔서 실제 충돌이 단지 무력 충돌만이 아니게 되는 순간, 우리는 그 무대를 우리 쪽으로 기울게 할 수 있다.

현재 북미에서의 비폭력 정치행동 공간은 1990년대 치아파스 때보다 훨씬 더 넓지만, 1960년대 이래로 점점 좁혀져오고 있다. 컬럼비아대학 학장이 1968년 학생들이 점거한 건물을 다시 뺏기 위해 캠퍼스 안으로 경찰을 불러들였을 때, 이는 대학들이 학생들에 맞서 군대식의 무력을 부르지 않는다는 암묵적인 이해에 대한 충격적인 위반으로 간주되었다. 앞서 설명했듯이 2009년 뉴스쿨과 뉴욕대학에서 얼마 되지도 않는 학생들이 점거를 시도했을 때, 그들은 거의 즉시 최첨단 무기와 장비를 갖춘 대테러 특수경찰들에게 제압당하다시피 했다. 더욱 중요한 것은 언론 측에서 아무런 항의도 없었다는 것이다. 사실 국립 미디어는 그 사건에 대해 전혀 언급하지 않았다. 그것들은 심지어 뉴스거리도 안 됐다. 비폭력적인 학생들을 상대로 그들이 다니는 대학에서 압도적인 군사력을 행사한 것이 그때는 이미 완전히 정상적인 것으로 받아들여지게 된 것이다.

그러면 핵심적인 정치적 질문은 이 공간을 어떻게 다시 열 것인가가 된다. 이 지점에서 '점거'라는 용어가 중요해진다. 많은 사람들이 명백히 군사적 기원을 가진 '점거'라는 용어에 반대해왔다. 사실 유럽에서는 아파트를 '점거한' 스쿼팅을 하는 사람들이나 공장을 '점거한' 노동자들에 대해 말하는 것이 보통이지만, 미국에서는 제2차 세계대전에서의 '프랑스 점령'이나 웨스트뱅크의 '점령지구'나 바그다드를 점령한 미국군대에 대해 듣는 데 훨씬 더 익숙해져 있다. 이 어떤 것도 그다지 고무적인 예가 아니다. 하지만 실제로 우리가 하고 있는 것은 점거이다. 군사적인 비유는 적절하다. 그건 사실 비유도 아니다. 우리는 공간을 점유하고 그것을 도덕적, 심리적 그리고 물리적인 다양한 힘의 라인들lines of force을 이용해서 방어하고 있다. 핵심은 일단 우리가 이 공간을 해방하고 나면 우리는 항상 즉시 그것을 사랑과 돌봄의 공간으로 바꾼다는 것이다. 실제로 사랑과 돌봄이라는 이미지가 가진 힘이 우리의 주된 무기이다. 끝내는 그런 것들을 몰아낼 수 있었던 조직된 경찰 공격을 합리화할 수 있기 위해 주류 미디어가 민주주의, 공동체, 그리고 배고픈 사람들에게 음식을 주는 이미지를 대개는 날조된 폭력과 성폭행의 이미지로 바꾸는 데 지속적인 캠페인을 벌였다는 사실로 입증된다.

전략적 모델들

이제 전술의 문제를 전략의 문제로 돌려보기로 하자. 물론 내가 처음에 강조했듯이 이 둘은 사실상 결코 떨어지지 않는다. 전술의 문제는 항상 전략의 문제이다.

지금은 운동 안에 무엇이 전략적 지평인지에 대한 절대적인 합의가 없다. 하지만 이는 또한 우리도 그런 문제를 확정적으로 해결할 수 있다는 것을 의미한다. 우리는 뉴딜 식 자본주의 같은 것으로 돌아가기 위해 민주당을 진보로 몰아가려고 하는 자유주의자부터 궁극적으로 국가와 자본주의를 완전히 해체하기를 바라는 아나키스트들까지 모두를 포함하고 있다. 이들이 함께 너무도 잘해오고 있다는 바로 그 사실이 작은 기적이다. 어느 순간에는 어려운 결정이 내려져야 할 것이다.

우리는 기존의 정치적, 법적 그리고 경제적 질서가 돌이킬 수 없게 부패했다는 원칙을 바탕으로 그 질서 밖에서 해방된 영역을 만들려고 노력한다. 이것은 전술에 대해 내가 썼던 것 중 하나로, 점거운동은 궁극적으로 혁명이론에서 종종 '이중권력 전략'이라고 부르는 것을 바탕으로 하고 있음을 확실히 보여준다. 그것은 정부기관들과 그들이 주장하는 무력의 합법적인 사용이 가능한 범위 밖에서 작동하는 공간이다. 하지만 지금 북미에서는 완전한 민주적 방법을 통해 우리 자신의 문제를 해결할 수 있는 해방된 지역이나 영역을 선언할 입장이 아직 못 된다. 그렇다면 우리는 어떻게 "우리가 99%다!"에 자신의 이야기를 올린 그런 사람들에게 구체적인 혜택을 줄 수 있는 방식으로 이 전략을 추구할 것인가?

부분적으로 이는 동맹의 문제이다. 본질적으로 부패한 체제에 참여하지 않겠다는 것과 그런 데 참여하는 사람들과도 상대하지 않겠다고 말하는 건 별개의 일이다. 후자는 다른 사람들의 삶에 직접 영향을 줄 수 없는 작은 유토피아적 고립을 만드는 것으로 우리 자신을 한정한다는 말이 된다. 하지만 제도적으로 강력한 지지자들 —조합, NGO들, 정당 관련 단체들, 심지어 연예인들도— 을 상대하기 시작하는 순간, 자신의 내면적인 민주주의를 손상시킬 위험에 빠진다. 이는 로잔느 바Roseanne Barr, 조셉 스티글리츠Joseph Stiglitz 그리고 마이클 무어Michael Moor 같은 사람들이 주코티 공원에 나타나서 지지를 제공하는 순간 시작됐다. 모두가 그들을 보게 돼서 기뻤지만, 그들은 절대로 민중의 마이크를 통한 집단적 토론에 참가하는 것으로 만족할 기세가 아니었다. 그들은 연설이라도 할 태세였다. 처음에는 연설하는 것이 전염되지 않게 하는 게 매우 어려웠다. 이는 사소한 일이었지만 문제가 무엇인지 감을 잡을 수 있게 해주었다. 노련한 유급 상근자들과 수직적 습관, 그리고 자기들이 항상 적극적으로 얘기하는 것도 아닌 종종 정치적이고 입법적인 아젠다들을 가진 무브온닷오르그MoveOn.org 같은 자유주의 단체들이 그들의 지지를 쏟겠다고 결정하자 이러한 긴장감은 더욱 격렬해졌다. 다시 말하지만, 운동을 편성할 수 있는 방법을 넓히고 만들어가는 결정적인 순간에, 좋아서 지지를 거부했던 게 아니다. 그러한 편성의 구조를 수평적이게 하려는 것에 대해 —특히 '수평주의'가 뭔지 들어보지도 못하고 내부적 민주주의에 대한 세심한 관심을 특정한 방종으로 보는 선의의 조직자를 상대할 때— 끊임없는 도전이 들어온 것이다.

　돈 역시 문제가 될 수 있다. 월가 점거 초반 첫 한두 달 동안 약 50만 달러에 육박하는 기부가 쏟아져 들어왔다. 이 돈은 많은 분쟁과 문제를 일으켰고, 많은 활동가들이 그냥 어떻게든 그 돈을 없애버렸으면 좋겠다고 생각했다. 많은 사람들이 거대 프로젝트를 하나 만들어서(점거 비행선?) 그냥 거기에다 기부금을 통째로 써버리자고 제안했다. 결국 주코티에서 퇴거한 이후 그 돈은 거의 전부가 퇴거자들이 머물 만한 다른 장소들을 찾을 때까지 머물렀던 교회의 숙박비로 쓰였다. 돈이 갖는 영향력은 너무도 크다. 내가 봤을 때 이러한 문제는 운동 과정 중에 돈의 본질적인 문제를 반영하지 않았고, 생계가 돈에 달린 조직들을 대하는 활동가들의 모든 경험이 완전히 서로 달랐기 때문이다.

정신적인 그리고 제도적인 다양한 방화벽을 만듦으로써 이런 문제들 대부분은 해결될 수 있고 결국에는 해결될 것이다. 더 큰 규모의 전략적 문제들은 더욱 성가시지만, 최근 다른 곳에서 시도되고 비교적 효과적이었음이 증명된 접근법들의 예를 살펴보면 우리가 취할 수 있는 방향에는 어떤 것들이 있는지 감을 잡는 데 도움이 될 것이다.

2011년에 너무도 조직적으로 해체된 캠프들을 다시 설립하거나(최근 상황에서는 정부가 결코 이것을 허락하지 않을 게 꽤나 명백해 보이지만) 공공 건물 등 다른 종류의 공간에서 다시 시작함으로써 점거 같은 운동이 해방 공간들의 네트워크를 만드는 데 성공했다고 치자. 어떤 경우든지 간에 최종 목표는 모든 마을과 동네에서 지역 집회들을 만드는 것과 대안 경제정치 체제의 기반이 될 점거 주택, 점거 작업 현장, 점거 농장들의 네트워크를 만드는 것이리라 본다. 그러면 그 해방된 장소들의 네트워크와 대안 기관들은 어떤 식으로 기존의 법적·정치적 체제와 관계를 맺을 수 있을까?

가능한 모델들은 많이 있다. 이들 중 어떤 것도 미국에서 일어날 수 있는 일들과 정확히 부합하지는 않지만, 그 문제에 대해 생각해볼 수 있는 방법을 제공한다.

사드르 시|Sadr City 전략: 이 장소들을 쓸어버리려는 조직적인 시도가 있으리라

고 예측해야 하기 때문에 이 장소들을 어떻게 방어하느냐는 명백히 중요한 문제이다. 중동에서는 무장한 민병대를 만드는 것이 그 해결책이었다. 이런 일이 지금 미국에서는 곧 일어날 것 같지 않지만(최소한 좌파 쪽 단체들에서는), 그래도 이라크의 사드르주의자Sadrist 같은 단체들의 경험은 교훈적이다. 사드르주의자는 대중 이슬람주의 운동으로 거대한 노동계급을 기반으로 가지고 있으며, 미국 군대가 점령했던 시기에도 이라크의 도시와 마을들에서 놀라울 만큼 성공적으로 자치 구역을 만들어냈다. 그들이 그렇게 효과적일 수 있었던 한 가지 이유는 누구도 부정할 수 없는 제도들을 만들고 나서—그들의 경우에는 임산부와 수유모들을 위한 무료 건강 클리닉 네트워크였다—그 후 점차적으로 안보 기관을 세우고, 그것을 보호하기 위한 더 큰 사회적 기반시설을 만들어가는 이중권력 전략의 핵심을 그들 스스로 잘 알고 있었기 때문이다. 그다음 단계는 자기들 지배하에 있는 구역과 아직 표면적인 정부 관리하에 놓여 있는 구역들 사이의 명확한 그리고 세밀히 인정되는 경계를 협상하는 것이다.

사드르주의자의 사례는 일반적으로 비슷한 접근법을 추구한 레바논의 헤즈볼라와 마찬가지로 외국 군대 점령기간임에도 불구하고 자치적인 제도를 만들어낸 놀라운 성공만큼이나 그런 식의 이중권력 접근법은 빠르게 한계를 맞는다는 것도 보여준다. 한 가지 이유로는 전략이 기본적으로 방어적이라고 해도 만약 무장 저항에 참여하게 된다면 추종자들은 필연적으로 모든 종류의 다른 방식들로 폭력을 사용하게 되어버릴 것이며, 폭력이 그 자신의 논리를 갖게 된다. 물론 당연히 민주주의 경험을 위한 어떤 가능성도 제한하는 군대식 규율이 필요하게 되고 카리스마적 지도자에 집중하게 되면서 그런 운동들은 모두 최소한의 저항 과정으로써 어떤 특정한, 상당히 문화적으로 동일한 집단의 정치적인 목소리가 되기 쉽다. 이 모든 요소들이 지역을 통치하는 데서 나오는 끝없는 문제들과 함께 결국 공식 정치로의 진입 시도를 피할 수 없게 만든다. 결국에는 조직적인 폭력을 삼가지 않거나 수평적 원칙들을 운영하지 않는다면, 국가 기관을 거부할 특별한 이유가 없는 것이다. 결과적으로, 중동의 그런 접근법의 거의 모든 사례들은 결국 정당 구성으로 이어진다.

물론 나는 앞의 사례를 포함한 어떤 것도 점거 같은 운동의 모델이 되어야 한다고 말하는 게 아니라, 시작하기에 훌륭한 예라고 말하는 것이다. 이러한 예를 든 것은 부분적으로는 본래 전술(여성 무료 건강 클리닉으로 시작한)이 매우 독창적이었기 때문이기도 하지만, 주된 이유는 항상 총이나 폭탄의 사용을 거리낌없이 사용하는 집단들이 정부구조에 흡수되어버리기 가장 쉽다는 것을 보여주기 위해서이다.

산안드레스San Andres 전략: 1994년 12월 12일 반란 직후 몇 년 동안 자파티스타는 아주 다른 접근법을 취했다. 앞서 말했듯이 봉기는 순식간에 휴전으로 끝났고, 그들의 원래 목적이 무엇이었든 간에 저항rebel 공동체들이 자신의 자치적 기관들을 만들어 주로 다양한 형태의 비폭력 직접행동에 참여할 수 있는 공간을 여는 역할을 했다. (자파티스타는 곧 아기를 든 수천 명의 비무장 토착민 여성들로 멕시코 군대 캠프에 '쳐들어가는' 일을 조직한 것으로 유명해졌다.)

자파티스타는 멕시코의 공식 정치 과정에 편입되지 않겠다고 결정했으며, 완전히 다른 종류의 정치체제를 만들기 시작했다. 그리고 기존 권력 구조와 어떻게 공식적으로 관계를 맺을 것인가의 문제가 남았다. 해결책은 평화협정을 위한 공식 협상들에 나서는 것이었다. 이는 '산안드레스 협정San Andres Accords'으로 알려지게 되었다. 그리고 자파티스타 협상가들(그들 공동체로부터 소환 가능한 대표자로 선발된)이 협상의 모든 단계가 포괄적인 민주적 협의, 승인 그리고 재검토로 이루어져야 한다고 주장함으로써 새롭게 만들어진 지역 규모의 민주주의 구조들을 손상시키는 대신에 그것들을 합법화하고, 발전시키고, 확장하는 이유를 제공했다. 말하자면 협상 과정 자체가 완벽한 방화벽이었던 것이다. 정부가 그 조약을 시행하려는 약간의 의지도 없이 정직하지 않게 협상에 임하는 것을 모두가 알고 있었다는 것은 부차적인 내용이다.

　마찬가지 전략이 월가 점거에서도 사용되었다면 어떻게 나타날지 생각해보는 것은 흥미로운 일이다. 즉, 기존의 정치구조와 관계를 맺으면서 자신들의 직접민주주의 과정을 훼손하지 않고 그것을 실제로 성장·발전시키는 모델 말이다. 분명한 접근법 가운데 하나는 하나 이상의 헌법 수정을 요구하려는 시도가 될 것이다. 실제로 정치적 캠페인에서 돈이나 기업 중심 문화를 없애려는 등의 제안이 이미 몇몇 분기에서 시도되었다. 거기에도 유사점이 있다. 예를 들어 에콰도르에서는 온건 중도좌파 경제학자인 라파엘 코레아Rafael Correa를 권력에 편입시키기 위해 집결한 토착민 단체들이 자신들이 새로운 헌법을 쓰는 데 주된 역할을 해야 한다고 주장했다. 여기서 많은 문제들이 나오리라는 것을 예상할 수 있다. 특히 앞장에서 말한 대로 대개는 직접민주주의를 막도록 만들어진 헌법구조 한계 내에서 벗어나지 못하고 그 내부 안에서 일하고 있기 때문이다. 하지만 적어도 이런 과정에서 방화벽을 만들어내는 것이 선출된 정부 관료와 직접 상대할 때는 훨씬 협상을 쉽게 만든다.

　　엘알토El Alto 전략: 볼리비아의 사례는 이중권력을 위한 두 가지 접근법−자치 기관들을 이용하여 그것들을 기반으로 정부 내 역할을 따내고, 그것을 정부와 완전히 분리된 직접민주주의 대안으로서 유지한—이 효과적으로 결합된 드문 사례들 중 하나이다. 나는 그것을 대개 토착민으로 구성되어 있는 수도 밖의 도시 이름을 따서 '엘알토 전략'이라고 부른다. 그 도시는 직접민주주의 기관들과 직접행동 전통으로 유명하며(예를 들어 엘알토의 민중 집회들은 다른 공익사업들과 함께 시의 상수시설을 넘겨받아 운영하고 있었다), 그 나라의 첫 번째 토착민 대통령이자 전 농부조합 대표였던 에보 모랄레스Evo Morales의 현주소이기도 하다. 모랄레스가 권력을 잡을 수 있도록 주된 역할을 했고, 여러 전임자에게 맞서 주로 비폭력적인 반란들을 주도했으며, 그의 선출을 위해 결집했던 바로 그 사회운동들은 그럼에도 불구하고 언제라도 그에 맞서서 일어서거나, 그 역시 마찬가지로 타도할 수 있는 힘을 유지할 것을 주장한다. 그 논리는 꽤 명확하며, 종종 모랄레스 자신이 속한 정당에서 선출된 공무원들의 지지를 받는다. 정부는 진정한 민주주의 기관이 아니며 될 수도 없다. 정부에는 저 위의 국제적 자본과 무역 조직들로부터 뻗어나온 자신만의 상하 논리, 즉 경찰력에 의해 지탱되는 관료제의 바로 그 본성이 있다. 그래서 거의 필연적으로, 최소한 어떤 상황에서 선출된 공무원들은 그들을 뽑아준 유권자들이 그들에게 바라는 것의 정확히 반대되는 일을 해야 하는 엄청난 압박에 놓이게 된다. 이중권력 기관을 유지하는 것은 이에 대한 검증을 제공하며, 모랄레스 같은 정치인들이 이를테면 외국 정부나 기업들을 상대하거나 내부의 관료제를 상대할 때, 더 강한 협상 위치를 갖게 해주기까지 한다. 그가 솔직하게 어떤 분야에서는 손을 쓸 수 없다고, 자신의 유권자들에게 맞추는 수밖에 없다고 말하면 되기 때문이다.

말할 것도 없이 미국은 이 근처에도 못 따라가지만, 가능성의 미래적 지평으로서 이를 기억해두는 것은 유용할 것이다. 내 생각에 여기서 배울 점이 있다면, 그것은 우리가 군사적 형태의 직접행동이 정치적 표현의 형태로서 적법화되고 받아들여질 때까지는 선거식 정치에는 손댈 생각도 하지 않는 게 좋을 것 같다는 것이다.

부에노스아이레스 전략: 또 다른 접근법은 정치권을 전혀 상대하지 않고 오히려 그것이 가진 적법성을 모두 벗겨내는 것이다. 이는 '아르헨티나 모델' 혹은 '탈적법화 접근법'이라고 부를 수 있으며, 이 글을 쓰는 시점에 그리스에서 일어나고 있는 일과 어느 정도 비슷해 보인다. 중요한 것은 이것이 국가 기구들을 통해 상태를 개선하려는 어떤 희망도 버린다는 의미가 아니라는 것이다. 오히려 그 반대다. 그것은 정치계급에게 그들의 정당성을 보여달라고 요구하는 역할을 하며, 그것이 없다면 정치계급들이 생각도 해보지 않았을 급진적인 개선방안을 만드는 데 영감을 주기도 한다.

본질적으로, 그 전략은 정부와는 별개로 수평적 원칙에 입각한 대안 기관들을 만들고, 정치체제 전체가 완전히 부패했고 어리석으며, 국민의 실제 삶과는 관계가 없는 오락거리로도 실패작인 광대극이라고 선언하고, 정치인들을 기피계급으로 만들려고 한다. 그러므로 2001년 아르헨티나의 경제붕괴 이후, 몇 달 만에 세 개의 정권을 몰아낸 민중봉기는 그들 스스로 '수평성horizontality'이라고 부른 원칙을 바탕으로 대안 기관, 즉 민중 집회들을 만들어내는 전략으로 자리 잡아갔다. 이러한 민중 집회들은 도심 지역, 재점거된 공장 및 다른 작업장들, 거의 변함없이 직접행동을 해오고 있고 심지어 잠시 동안 대안 통화체계까지 만들었던 자기조직화된 실업자협회들을 관리했다. 정치계급에 대한 그들의 태도는 유명한 슬로건인 "Que se vayan todos"로 요약되는데, 이는 "다들 지옥에나 가라." 정도로 해석될 수 있다. 들리는 소문에 따르면 2002년 초, 그것은 어떤 정당 소속이든지 간에 정치인들이 가짜 수염을 붙이거나 그 비슷한 변장을 하지 않고서는 식당에서 외식도 못하게 만들 정도였다고 한다. 발각되면 화가

난 식당 손님들이 떼로 공격하거나 음식을 던질 것이기 때문이다. 결과적으로, 대중이 정부가 적법한 기관이 될 수도 있다는 인식을 회복하기 위해서는 어느 정도 급진적인 변화를 위한 행동을 취해야 한다는 것을 알게 된, 전에는 가장 온건한 개혁파였었던 네스토르 키르츠네르Nestor Kirchner 대통령이 이끄는 사회 민주당 정부가 정권을 잡게 되었다. 그는 아르헨티나의 국외부채 상당 부분에 대해 디폴트를 선언했다. 그러자 그 뒤를 이어 사건들이 폭포처럼 쏟아져나오기 시작해서 IMF 같은 국제 집행기관들을 거의 끝장내다시피 했고, 제3세계 부채 위기는 사실상 끝나게 되었다. 궁극적으로 전 세계적으로 수억 명의 가난한 사람들에게 이루 말할 수 없는 혜택이 돌아갔고, 아르헨티나 경제가 다시 강하게 일어설 수 있게 되었다. 이러한 변화는 아르헨티나 정치계급의 적법성을 무너뜨리기 위한 캠페인이 없었다면 그 어떤 일도 일어날 수 없었을 것이다. 게다가 이때 쓰인 전략으로 인해 첫 격변기에 생겨난 자치 기관들 중 많은 수가 정부가 다시 힘을 갖기 시작했을 때도 지속될 수 있었다.

실제로 반란 상황이 당장 일어날 것 같지는 않지만(맞는 말인 것이 반란은 항상 실제로 일어나기 전까지는 안 일어날 것 같아 보인다. 하지만 적어도 경기가 심각하게 악화될 것이라고는 합리적으로 상상할 수 있을 것이다), 우리는 앞의 여러 나라의 상황과 비슷하거나 결합된 미국판 상황에 직면해 있는 것 같다. 앞에서의 사례들이 최소한 앞으로의 가능성에 대해 생각하기 시작할 방법을 줄 수 있을 것이다.

아직까지는 월가 점거가 마지막 선택지인 탈적법화 전략을 효과적으로 추구해오고 있다는 것을 확인시켜준다. 현재 미국의 정치경제적 상황을 보면 우리는 시작도 하기 전에 이미 절반은 와 있는 것 같다. 미국인 중 압도적 다수는 이미 미국의 정치체제를 부패하고 쓸모없는 것으로 생각한다. 사실 점거가 처음 계획되던 여름에는 지금까지 중 가장 낮은 수치인 한 자릿수(9%)의 의회승인을 낳은 국가부채 상한에 대해 상당히 이상하고, 유치하고, 요점 없는 정치적 과장이 난무했다. 대부분의 미국인이 심각한 불황의 한가운데서 지쳐가고, 정치체제가 기본적으로 자신들은 다룰 의지가 없거나 다룰 수 없다고 밝힌 그 절망적인 상황 속에 수백만 명이 빠져 있었을 때, 의회 공화당원들은 사회복지 부문을 대규모로 삭감하도록 강제하기 위해 미 정부에 디폴트 사태를 만들겠다며 협박하고 있었다. 최악의 경우라도 몇 년 후에나 있을 듯한, 대개 가상이라고 할 수 있는 부채위기를 막기 위해서 말이다. 오바마 대통령의 대응은 비교적 합리적으로 보이는, 그래서 그의 고문들이 즐겨 말하듯이 "방안에서 유일한 어른"으로 보이게 하는, 방법으로 논쟁 전체가 잘못된 경제적 전제들에 기초했다는 것을 지적한 것이 아니라 완전히 똑같은 프로그램의 좀 더 온건한 '타협안'을 마련한 것이었다. 정신병자와 대응하는 최선의 방법은 그들의 환각 중 절반은 사실 진짜인 것처럼 구는 것과 마찬가지다. 여기서 진정으로 합리적인 대응이라면, 실제로 그 논쟁 전체가 무의미하고 그래서 정치질서가 스스로를 실추했을 뿐이라는 사실을 지적하는 것뿐이다. 이것이 애초에 아나키스트, 히피, 백수 대학생, 이교도 나무 지킴이 그리고 평화운동가들이 얼기설기 뭉친 그룹이 갑자기 자동적으로 자신들을 미국의 어른들로 확립할 수 있었던 이유이다. 급진적인 입장을 확실히 하는 것이 할 수 있는 유일하고도 합리적인 일이 되는 때가 있다.

앞에서도 말했듯이, 나는 장기 전략에 대해 특정한 제안을 하고 싶지는 않다. 하지만 내가 생각하기에 중요한 것은 미국 정치가 정치가의 집단 망상, 사실상 권력에 의해 만들어진 지금의 현실보다 더 나은 어떤 현실을 만들 수 있다는 생각을 포기해버린 선수들이 하는 게임이 되었다는 것과, '권력'이란 대개 결국 조직적인 폭력을 가리키는 완곡한 어구임을 잊지 않는 것이다. 바로 이런 이유로 우리가 무엇을 하든지 간에 진정으로 합리성과 절충을 통해 우리가 운영할 수 있는 공간들을 계속 만들어가는 동시에, 무에서 '현실을 만들어낼' 수 있다는 정치인들의 주장 이면에 놓인 순전히 어리석고 폭력적인 권력과 그 기구를 발가벗겨야 하는 것이 그래서 중요한 것이다. 이것은 어떤 식의 '합리적인' 절충이 아닌, 급진적인 대안을 발전시킴과 동시에 그 권력의 기조가 실제로 무엇인지를 명확한 어조로 모두에게 지속적으로 정확하게 상기시켜 주어야 한다. 이것은 유연하고 지적인 반대세력의 형태로 그 야만적이고 멍청한 권력에 맞서는 것을 의미한다.

05
주문 풀기

2011년 가을, 우리 대부분은 우리가 전 세계적인 혁명의 한가운데에 서 있다고 느꼈다. 모든 것은 거의 상상도 못하게 빠른 속도로 일어났다. 튀니지에서 시작된 동요의 물결은 순식간에 전 세계를 에워싸고 사방을 위협했다. 우리는 중국에서 지지 데모가 일어나고 나이지리아와 파키스탄 같은 곳에서 거의 매일 새로운 점거가 일어나는 것을 지켜봤다. 물론 생각해보면 그런 곳에서 그 일들이 실제로 지속되기란 불가능했다. 그것은 마치 그런 대규모 저항을 차단하려고 만들어진—그리고 2008년 충돌 이래로, 식량폭동과 전 세계적 동요의 가능성에 대한 끊임없는 연구와 실무서들을 대량으로 찍어온—모든 국제 안보 기구들이 다소 긴가민가하면서도 실제로 별일이 일어나지 않을 거라고 마침내 확신하게 되었을 때, 그 일이 일어난 것과 같았다. 그때가 되어서는 긴가민가하던 그들은 입을 떡 벌리고 서 있어야 했다.

하지만 당연한 수순인 진압의 물결이 닥쳤을 때, 우리 중 많은 사람들이 일시적인 혼란에 빠졌다. 경찰봉이 등장하게 될 거라는 건 예상하고 있었다. 우리를 놀라게 했던 건 자유주의 동맹의 반응이었다. 그들은 미국을 어떤 특정한 인종적 기원으로 뭉친 국가가 아니라, 그들이 가진 자유에 의해 결합된 국민으로 규정한다. 그리고 일상적으로 스스로를 자유의 가장 충실한 방어자로 자처하는 이들이었다. 그들이 시민의 자유를 전략적으로 편리할 때만 사용하면 되는 수많은 협상카드 중 하나로 보고 만족한다는 사실에 나같이 자유진영에 기대하는 게 거의 없던 아나키스트들조차 실망스러웠다. 그 결과는 더욱 괴로웠다. 그런 삐걱거림 속에서도 남아 있던 많은 사람들이 이제 막 경찰의 폭력을 직접 겪었기 때문이다. 이들은 거의 무한한 가능성의 짜릿함을 처음 느껴본 젊은이들이었다. 너무도 멋지게 세워졌던 자신들의 도서관을 순찰 경찰들이 웃어대면서 파괴하고 소각장으로 보내는 것을 지켜본 생생한 기억, 주류 언론들이 현장에 들어오기를 충실하게 거부하는 사이 가까운 친구들이 곤봉으로 얻어맞고 수갑이 채워지는 걸 보면서 그들을 도울 어떤 일도 할 수 없었던 기억, 친구가 얼굴에 페퍼스프레이를 맞고서 고통스러워 하는 모습을 지켜봐야 했던 기억, 아무리 별 거 아니더라도 평생 모은 재산이 국가의 대리인들에 의해 파괴된 사람들을 위해 지낼 곳을 찾으러 돌아다녀야 했던 기억과 싸우게 됐다. 이로 인해 캠프를 조직하고 방어한다는 것이 우리에게 그렇게나 확실한 공통 기반을 주었던 기간동안 누르고 무시했던 모든 긴장과 적의가 끓어오르게 되었다. 뉴욕총회와 대변인협의회는 약 한 달간 거의 완전히 기능장애에 빠졌다. 어떤 회의에서는 거의 주먹다짐까지 있었고, 인종차별적인 뉘앙스를 풍기는 고함, 전술이나 조직, 돈 문제를 놓고 매번 부딪치는 끊임없는 불협화음을 만들어냈다. 그리고 경찰 침투부터 자기도취적 성격장애에 이르기까지 모든 것을 가지고 비난하는 상황이 되었다. 이런 상황에서는 나 같은 낙관주의 전문가조차 냉소적으로 될 지경이었다. 하지만 정기적으로-사실 현저하게 규칙적으로-나는 이 모든 상황을 받아들일 수 있도록 상기시켜주는 사람들과 대면해 있음을 알게 됐다.

퇴거 몇 달 후, 아슬아슬한 전형적인 복도 회의가 끝난 뒤 나는 근엄하게 수염을 기르고 보수적인 옷차림을 한 서른다섯 살쯤 된 한 남자를 만났다. 그가 말했다.

"있잖아요, 노동절 시위가 진짜 성공할 건지는 사실 상관없어요. 제 말은 저도 다른 사람들처럼 그게 잘됐으면 하고 바라죠. 하지만 그렇지 않더라도, 그러니까 우리가 앞으로 재점거하지 못하고 모든 것이 오늘 당장 끝나더라도 제 생각에 당신네들은 벌써 모든 걸 변화시킨 것 같아요. 나한테는 그래요. 내 생각에 우리는 미국 문화가 변화하는 그 시작을 보고 있는 것 같아요."

"정말요? 하지만 몇 명이나 그런 변화를 실제로 이루었죠?"

"음… 그러니까 이미 변화된 사람들은 실제로 이전의 사고방식으로 돌아갈 수 없다는 거예요. 저는 그걸 직장에서 깨달았죠. 여기서는 회의에 대해 불평하는 걸로 온통 시간을 보내고 있지만, 다시 현실 세상에 한번 돌아가보세요. 이전에 민주적인 회의를 경험하지 못했다면, 친구들, 여동생, 부모님께 '현실을 당연하다고 받아들이지 않는다면 우리가 멍청하게 모든 것을 받아들이는 것 외에 무엇을 할 수 있을까?'라고 말하지 못했을 거예요. 그러면 많은 사람들이 놀라고 그런 방법을 물어본다니까요."

그리고 나는 생각했다. 그게 진짜 혁명의 전부일 수 있을까? 그리고 그러한 혁명이 언제 일어나기 시작할까?

혁명이란 무엇인가?

더 많이 논의되는 질문은 이것이다. 혁명이란 무엇인가?

우리는 알고 있다고 생각했다. 혁명은 보통 정의로운 사회라는 비현실적인 꿈을 좇아 국가의 정치, 사회, 경제 체제의 본질을 변화시키려는 목적으로 민중 세력이 권력을 탈취하는 것이다. 오늘날 우리는 반란군이 실제로 도시로 밀려들어 오거나 대중 봉기가 독재자를 타도하더라도 그러한 혁명의 의미는 전혀 내포하고 있지 않을 그런 시대에 살고 있다. 이를테면 페미니즘의 도래처럼 실제로 깊이 있는 사회 변화가 일어났을 때, 그것은 완전히 다른 형태를 취할 것이다. 혁명적 꿈이 없어서가 아니다. 지금의 혁명론자들은 그 꿈을 바스티유 감옥 습격의 현대판으로 만들 수 있다는 생각을 거의 하지 않는다.

이럴 때는 보통 이미 알고 있는 역사로 돌아가서 질문하는 것이 도움이 된다. 혁명이 우리가 생각했던 것과 같았던 때가 진정 있었던가? 내가 보기에 이 일을 가장 효과적으로 해낸 사람은 대역사학자 이매뉴얼 월러스틴Immanuel Wallerstein이다. 그는 마지막 이백오십 년 즈음 동안에 혁명은 대개 전 지구적인 정치 상식의 변화로 구성되어왔다고 주장한다.

월러스틴은 프랑스혁명 당시에 이미 거대 식민주의 제국이 지배하는 단일화된 세계 시장이 존재했고, 점점 단일화되어가는 정치체제 역시 존재했다고 썼다. 그 결과 파리의 바스티유 감옥 습격은 프랑스 자체에서만큼이나 깊이 있게, 때로는 훨씬 더 크게 덴마크나 심지어 이집트에까지 영향을 미칠 수 있었다. 그래서 그는 '1789년의 세계 혁명'과 그 뒤를 이은 '1848년의 세계 혁명'을 언급하며, 이때 혁명은 왈라키아[Wallachia: 몰다비아Moldavia와 합쳐져 루마니아가 됨]에서 브라질에 이르는 50개국에서 거의 동시적으로 일어났다. 어디에서도 혁명이 권력을 탈취하는 데 성공하지 못했지만, 이후 프랑스혁명에서 영감을 받은 기관들－특히 보편적인 초등교육 시스템들－이 거의 모든 곳에서 시행되었다. 마찬가지로 1917년 러시아혁명도 세계 혁명으로서, 결과적으로 소련 공산주의의 확산만큼이나 뉴딜정책과 유럽식 복지국가들을 만들어냈다. 이 시리즈의 마지막은 1968년의 세계혁명으로, 1848년과 흡사하게 중국에서부터 멕시코까지 거의 모든 곳에서 일어났지만 어디에서도 권력을 잡지는 못했고, 그럼에도 불구하고 모든 것을 바꿔놓았다. 그것은 국가 관료제에 대항하고, 개인과 정치적 자유의 불가분의 관계를 지지한 혁명이었다. 아마도 그것이 남긴 유산 중 가장 지속적인 것이 현대 페미니즘의 탄생일 것이다.

혁명들은 전 지구적인 현상이다. 하지만 그게 전부가 아니다. 혁명이 실제로 하는 일은 정치란 궁극적으로 무엇에 대한 것인지에 관한 기본적인 추정을 변화시키는 것이다. 혁명 이후에는 순전히 소수 과격파의 주장으로 여겨지던 것이 논쟁 안의 담론으로 빠르게 받아들여진다. 프랑스혁명 전에는 변화란 좋은 것이며, 정부 정책은 그것을 관리하는 적절한 방식이고, 그 정부들은 자신의 권위를 '국민'이라고 불리는 실체로부터 받는다는 생각은 허황된 사람이나 선동가 혹은 기껏해야 평생 카페에서 논쟁이나 하며 시간을 보내는 소수의 자유사상가 지식인들한테서나 들을 수 있는 말이었다. 그 이후 세대는 가장 속터지는 치안판사들이나 사제들 그리고 교장들까지도 최소한 이런 아이디어들에 대해 립서비스를 해주게 되었다. 그리고 오래 지나지 않아서 우리의 지도자들은 현재 우리가 처해 있는 상황에 그런 것들이 있다는 걸 국민이 알기라도 하게 하려면 그럴듯한 변명들을 늘어놓아야 하는 그런 시대에 도달했다. 그것들은 상식, 즉

바로 정치 토론의 기반이 된 것이다.

1968년까지도 대부분의 세계 혁명들의 결과는 사실 정부 독점 사업권 확장, 보편화된 초등교육 도입, 복지국가 등의 실질적인 개선만을 도입했다. 그러나 세계 혁명들의 요구는 그런 것만이 아니었다. 1968년의 세계 혁명은 중국에서 취했던 형태─학생들과 젊은 간부들이 문화혁명을 요구한 마오쩌둥을 지지해서 일으킨 폭동revolt─로 보든, 아니면 학생들과 이탈자들dropouts과 문화 반란자들의 연대가 특징인 버클리나 뉴욕을 보든, 심지어 학생들과 노동자들이 연대했던 파리를 보든 간에 초기 정신은 같았다. 그 초기 정신은 순응을 요구하는 인간의 상상력을 구속하는 모든 것, 특히 관료제에 대항하는 반란이었고, 정치적·경제적 삶의 혁명화뿐 아니라 인간 실존의 모든 측면에서의 혁명화 프로젝트였다. 대부분의 경우 반란자들은 국가기구를 장악하려는 시도조차 하지 않았다. 그들에게는 그 기구 자체가 문제였다.

오늘날에는 1960년대 말에 일어난 사회운동들을 부끄러운 실패로 보는 것이 유행이다. 그런 시각을 확실히 보여줄 한 가지 사례가 있다. 1960년대의 운동들은 정치적 상식의 광범위한 변화─개인의 자유, 상상력 그리고 욕구의 이상이 우선시되고, 관료제를 증오하며, 정부의 역할을 의심하는 것─라는 정치적 권리의 즉각적인 수혜와 19세기 이래로 대개 금지되어왔던 자유시장 독트린의 대규모 부활을 가져왔다. 10대 때 중국의 문화혁명을 만든 그 세대가 40대에 자본주의의 도입을 주재한 것은 우연이 아니다. 1980년대부터 '자유'는 '시장'을 의미하게 되었고, '시장'은 자본주의와 동일한 것으로 여겨지게 되었다. 아이러니하게도 수천 년 동안 정교하지만 자본주의라고는 절대 부를 수 없는 시장들을 가지고 있던 중국 같은 데서조차 그렇다.

아이러니는 끝이 없다. 새로운 자유시장 이데올로기가 특히 관료제에 대한 반대로서 틀을 잡았지만, 사실 그것으로 인해 전 지구적인 규모로 운영되는 최초의 관료 행정 체제가 생겨났고, 그 체제에는 IMF, 세계은행, WTO, 무역 조직들, 재정 기관들, 다국적기업, NGO들 등 끝도 없는 공공 및 민간 관료제들이 층을 이루어 존재하게 됐다. 이것이 자유시장 패러다임을 도입해 미국 군대의 방패가 지켜보는 가운데 전 세계를 재정적 약탈의 장으로 개방시킨 바로 그 체제이다. 세계적인 혁명운동을 되살리려 한 첫 시도인, 1998년에서 2003년 사이에 정점을 찍었던 세계정의운동은 사실상 1960년대 운동들의 연장선상에 있는 전 지구적인 관료제의 지배에 대항하는 반란이었다.

하지만 돌이켜보면, 나는 후대의 역사학자들이 1960년대 혁명의 유산은 우리가 지금 상상하는 것보다 더 깊으며, 1991년 소비에트 연방의 붕괴로 인해 획기적이고 영구적인 듯 보인 자본주의 시장들과 그것의 다양한 전 지구적 관리자와 집행자들은 사실 훨씬 피상적이라는 결론을 낼 거라고 본다.

분명한 사례 하나를 들어보겠다. 1960년대 말과 1970년대 초 반전 시위들이 있었던 10년이 결과적으로 실패라는 말을 많이 듣는다. 그 시위들이 인도차이나에서의 미국의 철수를 눈에 띄게 앞당기지 않았다는 이유에서다. 하지만 이후 미국의 대외정책을 관장하는 사람들은 그와 비슷한 대중의 동요—더 심하게는 1970년대 초까지 진짜 허물어지고 있던 군대 그 자체 내에서의 동요—를 상대하게 될까 봐 불안했던 나머지 거의 30년 동안 주요 지상전투에 미국 군대를 투입하기를 거부했다. 미국 국내에서 수천 명의 시민 사망자를 냈던 9.11 공격이 있고 나서야 그 악명높은 '베트남 신드롬'이 극복될 수 있었다. 그리고 그때조차 전쟁을 계획한 사람들은 사실상 반전시위가 없는 전쟁을 만들기 위해 거의 집착에 가까운 노력을 기울였다. '테러와의 전쟁'이라는 선전이 끊이질 않았고, 언론은 조심스럽게 전문가를 데려와서 시신수습가방의 개수를 정확히 셌으며(대중의 분노를 불러일으키는 데 몇 명의 미군 사상자가 발생하는지), 교전규칙들이 대중의 분노를 사지 않을 그 이하의 숫자를 유지하기 위해 주의 깊게 작성되었다.

그러나 그 교전규칙들이 미국 군인들의 사상을 최소화하려고 이라크와 아프가니스탄에서 수천 명의 여성, 아이, 노인들을 '부수적 피해자'로 만들고 있어서 점령군에 대한 강한 증오로 인해 미국이 자신의 군사적 목적을 달성할 수 없다는 것이 거의 확실해졌다. 그리고 분명히 전쟁 계획자들은 이를 알고 있는 듯했다. 그들은 집안에서 반대를 효과적으로 막는 것이 실제로 집 밖에서 전쟁에 이기는 것보다 훨씬 더 중요하다고 생각했다. 그것은 마치 미국 군대가 이라크에서 애비 호프먼Abbie Hoffman(1960년대 청년문화와 반문화권의 저항운동을 주도한 유명한 미국의 활동가-역주)의 유령에게 결과적으로 패하는 것과 마찬가지다.

여전히 2012년의 미국 군대 계획자들의 손발을 묶고 있는 1960년대의 반전운동은 실패로 간주될 수 없다. 하지만 그것은 흥미로운 질문을 던진다. 실패했다는 생각, 체제에 대항한 정치적 행동이 완전히 헛되다고 보는 생각을 퍼뜨리는 것이 바로 권력을 잡고 있는 자들의 의도라면 어떨까?

이 생각은 내가 2002년 워싱턴에서 IMF 연례협의를 반대하는 행동에 참가하고 있었을 때 처음 떠올랐다. 9.11 직후여서 우리는 비교적 숫자가 적었고, 비효율적이었으며, 경찰의 수는 압도적이었다. 우리가 실제로 그 회의를 막는 데 성공한다는 건 말이 안 됐다. 우리 대부분은 막연하게 우울한 기분이 들었다. 불과 며칠 후, 그 회의에 참가하는 친구를 둔 누군가와 얘기를 하면서 나는 우리가 사실상 그 회의를 막았음을 알았다. 경찰은 행사의 절반을 취소하는 절박한 보안 조치를 취했고, 대부분의 실제 회의들이 온라인에서 진행되었다는 것이다. 다시 말해서, 정부는 IMF회의가 실제로 이뤄지는 것보다 시위자들이 패배감에 젖어서 돌아가게 하는 것이 더 중요하다고 판단했던 것이다. 생각해보면 그들은 시위자들을 엄청나게 중요하게 생각하고 있는 것이다.

사회운동을 대하는 이런 선수를 취하는 태도, 즉 반대를 차단하는 것이 전쟁이나 회담 자체의 성공보다 더 우선시된다는 것으로부터 더 일반적인 원칙들을 발견하는 게 가능할까? 현 체제를 운영하는 사람들, 대부분 감수성이 예민한 청소년일 때 1960년대의 동요를 직접 목격한 그들-의식적으로든 무의식적으로든(그리고 나는 의식적인 쪽일 거라고 생각한다)-이 혁명적 사회운동들이 보여준 폭발력으로 인해 지배적인 상식이 다시 한 번 흔들릴까 봐 집착하고 있다면 어떨 것인가?

그것은 많은 것을 설명해준다. 전 세계 대부분에서 지난 30년은 자유시장과 인간의 자유는 궁극적으로 대체로 같은 것이라는 신조의 부활이 지배했던 신자유주의 시대로 알려졌다. 신자유주의는 항상 한 가지 핵심적 역설에 의해 깨지곤 했다. 신자유주의는 경제적 필요가 다른 모든 것보다 우선권을 갖는다고 주장한다. 정치 자체도 시장marketplace의 마법이 자기 할 일을 하게 함으로써 '경제를 성장시키기' 위한 상태를 만드는 문제일 뿐이다. 다른 모든 희망과 꿈-평등이나 안정에 대한-은 경제적 생산성이라는 일차적인 목표를 위해 희생될 수 있다는 것이다. 하지만 실제로 지난 30년 동안 전 세계의 경제적 성과는 분명히 그저 그랬다. 한두 개의 극적인 예(특히, 대부분의 신자유주의적 처방을 상당히 무시했던 중국)를 제외하고는 성장률은 1950년대, 1960년대 그리고 심지어 1970년대의 구식의,

정부주도적인, 복지국가 중심의 자본주의였던 때보다 한참 떨어진다.[1]

반면, 경제적인 프로젝트로는 실패했지만 신자유주의를 정치적 프로젝트라고 생각한다면, 그것은 갑자기 엄청나게 성공적인 것이 된다. 정치인들, CEO들, 무역 관료들 등 다보스나 G20 같은 정상회의에서 정기적으로 만나는 사람들은 세계 주민 다수의 필요를 실제로 충족시키는 세계 자본 경제를 만들어내는 일은 끔찍하게 못했으나, 자본주의-그리고 자본주의뿐만 아니라 현재 우리가 갖게 된 바로 그 금융화된, 준봉건적인 자본주의-가 실현 가능한 단 하나의 경제체제라고 세계를 확신시키는 데서는 화려하게 성공했다. 그렇게 생각한다면 그것은 확실한 성취이다.

그들은 이것을 어떻게 이뤄냈을까? 사회운동들에 대해 선수를 치는 태도는 명백히 그 일부이다. 어떤 상황에서도 대안들이나 대안을 제시하는 누구의 성공도 드러나지 않게 만드는 것이다. 이것은 여러 가지 '안보 시스템'에 거의 상상할 수 없는 투자가 이루어지는 이유를 설명해준다. 어떤 중요한 적수도 없는 미국이 냉전기간보다 군대와 첩보에 더 많은 돈을 쏟아붓고 있으며, 거의 휘황찬란할 정도로 민간 보안기관, 정보기관, 군사화된 경찰, 경비와 용병이 쌓여 있다. 또 1960년대 이전에는 존재하지도 않았던 거대 언론산업을 포함한 선전기관들이 경찰을 찬양한다. 이 시스템들은 대개 반대파들을 직접 공격하지 않고 공포 분위기 조성, 대외 강경책 순응, 오락거리를 통한 현실도피, 그리고 세상을 바꾸겠다는 어떤 생각도 한가한 판타지로 보이게 만드는 간단한 체념들을 만들

---

1 데이비드 하비 지음, 최병두 옮김(2009), 신자유주의 간략한 역사, 한울. David Harvey, A Brief History of Neoliberalism , Oxford University Press, 2007.

어낸다. 하지만 이런 안보 시스템들은 극도로 비싸다. 몇몇 경제학자들은 미국 인구의 4분의 1이 현재 재산을 지키거나, 업무를 감독하거나, 아니면 동료 미국인을 줄세우는 등의 이러저러한 '수비 노동'guard labor(자본주의 체제를 유지하기 위한 경영, 경비, 군인 등을 포함하는 노동으로 불신에 기초하고 있으며, 미래의 자본을 생산하지 않는다–역주) 중 하나에 종사하고 있다고 추정한다.[2] 경제적으로 이러한 규율 기구disciplinary apparatus 대부분은 그저 부담일 뿐이다.

사실 지난 30년간의 경제적 혁신들은 대부분 경제적이 아니라 정치적으로 봤을 때 더 말이 된다. 보장된 평생고용을 없애고 위태로운 계약직으로 채우는 것은 사실 더 효율적인 노동력을 만들지는 못하지만, 노조를 무너뜨리거나 노동자들을 탈정치화시키는 데는 엄청나게 효과적이다. 같은 논리가 끝없이 늘어만 가는 노동 시간에도 적용될 수 있다. 주당 60시간씩 일한다면 누구도 정치행동을 할 시간이 없게 된다. 자본주의가 단 하나의 가능한 경제체제인 것처럼 보이게 하는 하나의 선택지와 실제로 자본주의를 더 실행 가능한 경제체제로 만들 수 있는 또 다른 선택지 사이에서 선택권이 있을 때마다 신자유주의는 항상 전자를 택한다는 의미로 보인다. 그 결합된 결과가 인간의 상상력을 억누르는 집요한 캠

---

2 Arjun Jayadev and Samuel Bowles, "Guard Labor," Journal of Development Economics 79 (2006): 328-48. 여기에서의 표상들은 쉽게 논쟁이 될 수 있다. 저자들은 경찰들만이 아니라 비고용 '예비군'과 죄수들을 포함하였다. 그들이 경제에 기여하는 것은 '규율기능'을 통해서 임금을 억제한 것이다. 그러나 이러한 논쟁적인 범주를 줄이더라도 숫자는 여전히 놀랍다. 더 나아가 국가에 따라 숫자는 극적으로 바뀐다. 그리스, 미국, 영국과 스페인의 20~24% 정도가 이러한 수비 노동을 한다. 스칸디나비아 국가들은 열 명 중 한 명이다. 핵심 요인은 사회적 불평등으로 보인다. 1%의 수중에 더 많은 부가 있으면, 이를 지키기 위해 99% 중의 상당수가 이런저런 일로 고용된다.

페인이다. 보다 정확히 말하자면 상상력, 욕구, 개인의 자유 등 마지막 세계 대혁명에서 해방될 모든 것이 소비주의 영역 안에서나 아마도 인터넷 가상공간 영역 안으로 엄격히 제한되었으며, 그 외 다른 모든 영역에서는 엄격하게 금지되어야 했다. 나는 꿈을 살해하는 것, 대안적인 미래에 대한 어떤 감각이라도 눌러버리도록 만들어진 절망의 장치를 되돌리는 것에 대해 말하고 있는 것이다. 하지만 그들이 실질적인 모든 노력을 전부 정치 바구니에 쏟아부은 결과, 우리 모두가 자본주의가 최적의 대안이라고 마침내 결론을 내리려는 그 시점에 자본주의 체제가 눈앞에서 휘청이는 이상한 상황을 목격하게 되었다.

．
．

　2장에서 말했듯이 표면상으로만 정치적으로 분리된 양쪽의 지배계층이 현실이란 자신들의 권력으로 만들 수 있는 것뿐이라고 믿게 된 세상에서 우리가 기대할 수 있는 건 아마도 혁명뿐일 것이다. 버블 경제는 뇌물이 우리의 정치체제를 운영하는 자체적인 원칙이 되게 했을 뿐 아니라 그 안에서 작동하는 사람들에게는 그것이 현실 자체의 원칙이 되게 만들었다. 그 전술이 모든 것을 소비해버린 것과 같다.

　하지만 이것은 상식 수준의 모든 혁명이 현재의 권력자들에게 파괴적인 영향을 줄 수 있다는 것을 의미하기도 한다. 우리의 지배자들은 그러한 상상력의 분출을 생각지도 못하게 만드는 데 모든 것을 걸었다. 그들이 그 내기에서 진다면, 그 결과는 (그들에게) 파괴적이 될 것이다.

사회 통념에 던지는 네 가지 제안

현재의 경제적·정치적 체제가 단 하나의 가능한 체제라는 일반적인 사회적 통념에 도전할 때면 첫 번째로 겪게 될 반응은 그 대안 체제가 어떻게 돌아갈 것인지에 대해−그 재정 구조, 에너지 공급, 하수구 유지까지 포함하는−구체적인 건축학적 청사진을 내놓으라는 게 될 것이다. 그다음에는 그 체제를 어떻게 현실화시킬 것인지에 대한 구체적인 프로그램을 물어볼 것이다. 역사적으로 봤을 때, 이건 말이 안 된다. 언제 사회 변화가 누군가의 청사진에 따라 일어났던가? 그건 마치 르네상스 시대 플로렌스에서 작은 선지자 집단이 '자본주의'라고 부르는 걸 구상하고는 증권거래소나 공장이 언제 어떻게 돌아가겠다는 세부내용을 알아낸 후에 그 구상을 실현할 프로그램을 시행하는 것과 마찬가지다. 사실 그런 생각은 너무 터무니없어서 우리는 스스로에게 어떻게 이런 식이 되어야만 변화가 시작될 거라는 생각을 하게 되었는지부터 물어봐야 한다.

난 이것이 오래전부터 미국을 제외한 모든 곳에서 실질적으로 사라져 간 계몽주의 아이디어의 제대로 된 숙취라고 본다. 18세기에는 위대한 입법자들(리쿠르고스Lycurgus, 솔론Solon 등)에 의해 국가라는 관습과 제도가 마치 하느님이 세상을 창조하시듯 원단에서부터 만들어 낸 것이고, 그다음에 (역시 하느님처럼) 한 발 물러서서 그 기계가 본질적으로 알아서 작동하는 거라는 생각이 팽배했다. 그래서 그러한 '법 정신'이 점차적으로 그 국가의 성격을 결정한다는 것이다. 그건 희한한 판타지였으나 미국 헌법의 저자들은 그것이 위대한 국가가 설립되는 방법이라고 믿었고, 실제로 그것을 실행하려고 했다. 그래서 "사람의 국가가 아니라 법의 국가"인 미국은 어떤 의미에서든 이러한 구도가 사실인 지구 상에 단 하나의 국가

일 것이다. 하지만 미국조차도 우리가 역사에서 보아온 대로 많은 사라져 가는 국가의 아주 작은 부분일 뿐이다. 그리고 새로운 국가들을 만들어내고 위로부터의 정치적 또는 경제적 체제를 시행하려 했던 그다지 잘되지 않았던 시도들(20세기 미국의 가장 큰 라이벌인 소련, 원래 약어였던 지구 상에서 단 하나의 또 다른 위대한 국가였던 소련이 여기서 가장 빈번하게 인용되는 예다) 역시도 마찬가지다.

이 모든 것은 유토피아에 대해 구상하는 것이 뭔가 잘못됐다고 말하기 위한 게 아니다. 청사진도 마찬가지다. 그것들은 그저 제 자리를 지키기만 하면 된다. 이론가 마이클 앨버트는 현대 경제가 돈 없이 민주적이고 참여적인 기반에서 어떻게 돌아갈 수 있는지에 대해 구체적인 계획을 짜냈다. 나는 이것이 중요한 업적이라고 생각한다. 그 모델이 그가 묘사한 그대로의 형태로 도입될 수 있을 거라고 생각해서가 아니라, 그런 계획이 말도 안 된다는 소리를 할 수 없게 해주기 때문이다. 그러나 여전히 이런 모델들은 시험적으로만 생각될 수 있다. 우리는 실제로 자유사회를 만들려는 노력을 시작할 때 일어날 문제들에 대해서는 제대로 알 수 없다. 현재 가장 골치 아프게 보이는 문제가 전혀 문제가 아니게 될 수도 있고, 우리가 생각지도 못했던 다른 문제들이 지독하게 어려운 문제가 될지도 모른다. 셀 수도 없는 수많은 미지수들이 있다. 이것이 르네상스의 이탈리아 활동가가 증권거래소나 공장에 대한 모델을 생각해낸다는 게 말도 안 되는 이유이다. 벌어질 일을 누구도 확실하게 예측할 수 없고, 어느 정도는 사회가 그렇게 된 방향으로 움직이기 시작하고서야 알 수 있다. 가장 확실한 것은 과학기술이다. 미래 사회에 대한 많은 구상들은 온갖 과학기술들에 기반을 두고 있다. 이것이 왜 아나키스트 사회에 대한 더욱 설득력 있는 그 많은 구상들이 공상과학소설 작가들에 의해 만들어졌는지를 설명해줄 것이다[어슐러 K. 르 귄Ursula K. Le Guin, 스타호크, 킴 스탠리 로빈슨Kim Stanley Robinson].

•

개인적으로 나는 우리가 자유사회에서 갖춰야 할 경제체제가 무엇일 지를 결정하기보다는 사람들이 스스로 그러한 결정을 내릴 수 있는 방법 들을 만들어내는 데 더 관심이 있다. 이것이 내가 이 책에서 많은 시간을 들여 민주적인 의사결정에 대해 얘기하는 이유이다. 그리고 그런 새로운 형태의 의사결정에 참여하는 바로 그 경험이 새로운 눈으로 세상을 볼 수 있게 북돋워준다.

상식선에서 혁명이란 실제로 어떤 것일까? 그건 잘 모르겠지만, 어떤 종류의 현실성 있는 자유사회를 만들기 위해 넘어서야 할 사회 통념이라 면 얼마든지 생각해낼 수 있다. 나는 그중 하나인 돈과 부채의 본질에 대 해 이미 이전 책에서 어느 정도 자세히 다루었다. 돈은 진실로 그저 인간 이 만들어낸 것이자 일련의 약속들일 뿐이고, 그 본질상 언제나 다시 조 정될 수 있다는 사실이 어느 정도 제자리를 찾을 수 있도록 부채 탕감, 총 기 무효화까지 제안했다. 여기서는 다른 네 가지를 제안하려고 한다.

|work 1| **생산주의에서 벗어나기**

정치적 가능성에 대한 우리의 감각을 손상시키는 많은 치명적인 추정 들이 노동의 본질과 관계 있다.

가장 분명한 것은 노동이란 어쩔 수 없이 좋은 것이고, 노동규율에 복종하지 않는 사람들은 본질적으로 가치 없고 비도덕적이며, 어떤 경제위기나 심지어 경제 문제일지라도 그 해결책은 사람들이 항상 했던 것보다 더 많이, 아니면 더 열심히 일해야 한다는 추정이다. 이것은 주류 담론 안의 모든 사람이 담론의 기반으로써 받아들여야 하는 그런 추정들 중 하나이다. 하지만 일단 그것에 대해 생각해본다면 말이 안 된다. 무엇보다 그것은 도덕적 입장일 뿐 경제적 입장이 아니다. 노동 시간이 줄어들면 우리 모두가 더 잘살 수 있을 그런 일들이 충분히 많이 행해지고 있으며, 일중독자들이 딱히 더 나은 인간인 것도 아니다. 사실 나는 세계 정세에 대한 어떤 분별 있는 평가라면 진짜 필요한 것은 일을 더 하는 게 아니라 덜 하는 것이라는 결론을 내리라고 생각한다. 그리고 생태적인 우려, 즉 현재의 전 세계적 작업기계가 돌아가는 속도가 빠르게 지구를 살 수 없는 곳으로 만들어가고 있다는 사실을 고려하지 않더라도 말이다.

왜 그 생각을 바꾸는 게 그렇게 힘들까? 내가 보기에는 그 이유 중 일부는 노동운동의 역사 때문이다. 정치적으로 결집된 노동계층이 정치권력을 약간이라도 획득할 때마다 그것은 항상 대부분의 실제 노동자들은 갖고 있지 않은 바로 이런 종류의 생산주의 규범에 헌신하는 관료제 cadres의 리더십하에서였다는 것은 20세기의 가장 큰 아이러니들 중 하나이다.* 직업이 본질적으로 미덕이라는 구식 청교도적 정신을 받아들인다면 소비자의 천국으로 보답받게 될 것이라는 믿음을 '생산주의 흥정the productivist bargain'이라고 부를 수 있다. 이것은 21세기 초 몇십 년 동

---

* 한 인도 아나키스트가 말한 것처럼 간디에서 히틀러까지 누구에게서나 직업이 성스럽다는 인용구를 찾을 수 있지만, 실제로 근로자들이 성스러운 날(holi-day)이라고 하는 건 일이 없는 날을 말한다.

안 아나키스트와 사회주의 조합들 사이의 주된 차이점이었으며, 그래서 사회주의 조합들은 항상 더 많은 임금을 요구하고 아나키스트 조합들은 더 적은 근무시간을 요구하는 경향이 있다(아나키스트 조합들은 실제로 8시간 근무를 이루어냈다). 사회주의자들은 부르주아가 제안한 소비자 천국을 받아들였다. 그대신 그들은 스스로 생산체제를 관리하기 원한다. 반면에 아나키스트들은 살기 위한 시간, 자본주의자들은 꿈도 못 꿀 그런 가치들을 추구할 시간을 원한다. 그렇다면 혁명은 어디서 시작했을까? 스페인, 러시아, 중국 등 혁명이 일어난 거의 모든 곳이면 어디든지 실제로 들고 일어났던 건 생산주의 흥정을 거절했던 아나키스트 기층이었다. 하지만 이들 모두는 결국 자기들은 결코 제공해주지 못할 소비자 유토피아의 꿈을 수용한 사회주의 관료 행정하에 놓이게 되었다. 그러한 아이러니는 소비에트 연방과 그 비슷한 정권들이 실제로 제공했던 주요 사회적 혜택, 즉 더 많은 노동시간은 누구도 사실상 직장에서 해고되지 않기 때문에 직업규율은 완전히 다른 것이 되어 모두가 해야 하는 것의 절반 정도 시간만 일해도 됐기 때문에 그들이 인정할 수 없었던 노동시간의 단축을 가져왔다. 그럼에도 불구하고 이것은 신발과 가전제품으로 가득찬 미래가 오는 것을 방해하는 '결근 문제'처럼 생각되어 졌고, 노동조합원들 또한 생산성과 노동규율을 절대적 가치로 표현하는 부르주아 용어를 받아들여야 한다고 느끼며, 건설현장에서 느긋하게 돌아다닐 수 있는 자유를 어렵게 얻어낸 권리가 아니라 실제로 문제인 것처럼 행동한다. 사실 이러한 아이러니는 하루에 그냥 4시간만 일하는 것이 4시간짜리 일을 가지고 8시간 일하는 것보다야 훨씬 낫겠지만, 8시간 일하는 경우가 물론 일이 없는 것보다는 낫다.

노동자 심지어 야심적인 자영업자가 자기 감독 등의 노동규율을 따른 다고 해서 더 나은 사람이 되지는 않는다. 대부분 진정으로 중요한 측면 에서 보면 더 안 좋은 사람으로 만들 것이다. 그것을 따라야 하는 것은 불 행이며 기껏해야 종종 필요한 일일 뿐이다. 그러한 노동이 본질적으로 도 덕적이라는 생각을 거부할 때만 우리는 무엇이 실제로 노동에 있어 도덕 적이냐는 질문을 시작할 수 있다. 그 대답은 분명하다. 노동은 그것이 다 른 사람들을 도울 때 도덕적이다. 생산주의를 버리는 것은 직업의 본질에 대한 상상을 더욱 수월하게 다시 할 수 있게 해줄 것이다. 무엇보다도 점 점 더 많은 소비재와 점점 더 많은 규범화된 노동을 덜 만들어내고, 그러 한 형태의 노동을 완전히 없애는 방향으로 과학기술 발전이 재조정된다 는 것을 의미하기 때문이다.

남는 것은 인간에게 실제로 도움이 되는 그런 종류의 직업이다. 이미 말했듯이 월가 점거를 시작하게 만든 위기의 중심에는 없는 돌보고 돕는 방식의 노동 말이다. 생산라인이나 밀밭, 심지어 칸막이 사무실에서 일 하는 것이 원시시대부터 있었던 노동 형태인 것처럼 구는 것을 그만두고, 어머니, 교사, 요양보호사에서 출발한다면 어떻게 될까? 인간의 진정한 사업은 (300년 전에는 있지도 않았던 개념인) '경제'라고 불리는 데 일조하는 게 아니라, 우리 모두가 항상 그래왔던 것처럼 상호 창조 프로젝트들이라 는 결론에 이를 수밖에 없을 것이다.

아마도 가장 긴급히 해야 할 일은 그저 생산주의 엔진의 속도를 줄이 는 것이다. 이 말은 좀 이상하게 들릴 수도 있지만-모든 위기에 대한 자 동반사는 우리 모두가 한층 더 많이 일하는 것이 그 해결책이라고 생각하는 것이다. 하지만 이런 종류의 반응이 바로 진짜 문제다-전 세계의 전반적인 상황을 생각해본다면 결론은 분명해진다. 우리는 해결할 수 없는 두 가지 문제에 직면하고 있는 것 같다. 첫째로 우리는 끝없이 연달아 일어난 전 세계적인 부채 위기를 보고 있으며, 이는 1970년대 이후 점점 더 심각해져서 전반적인 부채 부담-국가, 지방, 기업, 개인의-이 명백하게 지속 불가능해질 정도가 되어가고 있다. 두 번째는 생태적인 위기로, 급속한 기후변화 과정으로 지구 전체가 가뭄, 홍수, 혼란, 기아 그리고 전쟁으로 내몰릴 위협에 놓여 있다. 이 둘은 서로 관련이 없는 것처럼 보일 수 있다. 하지만 궁극적으로 같은 것이다. 결국, 부채는 미래의 생산성에 대한 약속이 아니고 무엇인가? 전 세계의 부채 수준이 올라가고 있다는 것은 집단으로서의 인간이 지금보다 훨씬 더 큰 규모의 물품과 서비스를 미래에 만들어내겠다고 서로에게 약속하는 것이나 다름없다. 하지만 현재 수준만으로도 명백히 지속 불가능하다. 바로 그것이 계속 엄청난 속도로 이 지구를 파괴하고 있다. 체제를 운영하는 자들조차 어떤 식으로든 대량 부채의 무효화, 일종의 부채 삭감이 불가피하다고 마지못해 결론을 내기 시작하고 있다. 그렇다면 진짜 정치적 투쟁은 이 두 가지 문제를 동시에 제기해야 하는 것이 분명하지 않은가? 실질적으로 최대한 넓은 범위에서 전 지구적인 부채 무효화를 시도하고, 뒤이어 근무시간을 하루 4시간 또는 5개월 휴가 보장이라는 식으로 급격하게 줄이는 게 어떤가? 이는 지구를 구할 수 있을 뿐 아니라 또한 (모두가 새로 생긴 자유시간에 그저 빈둥거리는 건 아닐 테니) 무엇이 진짜로 가치를 창조하는 노동이 될 수 있는지에 대한 우리의 기본 개념을 바꾸기 시작할 것이다.

점거가 요구사항을 내걸지 않은 것은 분명히 옳았지만, 내가 하나 만들 수 있었다면 이것이 됐을 것이다. 어쨌든 이것은 정점에 도달해 있는 지배적인 이데올로기에 대한 공격이 될 수 있다. 부채와 직업의 도덕성은 현 체제를 운영하는 자들이 손에 쥔 가장 강력한 이데올로기적 무기이다. 그 래서 그들은 그 무기가 실질적으로 모든 것을 파괴해버리고 있음에도 불 구하고 그것을 고수하는 것이다. 또한 그것이 내가 혁명적인 요구를 하는 이유이기도 하다.

| work 3 | **관료제**

주류 좌파들이 제대로 처참하게 실패한 부분은 관료제에 대해 의미 있 는 비판을 할 수 없었다는 점이다. 내 생각에는 이것이 2008년 자본주의 가 재앙적으로 실패했을 때 거의 모든 곳에서 주류 좌파들이 이를 제대 로 이용하지 못한 이유를 가장 명확하게 설명해준다. 유럽에서 대중의 분 노를 그나마 성공적으로 이용했던 정당들은 거의 모두 우파였다. 이는 온 건한 사회민주적 좌파가 오랫동안 시장과 관료제를 모두 받아들였기 때 문이다. 우파들(특히 극우들)은 시장 해결에 대한 맹신을 버리기도 더 쉬웠 고, 관료제에 대한 비평도 이미 나와 있었다. 그것은 내용이 없고, 구식이 며, 많은 점에서 비평과는 거리가 멀다. 하지만 최소한 그런 게 있기는 하 였다. 주류 좌파는 1960년대에 히피와 코뮌들을 거부하면서 이후 사실 상 아무 비평도 갖지 못한 채였다.

하지만 관료제는 전에 없던 식으로 우리 삶의 모든 부분을 채우고 있 다. 이상하게도 우리는 그것을 보거나 그에 대해 말하는 것에 거의 완벽 하게 무능하다. 부분적으로는 대개 엄청나게 더 강력한 민간 관료제를 무 시하거나, 더욱 치명적으로는 민과 관(기업, 재정, 심지어 교육에서까지도)의 관 료제들이 이제는 너무도 완전하게 얽혀 있어서 실제로 구분하는 게 불가능하다는 점을 염두에 두지 않고서 관료제를 그저 정부의 한 측면으로만 보게 되었기 때문이다.

언젠가 평균적인 미국인이 평생 동안 반년을 신호등이 바뀌기를 기다리면서 보낸다는 내용을 읽은 적이 있다. 또한 누군가 서류양식을 채우느라 보내는 시간을 계산해봤는지 모르겠지만—분명히 누가 했을 것 같긴 한데—그게 신호등보다 훨씬 적을 거라고는 생각하지 않는다. 나는 역사상 과거의 어떤 인간집단도 자기들 삶을 서류작업을 하는 데 이토록 많이 쓰지 않았을 거라고 분명히 확신한다. 그리고 인터넷상에서 많은 시간을 보낸 사람이라면 누구나 알고 있듯이—정부가 특히 쥐어짜는 서류양식들에 전문인 것 같은데—사실 서류작업이 실제로 에워싸고 있는 것은 돈을 주고받는 것에 관련된 모든 것이다. 이것은 체제의 맨 위부터('자유시장'의 이름으로 세계 무역을 조정하기 위해 만들어진 거대한 행정체제) 본래 노동을 줄이는 게 목적이었던 과학기술로 인해 우리 모두가 아마추어 회계사, 법무직원, 여행사 직원이 되어가는 일상적으로 친숙한 작은 부분들에 이르기까지 해당된다. 하지만 왠지 문제가 훨씬 덜했던 1960년대와는 달리 이 같은 전례 없는 서류의 홍수는 더 이상 정치적 사안으로 간주되지 않는다. 다시 말하지만, 우리는 우리 주변의 세상이 다시 눈에 보이게끔 만들어야 한다. 특히 비정치적인 사람들이 좌파에 대해 본능적으로 가지고 있는 의구심 중 하나는 그것이 더 심한 관료제를 만들 것 같다는 것이다. 하지만 실제는 그 반대다. 이미 있는 것보다 더욱 심한 관료화가 생기는 건 거의 불가능하다. 어떤 혁명적 변화라도—그것이 국가를 완전히 없애지 않을지라도—지금 하고 있는 것에 한참 못 미칠 것이 거의 분명하다.

|work 4| 공산주의 재선언

이제 우리는 가장 어려운 상황에 처해 있는데, 그렇다면 파산을 선택하는 것은 어떤가?

1980년 들어 진짜 이상한 일이 일어나기 시작했다. 아마도 자본주의자가 실제로 자신들을 '자본주의자'라고 부르기 시작한 것은 역사상 그때가 처음이었을 것이다. 자본주의가 존재했던 그 이전의 두 세기 동안에는 거의 내내 그 말은 욕이었다. 지금은 신자유주의 통념을 대중화시키는 진짜 이데올로기적 원동력이 된 『뉴욕타임스』가 몇몇 공산주의 정권이나 사회당 또는 협동기업, 다른 표면적인 좌파 기관들이 어떻게 순전히 경험적으로 '자본주의'의 요소들을 이것저것 도입해야 했는지에 대해 우월성을 표출하는 끝없는 헤드라인들을 뽑아내면서 그 길을 닦아왔던 것을 기억한다. 그것은 끝없이 반복된 "공산주의는 작동하지 않는다"는 만트라에 결부되어 있지만, 일종의 이데올로기적 뒤집기를 나타내기도 한다. 이는 에인 랜드 같은 우익 과격파 인사들이 개척한 것으로, 여기서 '자본주의'와 '사회주의'는 근본적으로 위치를 바꾸게 된다. 과거에는 자본주의는 싼 티 나는 현실이고 사회주의는 이루어지지 않은 이상이었는데, 이제는 그 반대가 된 것이다. 스스로를 '공산주의'라고 부른 그 정권들이 써먹거나 보통 국가가 무너지고 난 뒤에야 찾아온다는 막연한 유토피아적 미래를 가리키는 데 이용되어온, 그리고 물론 현존하는 '사회주의' 체제와는 거의 닮은 데가 없는 '공산주의'의 경우에는 훨씬 더 극단적이다. 1989년 이후 '공산주의'라는 의미는 '공산주의 정권하에 만연한 조직 체제라면 전부'를 가리키는 것으로 변한 것 같다. 그 뒤를 이은 진짜 이상한 수사적 변화는 그런 정권들―한때 군대와 비밀경찰을 유지하는 데 있어서는 무자비하게 효율적이지만 소비자 만족을 만들어내는 데는 비참할 정도로 미숙했다고 치부되던―자체가 유토피아적인 것처럼, 즉 (경제학에 의해 드러났듯이) 인간 본성의 기본 현실을 완전히 부정한 것처럼 치부되면서 공산주의는 전혀 '작동하지 않았'고, 그래서 사실상 불가능했다고 말하는 것이다. 이를테면 70년 동안이나 지구 상의 상당한 부분을 지배했고, 히틀러를 무찔렀으며, 첫 위성을 그리고 그다음에는 인류를 우주로 쏘아올린 소련을 놓고 말하자면, 이는 참으로 놀라운 결론인 셈이다. 그건 마치 소비에트 연방의 붕괴가 공산주의가 애초에 존재할 수 없었던 생각이라는 걸 증명해준다고 생각하는 것과 같다.

대중에 맞춘 그 이데올로기적인 용어 배치는 매력적이며, 누구도 그것을 화제로 삼지 않는다. 분명하게 기억하는데, 청소년 시절에 식당 주방이나 그 비슷한 데서 일했을 때 물건을 어떻게 더 합리적이고 효율적인 방식으로 배열할 수 있는지 직원들이 제안할 때마다 즉시 "여긴 민주주의가 아니야" 아니면 "여긴 공산주의가 아니야"라는 두 가지 반응 중 하나가 따라왔다. 다시 말해, 고용주의 입장에서 그 두 단어는 사실 바꿔 써도 상관이 없었다. 공산주의는 작업장의 민주주의를 의미했고, 바로 그 때문에 고용주들은 그 말을 싫어했던 것이다. 이것이 1970년대와 1980년대였다. 이때는 공산주의(혹은 민주주의)가 본질적으로 작동하지 않는다는 생각은커녕 비효율적이라는 생각도 아직 등장하지 않았다. 딸이 강아지 산책을 좀 더 민주적으로 나눠서 하자는 제안에 "아니야, 그러면 공산주의가 된단다. 우리 모두는 공산주의가 안 돌아간다는 걸 알고 있잖니"라고 말하면서 거절하는 경우처럼 최근 10년간 우리는 스스로를 분명하게 중도좌파라고 생각하는 중산층 런던 사람들조차 심지어 자기 아이들을 대할 때도 그런 생각을 자동적으로 끌어오는 지경에 도달했다.

아이러니하게도 만약 누군가 '공산주의'라는 말을 그런 식으로 정의한다면 바로 그 반대의 '자본주의'도 마찬가지다. 우리는 현재 공산주의가 겪었던 그 상황을 자본주의에게 돌려주어야 할 상황이 되었다. 자본주의는 온갖 지역에서 온갖 방식으로 공산주의로 물러서야 했다. 바로 공산주의만이 제대로 돌아가는 유일한 것이기 때문이다.

나는 이전부터 계속해서 이러한 주장을 해왔고, 이는 아주 간단한 주장이었다. 우리에게 필요한 거라곤 '공산주의'를 사유재산을 인정하지 않는 것이라고 상상하는 것을 멈추고, "각자는 그의 능력에 따라, 각자에게 그의 필요에 따라"*라는 원래 정의로 돌아가는 것뿐이다. 그러한 원칙에 기반을 두고 돌아가는 모든 사회적 배치를 자본주의가 아닌 '공산주의'라고 말하게 된다면, 사회 현실에 대해 우리가 가지고 있는 가장 기본적인 이해가 완전히 바뀌게 된다. 공산주의—최소한 그것의 가장 약한 형태로—는 모든 우호적인 사회관계의 기본이 될 것이다. 기본적으로 공산주의는 어떤 종류의 사회성이든지 간에, 즉 필요가 충분히 큰 것이든(예를 들어 물에 빠진 사람을 구하는 것) 요구내용이 충분히 작든지 간에(예를 들어 담뱃불을 빌려 달라거나 길을 알려 달라는) 우호적인 사회관계가 바로 적용될 기준이라는 인식을 깔고 있기 때문이다. 간단히 말해 우리는 우리가 가장 사랑하고 신뢰하는 사람들에게 기본적으로 공산주의자다. 하지만 모든 상황에서 모두에게 공산주의적으로 행동하는 사람은 없으며, 아마 이전에도 없었고 앞으로도 없을 것이다.

---

* 마르크스의 이 유명한 말이 대중적인 글에서 이런 형태로 처음 표기된 것은 1840년 루이 블랑(Louis Blanc)에 의해서였으나, 그에 앞서 프랑스의 공산주의 작가인 모렐리(Morelly)가 이미 1755년에 그의 책 『자연의 법전(Code of Nature)』에서 쓴 적이 있다.

무엇보다 작업은 공산주의적 기반 위에서 조직되는 경향이 있다. 실제 협동하게 되는 상황 또는 특히 필요가 즉각적이고 긴박할 때는 그 문제를 해결하는 단 하나의 방법은 누가 필요한 것을 가져오거나 해결할 능력을 가지고 있는지 알아내는 것이다. 두 사람이 파이프를 고치고 있다고 한다면, 그들이 헤리티지 재단Heritage Foundation(미국 우익의 싱크 탱크이다-역주)에서 일하든 골드만삭스Goldman Sachs(모건 스탠리, 메릴린치와 같이 국제금융시장을 주도하는 투자은행 겸 증권회사-역주)에서 일하든 상관없으며, 한 명이 "렌치 좀 줘"라고 했을 때 보통은 다른 사람이 "그러면 나한테 뭘 줄 건데?"라고 물어보지는 않는다. 그래서 뭔가 이상적인 미래의 '공산주의'를 상상하고 그게 가능한지 아닌지를 논쟁하는 건 의미가 없다. 인간적 신뢰를 바탕으로 한 모든 사회는 기본적으로 공산주의적이며, 자본주의는 잘 봐줘야 공산주의를 나쁘게 조직한 방식에 불과하다. (나쁜 이유는 작업 현장에서 극단적인 권위주의 형태의 공산주의가 생겨나게 만들기 때문이다. 핵심적인 정치적 질문 하나, '더 민주적인 공산주의를 만들 수 있는 공산주의 조직화의 더 나은 방법은 무엇인가?' 더 괜찮은 것으로는 '현대 작업장 제도를 완전히 제거해버리는 방법은?')

이런 식으로 생각하는 것이 놀랍게 보일 수도 있지만 이는 매우 상식적이며, 공산주의를 옹호했던 사람들이나 그것을 매도했던 사람들 모두에게서 공산주의 개념이 가져온 끝없는 곁가지들을 쳐낸다. 그것은 모든 것이 공산주의적 방식으로 조직되었다는 의미의 '공산주의' 체제라는 건 절대 있을 수 없다는 걸 의미한다. 또한 가장 중요한 면에서 이미 우리는 그 체제 안에 살고 있다는 것도 의미한다.

•

이제 독자는 아마도 내가 가지고 있는 전체적인 방향에 대한 감을 잡았을 것이다. 우리는 이미 많은 시간 동안 공산주의를 실행하고 있다. 강제 수단으로 물리적 위협을 필요로 하지 않는다는 서로에 대한 이해에 도달할 때마다 우리는 이미 아나키스트이고, 최소한 아나키스트처럼 행동하는 것이다. 이것은 완전히 새로운 사회를 처음부터 다시 짜는 문제가 아니다. 이것은 우리가 이미 하고 있는 것을 바탕으로 그 위에 만들어가는 것, 자유가 궁극적인 조직 원칙이 될 때까지 자유의 영역을 넓혀가는 문제다. 나는 사실 어떻게 제품을 생산하고 분배할지에 대한 기술적인 측면들이 대단한 문제가 될 거라고 생각하지 않지만, 우리는 계속해서 그것만이 문제라는 말을 듣고 있다. 세계에는 공급 부족인 것이 많다. 그중 우리가 거의 무한정 공급할 수 있는 것이 무엇인지, 그런 문제들에 대한 해답을 생각해내는 지적이고 창의적인 사람들이 많다. 문제는 상상력의 부족이 아니다. 진정한 문제는 그 상상력의 힘이 사용되지 못하게 하기 위해, 즉 파생금융상품이나 새로운 무기 시스템 또는 서류양식을 채워 넣으라는 새로운 인터넷 플랫폼을 만드는 것 이상의 그 어떤 것도 만드는 데 우리의 상상력을 사용하지 못하게 하는 부채와 폭력의 숨막히는 체제이다. 물론 이것은 주코티 공원 같은 곳에 수많은 사람들이 몰려들었던 바로 그 이유이다.

지금 눈에 보이는 주류 이데올로기적 분열조차 실제로는 충분히 쉽게 가라앉을 수 있다. 나는 1990년대에 당시 스스로를 자유방임 자본주의를 추구하는 '아나키-자본주의자anarcho-capitalist'라고 불렀던 인간들이 잔뜩 모여 있던 인터넷 뉴스그룹에 자주 갔다. (그들은 거의 전부 인터넷에서만 존재하는 사람들 같다. 오늘날까지도 내가 현실에서 그중 누구라도 만났는지 잘 모르겠다.) 대부분은 엄청나게 많은 시간을 들여 좌파 아나키스트들을 폭력의 지지자라며 비난했다.

"어떻게 자유사회를 지지한다면서 임금노동에 반대할 수 있지? 내가 토마토를 수확하려고 누군가를 고용하려 한다면, 무력 말고 뭘로 날 막을 건데?"

이러한 비난의 의미를 논리적으로 확대해석해 봤을 때 임금 체계를 없애려는 모든 시도는 뭔가 새로운 버전의 KGB 같은 것만이 강제할 수 있는 것이 돼버린다. 이런 비난은 빈번히 듣게 된다. 절대 들을 수 없는 말은 "만약 내가 다른 사람이 토마토를 수확하려는 데 가서 일하려고 한다면, 무력 말고 뭘로 날 막을 건데?"이다. 모두가 미래의 국가 없는 사회에서는 자기들이 어쩐지 고용주 계급의 일원이 될 거라고 생각하는 것 같다. 누구도 자기들이 토마토를 따게 될 거라고는 생각하지 않는 듯 보인다. 하지만 그들은 토마토 따는 사람들이 정확히 어디서 올 거라고 생각하는 걸까? 여기서 작은 사고실험을 해볼 수 있다. 그것을 '분리된 섬의 이야기'라고 부르기로 하자. 두 집단의 이상주의자들이 섬의 절반을 자기 것이라고 주장한다. 그들은 각자가 대강 똑같은 자원을 가질 수 있게 국경을 그리는 데 합의한다. 한 집단은 아나키-자본주의자들로서 재산 형성의 무제한적 경쟁이 가능한 경제체제를 만들기 시작한다. 재산이 없는 사람들에게는 사회적 보장도 없으며, 그 사람들은 돈을 가진 사람들이 제안하는 어떤 조건에서든지 고용을 찾지 않으면 굶어 죽게 될 것이다. 또 다른 집단은 모두가 생존에 필요한 최소한의 기본적인 수단은 보장받을 수 있으며, 모두를 환영하는 체제를 만든다. 그렇다면 아나키-자본주의자 쪽의 섬에 사는 야간 경비원, 간호사, 그리고 보크사이트를 캐는 광부가 될 예정인 사람들이 거기에서 살 이유가 무엇이 있겠는가? 그 자본주의자들은 일주일 정도면 노동력을 다 털릴 것이다. 결과적으로, 그들은 스스로 자기 땅의 순찰을 돌아야 하고, 자기 요강을 비워야 하며, 자기 소유인 중장비를 몰아야 할 것이다. 그들이 재빨리 자기가 고용한 사람들에게 엄청나게 좋은 거래를 제안해서 그들이 그래도 결국 사회주의 유토피아에서 사는 편이 낫다고 하지 않는다면 말이다.

이들 뿐만 아니라 수없이 많은 다른 이유로 실제로 체제를 받쳐줄 군대, 경찰 그리고 감옥이 없는 무한 경쟁의 시장경제를 만들어내려는 모든 시도는 아주 빠르게 전혀 자본주의같지 않은 자본주의가 될 뿐이라고 확신한다. 사실 나는 그것이 우리에게 익숙한 시장 개념과는 많이 다르지 않을 것이라고 강하게 추측한다. 물론 내가 틀릴 수도 있다. 누군가 이를 시도해서 그 결과가 내가 생각했던 것과 아주 다를 수 있다. 나는 주로 우리가 알 수 있는 상황을 만들어내는 데 관심이 있다.

혁명은 끝나지 않았다

나는 사실 자유사회가 어떤 모습일지 설명할 수 없다. 하지만 내가 말했듯이 지금 우리에게 진정으로 필요한 것은 정치적 욕구를 촉발시키는 것이기 때문에 개인적으로 나 자신이 보고 싶은 것들을 설명하면서 마무리지어도 좋을 것 같다.

나는 급진적이고 비교 불가한 차이점을 가진 사람도 평범하게 존중받는 사회생활 그 자체가 보편화되는 걸 보고 싶다. 이것이 실제로 의미하는 것은 무엇인가?

이러한 전망을 위해 나는 우리 모두가 공식 회의에서 하루종일 둘러앉아 토론으로 시간을 보내야 한다고는 생각하지 않는다. 그러한 생각은 우리 대부분을 최소한 현 체제가 그러듯이 우리를 미치게 만들 거라는 데 대부분이 동의할 것이다. 물론 회의를 재미있고 즐겁게 만들 방법들은 있다. 핵심은 내가 마지막 장에서 주장했듯이, 형식이 아니라 정신이다. 이 것이 내가 계속해서 폭력의 관료주의적 구조에 궁극적으로 의지하지 않는 것이라면 무엇이든 아나키즘 형태의 조직으로 볼 수 있다고 강조해온 이유이다.

어떻게 직접민주주의가 지역의 대면회의에서부터 도시, 지역 혹은 국가 전체까지 '확대될 수' 있느냐는 질문을 종종 받는다. 분명히 그것들은 같은 형태를 취하지 않을 것이다. 하지만 모든 종류의 가능성이 있다. 과거에 시도되었던 선택지 중 지금도 사용 가능하지 않은 것은 거의 없으며,* 새로운 과학기술적 가능성들이 계속해서 발명되고 있다. 지금까지 대부분의 실험은 강박증 환자들, 말이 안 먹히는 사람들 그리고 허황된 이론의 신봉자들을 걸러낼 방법을 갖추었다. 그래도 실제로 큰 결정에서는 모두가 참여할 수는 없으므로 모두가 똑같이 참여할 기회를 갖는 추첨제의 부활에 시도되지 않은 많은 가능성이 있다고 생각한다. 남용을 예방하기 위한 장치들이 시행되어야 하겠지만, 그러한 남용들이 실제로 우리가 지금 사용하는 선출 방식보다 더 안 좋을 거라고 생각하진 않는다.

경제적으로 내가 진정으로 보고 싶은 것은 사람들이 자신이 실제로 추구할 가치가 있다고 생각하는 그런 가치들을 개인적으로 또는 함께 추구할 수 있게 해주는 생계 안정에 대한 어떤 식의 보장이다. 내가 본 바로

---

* 과거와는 상황이 달라져서 어쩔 수 없는 몇 가지 불가능한 것이 있다. 고대 아테네에서는 그 일을 돌아가면서 맡을 수 없는 기술 전문가가 자신들보다 우세한 제도적 권력을 얻지 못하게 하기 위한 방법의 하나로, 자신들의 동료가 아닌 사람을 임명했다. 대부분은 공무원으로, 심지어 경찰은 노예였다. 하지만 여전히 대부분의 방편들은 우리에게 열려 있다.

는 어쨌든 사람들이 돈을 추구하는 주된 이유가 그것이다. 뭔가 다른 것, 그들 생각에 고귀하거나, 아름답거나, 심오하거나 또는 그냥 좋은 것을 추구하기 위해서다. 진정한 자유사회에서는 무엇을 추구할 것인가? 아마도 우리가 지금은 거의 상상할 수 없는 많은 것들이겠지만, 어떤 사람은 예술이나 영성, 스포츠, 정원 가꾸기, 판타지 게임, 과학적 연구, 지적이거나 쾌락적인 만족 같은 익숙한 가치들과 그것이 결합된 예측할 수 없는 모든 것일 거라고 생각할 수도 있다.

어려운 점은 분명히 궁극적으로 비교 불가한 추구점들 사이—단순히 서로에게 번역되지 않은 가치형태들 사이—에서 어떻게 자원을 할당할지의 문제다. 나는 때로 거기서 나오는 또 다른 질문을 듣는다. '평등'이 진짜 의미하는 것은 무엇인가? 대개 아주 부유한 사람들로부터 이런 종류의 질문을 많이 받는다.

"그래서 요구하는 게 뭡니까? 완전한 평등? 그게 어떻게 가능하죠? 모두가 완전히 다 똑같은 걸 갖는 그런 사회에서 진짜 살고 싶어요?"

그리고 그런 프로젝트는 어쩔 수 없이 KGB가 필요할 거라는 전술 제안도 곁들여서. 이런 게 1%들의 걱정거리다. 내 대답은 "그런 질문을 한다는 게 말도 안 되는 세상에서 살고 싶네요"이다.

여기서는 우화 말고 역사적 사례를 드는 게 좋을 것 같다. 최근 고고학자들이 인간 역사에 대한 기존의 모든 이해를 날려버리는 어떤 사실을 발견했다. 최초 수천 년 동안 메소포타미아 문명과 인더스 문명에서는 철저하게 평등주의였다. 거의 집착적인 수준으로 그래왔다는 것이다. 궁전의 흔적도, 호화로운 매장 같은 사회적 불평등의 흔적은 아예 없었다. 남아 있는 기념비적인 건축물이라곤 모두가 공유할 수 있는 것들뿐이었다 (예를 들어 거대한 공중 목욕탕). 도시 지역의 모든 집들은 정확히 같은 크기였다. 하지만 동일화에 대한 이러한 집착이 바로 문제였다는 인상을 지우기 어렵다. 영국 출신의 명석한 고고학자인 내 친구 데이비드 웬그로David Wengrow가 즐겨 말하기를, 도시 문명의 탄생은 어쩌면 그보다 더 혁신적일 수 있는 대량생산에 바로 뒤따른 것이라고 한다. 역사상 처음으로 정확히 똑같은 크기로, 각각 동일한 인장 문양이 찍힌 콘테이너 1천 개 분량의 기름이나 곡식을 만들어내는 게 가능했던 것이다. 분명히 모든 사람들은 빠르게 그것이 의미하는 바를 알아차렸고, 겁에 질렸다. 어쨌든 일단 그런 동일한 제품들이 있어야 누가 누구보다 얼마만큼 더 가졌는지 정확하게 비교할 수 있었기 때문이다. 오늘날 우리가 알고 있듯이, 그러한 평등의 기술만이 불평등을 가능하게 할 수 있다. 최초의 도시들에 살았던 거주자들은 완전한 결의에 대한 놀라운 증거로 수천 년 동안 그 불가피한 것을 지연시켰으나, 결국 일어나게 될 일은 일어났으며, 그 이후 우리는 그 유산과 상대하고 있다.

현대의 우리가 당시 6천 년 분량의 혁신을 무효화시킬 수 있을 것 같지는 않다. 우리가 왜 그래야 하는지도 분명하지 않다. 동일한 제품들 같은 거대한 비인격적 구조는 항상 존재할 것이다. 문제는 그런 것을 어떻게 없애느냐가 아니라 그것들을 어떻게 그 반대, 즉 완전히 비교 불가능한 목적들을 추구하는 능력이 곧 자유가 되는 세상을 위해 돌아가게 만드느냐이다. 최근 우리가 살아가고 있는 소비자 사회는 그것을 궁극적인 이상으로 여기며 쥐고 있으라고 하지만, 사실 그것이 쥐고 있는 것은 공허한 복제품이다.

보통 평등은 두 가지 방식으로 인지할 수 있다고 한다. 두 개가 완전히 똑같다고 말하거나(어쨌든 모든 중요한 사항에서는), 아니면 그것들이 아주 다르기 때문에 비교할 방법이 아예 없다고 말하는 것이다. 우리는 후자에 대해 우리 모두 유일무이한 개인들이기 때문에 우리 중 누구도 본질적으로 다른 사람보다 더 이상 더 낫다고 말할 수 없는 것처럼, 이를테면 우월하거나 열등한 눈송이가 있다고 할 수 없다고 말하게 된다. 그러한 서로 다름의 이해를 평등주의 정치학의 바탕에 둔다면, 그 논리는 그러한 유일무이한 개인들을 그들의 가치로 순위를 매길 수 있는 기반이 없기 때문에 모든 사람들은 측정될 수 있는 것들을 똑같은 양만큼 가져야 한다는 것이다. 즉, 똑같은 수입, 똑같은 양의 돈, 똑같은 몫의 부를 말이다.

하지만 생각해보면 이상하다. 그것은 우리가 존재로서는 완전히 서로 다르지만, 우리가 원하는 것에 있어서는 완전히 동일하다고 가정하는 것이다. 이걸 거꾸로 돌려보면 어떨까? 그러면 재미있게도 돈과 권력이 사실상 같은 것인 최근의 봉건화된 버전의 자본주의는 그러한 가정을 더욱 쉽게 만들어준다. 세계를 지배하는 1%들은 세상을 돈과 권력 자체를 추구하는 것이 목적인 병적인 게임으로 만들었을지 모르지만, 나머지 99%인 우리에게는 돈을 갖는 것, 수입을 얻는 것, 부채에서 해방되는 것은 돈이 아닌 다른 것을 추구하기 위한 힘을 갖는다는 걸 의미하게 됐다. 분명히 우리 모두는 우리가 사랑하는 사람들이 안전하고 돌봄을 받기 원한다. 우리 모두는 건강하고 아름다운 공동체에서 살기를 원한다. 그러나 그에 앞서 우리가 추구하고자 하는 것들은 광범위하게 다를 수 있다. 그것이 자유란 것이 무엇이며, 우리가 추구하고자 하는 것이 무엇인지, 누구와 그것을 추구하고자 하는지, 그리고 그 과정에서 우리가 그들에게 어떤 종류의 약속을 하고자 하는지를 결정할 수 있는 능력이라면 어떨까? 그러면 평등은 그저 가치의 끝없이 다양한 형태를 추구하는 데 필요한 자원들에 대한 동등한 접근성을 보장하는 문제가 될 것이다. 그럴 때 민주주의는 그저 합리적인 인간으로서 우리가 모여 공동의 문제를 해결해가는—문제는 항상 있을 테니까—우리의 능력이 될 것이며, 그것은 기존의 권력구조를 한 데 묶고 있는 강압의 관료제가 먼저 무너지거나 사라져야만 진정으로 현실화될 수 있는 능력이 될 것이다.

·

이 모든 것은 여전히 너무 멀게만 느껴진다. 지금 우리 지구는 그런 세상으로 가는 문을 열어줄 광대한 윤리적·정치적 변화보다는 일련의 전례 없던 참사들에 더 쏠려가고 있는 것 같다. 하지만 우리가 그런 참사들을 막을 능력이 있다면, 우리에게 익숙한 사고방식을 바꿀 가능성도 있을 것이다. 2011년의 사건들이 보여주듯 혁명은 결코 끝나지 않았다. 인간의 상상력은 고집스럽게 죽기를 거부한다. 그리고 많은 사람들이 그런 집단적 상상력에 채워져 있는 족쇄를 동시에 털어낼 때, 우리에게 가장 깊이 박혀 있는, 무엇은 정치적으로 가능하고 무엇은 가능하지 않다라는 추정들은 하루아침에 부서질 것이다.

우리만 모르는 민주주의

초판 1쇄 인쇄 2015년 10월 8일
초판 1쇄 발행 2015년 10월 20일

지은이 데이비드 그레이버
옮긴이 정호영
펴낸이 이종률

펴낸곳 이책
주소 (139-785) 서울시 노원구 동일로207길 18, 103-706(중계동,중계그린아파트)
전화 02-957-3717
팩스 02-957-3718
전자우편 echaek@gmail.com
출판등록 2013년 2월 18일 제25100-2014-000069호

표지·본문 (주)자루기획
인쇄·제본 (주)상지사피앤비
종이 (주)에스에이치페이퍼

ISBN 979-11-86295-12-0 03300

이 도서의 국립중앙도서관 출판예정도서목록(CIP)은 서지정보유통지원시스템 홈페이지
(http://seoji.nl.go.kr)와 국가자료공동목록시스템(http://www.nl.go.kr/kolisnet)에서 이용하
실 수 있습니다.(CIP제어번호: CIP2015024673)